2024 年度贵州省高校人文社会科学研究项目资助"新质生产力推动旅游高质量发展研究"（课题编号：2024RW148）

新质生产力推动贵州省旅游高质量发展研究

马艳玲　著

中国原子能出版社

图书在版编目（CIP）数据

新质生产力推动贵州省旅游高质量发展研究 / 马艳
玲著. -- 北京：中国原子能出版社，2024. 11.

ISBN 978-7-5221-3713-1

Ⅰ. F592.773

中国国家版本馆 CIP 数据核字第 2024EE5458 号

新质生产力推动贵州省旅游高质量发展研究

出版发行	中国原子能出版社（北京市海淀区阜成路 43 号　100048）
责任编辑	白皎玮　陈佳艺
责任校对	刘　铭
装帧设计	邢　锐
责任印制	赵　明
印　　刷	北京金港印刷有限公司
经　　销	全国新华书店
开　　本	787 mm×1092 mm　1/16
印　　张	16.25
字　　数	250 千字
版　　次	2024 年 11 月第 1 版　2024 年 11 月第 1 次印刷
书　　号	ISBN 978-7-5221-3713-1　　　**定　价**　**86.00 元**

前　言

　　随着科技的飞速发展和全球化的深入推进，新质生产力已成为推动各行各业转型升级的重要力量。新质生产力，即基于现代信息技术、人工智能、大数据、云计算等新型科技手段所形成的新型生产力。它具有智能化、数字化、网络化、个性化等特点，能够极大地提高生产效率、优化资源配置、创新服务模式，为传统行业带来革命性的变革。在贵州省旅游业中，新质生产力为旅游业的高质量发展提供了强大的动力支持，通过积极引进新技术，打造智慧旅游系统，实现旅游资源的数字化管理和服务智能化。游客可通过手机 App、小程序等方式便捷地获取旅游信息、预订门票、预订酒店等，享受更加便捷、个性化的旅游服务；利用大数据技术，对游客的行为和需求进行深入分析，实现旅游产品的精准推荐和营销，同时通过数据分析，让旅游企业更加准确地把握市场动态，制定科学的营销策略；VR/AR 技术的引入为游客带来了全新的旅游体验，游客可以通过虚拟现实技术身临其境地感受贵州的自然风光和人文风情，提高旅游满意度和吸引力。可见，通过加强科技创新、优化产业结构、加强区域合作等措施，贵州省旅游业将迎来更加广阔的发展前景。在此背景下，作者在参阅大量相关著作文献的基础上精心撰写了本书。

　　本书共有七章。第一章作为全书开篇，首先对新质生产力的概念进行界定，明确其与传统生产力的区别和联系。接着，分析新质生产力的特征，包括创新性、智能化、网络化等，与传统生产力进行对比，以突出其在现代经济发展中的重要性，探讨新质生产力与旅游业发展的关系，为后续章节的研究奠定基础。第二章深入分析新质生产力与旅游业发展的耦合关系，探讨两

1

者如何相互作用、相互促进。从理论依据和影响机制两个方面，系统阐述新质生产力对旅游业高质量发展的积极影响。第三章至第六章具体分析新质生产力在贵州省旅游发展中的应用和实践。从旅游产业的独特优势与潜力、产业结构优化、服务品质提升，到经济可持续发展，逐一展开论述，提出相应的对策和建议。第七章对全文进行总结，提出贵州省旅游产业未来发展的趋势，以及促进其高质量发展的对策建议。同时，探讨新质生产力对其他地区旅游产业发展的启示与借鉴，以期为全国乃至全球旅游业的可持续发展提供参考。

新质生产力为贵州省旅游业的高质量发展提供了强大的动力和支撑。因此，在新时代背景下，贵州省应紧紧抓住这一机遇，发挥政策、技术、文化等多方面的优势，推动其旅游业实现质的飞跃和持续健康发展。通过对新质生产力与贵州省旅游业高质量发展的深入研究，希望能够为贵州省乃至全国旅游业的发展提供新的视角和思路。

目　　录

第一章 引言：新质生产力的内涵与特征剖析

生产力作为人类社会进步的决定性驱动力，始终处于持续的演化之中，每一次变革都象征着社会发展的重大进步。历史上，人类社会经历了两次生产力的发展，分别催生了农业社会和工业社会的兴起。当前，我们正置身于第三次生产力新质化浪潮的前沿，这一转变正引领社会从工业时代过渡到数字信息时代。新质生产力是这一转型的鲜明标志，其特征在于"新"的要素、技术和产业的创新，"质"的提升表现为高效率、多维度和双效性的特点，而"力"的体现则是数字、协作、绿色、蓝色和开放五大生产力的综合效应。新质生产力的核心运作机制在于科技创新的导向作用。它通过激发要素系统的创新动力，经由技术系统作为媒介，影响并重塑产业系统，从而在要素、技术、产业三个层面全面更新传统的生产力。

第一节 新质生产力的概念界定

习近平总书记在黑龙江考察期间强调了科技和创新资源整合的重要性，首次提出了"新质生产力"这一概念。习近平总书记指出："整合科技创新资源，引领发展战略性新兴产业和未来产业，加快形成新质生产力。"新质生产力作为先进生产力的具体表现形式，是马克思主义生产力理论的中国创新和实践，是科技创新交叉融合突破所产生的根本性成果。

在中共中央政治局第十一次集体学习时，习近平总书记再次强调了加快发展新质生产力的重要性，并提出了要扎实推进高质量发展。深入研究习近平

总书记关于新质生产力的重要论述,系统阐释其主要内容,准确掌握其核心要义,对于我们在新征程中发展新质生产力,以新质生产力赋能中国式现代化建设,实现中华民族伟大复兴的中国梦具有重要的现实意义和时代价值。这不仅是对马克思主义生产力理论的深化和发展,也是对中国特色社会主义发展道路的积极探索,更是对新时代中国发展模式的深刻诠释。

一、关于新质生产力重要论述的生成逻辑

习近平总书记提出的新质生产力这一创新性概念,不仅坚守了马克思主义生产力理论的科学指导地位,更是基于对科技推动人类社会生产力变革和世界格局调整的宝贵经验的深入研究。这一概念是对中国共产党关于科技与生产力关系认识论的继承和发展,体现了我们党在理论创新和实践探索中的坚实基础[①]。习近平总书记提出的新质生产力概念,精准地把握了科技与生产力之间的内在联系,充分揭示了生产力发展的内在规律和必然趋势,为我国的科技发展和生产力进步指明了方向。这一概念的提出,是对我国科技与生产力发展历程的总结,也是对我国未来科技与生产力发展道路的展望,具有重大的理论意义和实践价值。

(一)坚持马克思主义生产力理论的科学指导

从唯物史观的角度来深入理解,我们可以发现生产力在人类社会的发展进程中扮演了至关重要的角色。具体来说,生产力的发展不仅关乎人类社会形态的演变,而且在很大程度上规定了这一演变的方向和速度。马克思和恩格斯曾经明确指出[②],随着新型生产力的引入,人类将不得不调整自己的生产方式,而这一生产方式的改变,又将进一步导致人们在社会关系上的全面转变。这种观点深刻地揭示了生产力与生产关系之间的动态互动,以及它们在社会历史发展中的核心地位。

---

① 刘文祥,赵庆寺. 习近平关于新质生产力重要论述的深刻内涵、重大意义与实践要求[J]. 江西财经大学学报,2024(4):13-23.

② 马克思,恩格斯. 马克思恩格斯文集(第1卷)[M]. 北京:人民出版社,2009.

进一步地，列宁在他的著作中，更是将生产力的发展提升到了社会进步的顶级标准，这是对马克思和恩格斯思想的继承和发展①。马克思还进一步阐述了生产力的存在形态，指出社会生产力不仅以物质形式呈现，还包括技术、社会智力等知识形态。在《政治经济学批判（1857—1858 年手稿）》中②，马克思更是将社会智力视为一般生产力的一部分。恩格斯对此进行了高度评价，认为科学在历史上是一种具有革命性和推动作用的强大力量。

马克思和恩格斯认为，生产力的发展不仅是数量的增加，更体现在机器更广泛地应用和经常性的改进上，这是一种质的飞跃。因此，为了遵循生产力的发展规律，我们必须通过提升科技要素在生产力中的比重，来推动生产力从数量向质量的转变，以实现社会生产力的全面提升。

（二）人类历史进程中科技推动生产力变革的经验借鉴

工程科技的每一次重大突破，都深刻影响着社会生产力的变革，引领人类文明迈向新的高度。习近平总书记曾指出："工程科技的每一次重大突破，都会催发社会生产力的深刻变革，都会推动人类文明迈向新的更高的台阶。"蒸汽机的广泛应用标志着第一次产业革命的来临，人类社会因此步入了"蒸汽时代"，机械力逐渐取代了自然力和人力，实现了生产力的质的跃迁。发电机的发明则推动了第二次产业革命，人类社会迈入"电气时代"，呈现出"科学—技术—生产"的崭新发展趋势。计算机的诞生又催生了第三次产业革命，人类社会步入"信息时代"，科学技术与生产力的关系日益紧密，且科学技术的迭代更新速度不断加快。

在这一历史进程中，科学技术对生产力的影响从"加数效应"逐渐转变为"乘数效应"乃至"幂数效应"，其影响力日益显著。据统计数据，在发达国家中，科学技术的贡献率在 20 世纪初仅为 5%～20%，到 20 世纪中叶已提升至 50%，而至 20 世纪末更是上升到了 75% 以上③。

---

① 列宁. 列宁全集（第 16 卷）[M]. 北京：人民出版社，1988.

② 马克思，恩格斯. 马克思恩格斯文集（第 3 卷）[M]. 北京：人民出版社，2009.

③ 中共中央宣传部理论局. 干部群众关心的 25 个理论问题 [M]. 北京：学习出版社，2003.

习近平总书记曾指出："上一轮科技和产业革命所提供的动能已经接近尾声,传统经济体制和发展模式的潜能趋于消退。"中共中央文献研究室在2016年的报告中亦指出："新一轮科技革命和产业变革正在孕育兴起。"可见,一些科学技术的颠覆性作用逐步显现出来。因此,中国必须紧抓这一历史机遇,转变生产发展方式,推动生产力实现质的跃迁,从而实现"换道超车"的战略目标。

(三)中国共产党关于科技与生产力关系认识论的发展

早期中国共产党人,以李大钊先生为代表,他们在很早的时候就已经深刻认识到科技在推动生产力发展方面的重要作用。在新民主主义革命时期,虽然中国共产党面临艰巨的革命任务,但他们仍致力于推动自然科学的发展。

在社会主义革命和建设时期,由于恢复经济、建设国防等方面的需要,科技的发展更加重要。1956年,毛泽东主席发出了"向科学进军"的伟大号召,并制定了中华人民共和国的第一个中长期科技规划。1963年,毛泽东主席在听取聂荣臻和中央科学小组关于科技工作十年规划的汇报时,明确地将科技发展与生产力的发展联系在一起,提出"不搞科学技术,生产力无法提高"的观点在当时的艰苦条件下,中国集中力量攻克了"两弹一星"等重要工程,这不仅带动了相关产业的发展,也使得许多产业从无到有,实现了跨越式的发展。

改革开放和社会主义现代化建设新时期,邓小平继承并发展了马克思关于"科学技术是生产力"的重要观点,提出了"科学技术是第一生产力"的重要论断。江泽民也曾指出:"科学技术是第一生产力,而且是先进生产力的集中体现和主要标志。"胡锦涛也将科技视为推动人类文明进步的革命力量。

党的十八大以来,中国共产党将创新放在新发展理念的首位,实施创新驱动发展战略,同时更加重视原始创新能力的提升和核心技术的突破,将高水平科技自立自强视为国家安全的重要保障。因此,提出新质生产力是中国共产党关于科技与生产力关系认识论的传承与发展,也是对生产力发展内在规律和必然趋势的科学把握。

（四）应对世界百年未有之大变局的现实要求

历史的发展进程清晰地表明，每一次科技革命都会引发产业的重大变革，而这种变革又会进一步导致全球格局的调整和重塑。正是基于这样的历史逻辑，我们可以看到，当前正在兴起的新一轮科技革命和产业变革，正以惊人的速度重新构建全球的创新发展版图，深刻地改变着全球的经济发展态势。这一系列深刻的变革，成为推动百年未有之大变局的重要力量。

与此同时，一些试图保持其技术垄断地位的大国，为了巩固他们的先发优势，维护其核心技术的垄断，往往采取不公平的手段，对新兴科技力量进行遏制和打压。因此，面对这百年未有之大变局，中国既面临在变革中寻找并抓住历史机遇的挑战，也必须应对由于差距可能进一步扩大而带来的风险和挑战。

当前，中国的科技创新能力已经得到了显著的提升，成功跻身创新型国家的行列。然而，在原始性创新、核心技术等关键领域，仍然存在许多薄弱环节，同时，如何提高科研成果的转化利用率，也是我们需要解决的问题。为了在世界百年未有之大变局中把握住主动权，实现全面建设社会主义现代化国家的宏伟目标，中国必须紧紧抓住科技创新这个"牛鼻子"，坚决突破关键核心技术的"卡脖子"问题，并且实现科技创新成果向现实生产力的有效转化。

因此，在世界百年未有之大变局的背景下，形成新的生产力，已经成为保证中国独立自主、赢得战略主动的当务之急。这是中国在全球竞争中保持领先地位，实现可持续发展的根本保证。

二、关于新质生产力重要论述的深刻内涵

新质生产力是一个包含着深刻内涵和时代特征的概念。新质生产力是一种以科技创新为灵魂和核心动力的生产力形态。这种生产力不仅是一种量的增长，更是一种质的飞跃，它以战略性新兴产业、未来产业等"新业态"为重要舞台和载体。这些"新业态"既是新质生产力的表现形式，也是其发展

的重要领域。

新质生产力的"新"是其不断前进的动力源泉。这"新"既包括新的技术，也包括新的模式，更包括新的理念。正是这些"新"，推动着新质生产力不断突破传统的束缚，实现生产力的转型升级。

新质生产力的"质"是其追求的最高目标。这种"质"的跃迁，不仅是生产效率的提升，更是生产方式、发展模式的变革。它追求的是在保护环境、尊重自然的前提下，实现人类社会和自然的和谐共生。

新质生产力的"生产力"是其最核心的内涵。生产力是社会发展的基础，新质生产力的发展，将推动社会生产力的全面提升，为社会的发展和进步提供强大的动力。

（一）"新"是新质生产力的动力源泉

与旧有的传统生产力形式相较，战略性新兴产业和未来产业被认为是新质生产力的关键"摇篮"。新质生产力特别强调科技创新在推动生产力发展中的作用，以及新生产要素的有效运用。新质生产力的动力源自"新"，主要体现在以下三个方面。

首先是"新业态"。在谈论新质生产力时，我们总会将它与战略性新兴产业和未来产业联系在一起。战略性新兴产业如信息技术、生物技术、新能源等，是基于重大发展需求和重大技术突破而生的产业，对经济社会的发展有着强大的带动和支撑作用；未来产业如类脑智能、量子信息、基因技术等，是由前沿技术引领，具有预见性和领导性的产业。与传统产业相比，战略性新兴产业和未来产业具有更强的战略引领性、更高的科技含量，以及更优的产品附加值。新质生产力就蕴含在战略性新兴产业和未来产业这些"新业态"中。

其次是"新科技"。生产力的影响因素是多元化的，如分工、土地、资本、技术等。随着时代的进步，这些影响因素的地位也在不断变化。在人类社会的早期阶段，良好的分工、肥沃的土地、充足的资本对于生产力的发展起着主导作用。然而，如今，创新已经成为推动发展的首要动力，科技在第一生

产力中的作用日益显著。因此，我们将科技创新视为推动经济发展和维护国家安全的重要变量。习近平总书记曾指出："抓住了创新，就抓住了牵动经济社会发展全局的'牛鼻子'。"新质生产力是以科技创新为核心的生产力，它既注重科技创新，也强调新科技向生产力的有效转化。

最后是"新要素"。首先，传统要素的质量得到了提升。过去，土地、劳动力、资本、技术等是推动传统生产力发展的关键要素。然而，随着经济社会的发展，这些传统要素的质量也在不断提升，例如，劳动力质量的显著提升等。其次，新型要素也在不断涌现。随着信息化、智能化的发展，人类开辟了数字化场域，数据成为新型生产要素。在2020年发布的《中共中央　国务院关于构建更加完善的要素市场化配置体制机制的意见》中，数据作为一种新型生产要素被写入其中。习近平总书记也曾明确指出："要构建以数据为关键要素的数字经济。"新质生产力在利用创新赋能传统要素的同时，更加注重数据等新型生产要素的使用，例如，"算力"所形成的生产力就是一种典型的新质生产力。

（二）"质"是新质生产力的目标追求

相较于旧有的生产方式，新质生产力致力于推动生产力的质的飞跃和质量的提升，因此，新质生产力的目标在于追求"质"。

首先，追求的是"物质"生产力。新质生产力最终需要转化为物质生产力。马克思和恩格斯在《德意志意识形态》中指出："分工只是从物质劳动和精神劳动分离的时候起才真正成为分工。"习近平总书记也曾强调："物质生产力是全部社会生活的物质前提，同生产力发展一定阶段相适应的生产关系的总和构成社会经济基础。"马克思在《资本论》中明确了劳动的三要素，即劳动本身、劳动对象和劳动资料，其中，劳动资料是劳动者本质力量的延伸，是劳动者作用于劳动对象的媒介。新质生产力是在智能时代背景下，对这种媒介特别是劳动工具的创新发展。因此，新质生产力的效能最终要体现为物化的力量，表现为人与自然进行物质变换能力的提升。同时，物质生产力与精神生产力是相互作用的，物质生产力决定精神生产力，精神生产力反作用

于物质生产力。

其次，追求的是"质变"。新质生产力是生产力发展的质的变化。与传统生产力相比，新质生产力目的是提高全要素生产率、追求更高的生产效率和生产效能。过去，中国凭借低廉的劳动力价格和原料成本成为"世界工厂"，处在世界产业链的下游，面临着高投入低回报的问题，现在中国要由"制造大国"向"智造强国"转变，由"中国制造"转向"中国创造"。这意味着生产力要从"总体跃进"向"整体改善"转变。新质生产力追求的正是生产力从"量变"向"质变"的跨越。

最后，追求的是"质量"。新质生产力追求的是高质量发展。一方面，新质生产力的要素构成质量高，对劳动者、劳动资料、劳动对象提出了更高质量的要求，既优化升级传统生产要素，又发掘使用新型生产要素，而高质量的生产要素有利于推动经济的高质量发展；另一方面，新质生产力的发展成效质量高，相比于将生产力局限地理解为改造自然和利用自然的能力，造成人与自然的主客对立，新质生产力强调的是人与自然的对象性关系，追求生态环境的社会效益和经济效益相统一。同时，新质生产力对于科学技术的强调可以有效提高能源的利用效率，降低单位 GDP 能耗，从而推动高质量发展。

（三）"生产力"是新质生产力的核心内涵

新质生产力中的"新"与"质"不仅是现代生产力发展的驱动力源泉，更是我们追求的目标。新质生产力最终还是应该回归到"生产力"这一核心概念上。

首先，新质生产力是特定历史阶段下生产力的体现。如上文所述，马克思和恩格斯认为，生产力是具有历史具体性和条件性的，随着人类社会的发展，生产力从落后逐步向先进演进，展现出不同的质态。新质生产力正是生产力在智能时代所展现出的新质态，是科技创新成为主要驱动力的生产力，与传统生产力在驱动因素和发展效果上都有显著的差异。

其次，新质生产力是一种现实的力量。对于生产力的理解需要立足于现实的劳动，而不是纯粹的思辨。马克思曾明确指出："生产力当然始终是有用

的、具体的劳动的生产力"。而劳动首先体现为人与自然的关系，是人与自然进行物质变换的过程。因此，新质生产力作为生产力的新发展，其本质还是人与自然进行物质变换的现实力量，其效能需要通过物质生产力的形式来表现。

最后，新质生产力体现了人与自然的良性互动关系。资本主义所追求的生产力将自然视为单纯的"有用物"，形成了人与自然的主客对立。马克思则强调："社会地控制自然力，从而节约地利用自然力。"他认为人与自然是一种相互影响的对象性关系。在这个基础上，习近平提出了"生态就是资源、生态就是生产力"的重要观点。新质生产力正是生态生产力的具体体现，它是一种绿色生产力，强调人与自然的和谐共生。

第二节　新质生产力的特征分析

一、涉及领域新

当前，我们正处在一个瞬息万变、科技飞速演进的时代，新型的生产力已经成为驱动社会经济持续、健康发展的强劲引擎。这主要源于新一轮的科技革命和产业变革的深远影响，特别是在信息技术、新能源、新材料、人工智能等具有战略性的新兴产业和未来产业中崭露头角。新型生产力的核心特征是创新引领，它不仅是生产力提升的显著标志，更是产业转型和经济结构优化的必然结果。

习近平总书记深刻洞察了新质生产力与战略性新兴产业及未来产业的紧密联系，习近平总书记强调："积极培育新能源、新材料、先进制造、电子信息等战略性新兴产业，积极培育未来产业。"这一论述深刻揭示了新质生产力形成过程的内在规律，也为我们理解新质生产力与现代化产业体系构建的关系提供了重要指导。

产业作为经济之本，是生产力变革发展的具体领域。在新质生产力的形成过程中，战略性新兴产业和未来产业发挥了至关重要的作用。它们不仅是

新质生产力的重要载体，更是科技与产业结合形成的产物。战略性新兴产业以其高成长性、高创新性、高附加值等特征，成为推动新质生产力形成的关键力量。而未来产业则以其前瞻性和引领性，引领着新质生产力的未来发展方向。

具体而言，新一代信息技术作为新质生产力的核心驱动力之一，正在深刻改变着人们的生产生活方式。云计算、大数据、物联网等技术的广泛应用，不仅提高了生产效率，还推动了新业态、新模式的不断涌现。新能源、新材料领域的发展则为新质生产力的形成提供了重要支撑。可再生能源的开发利用、高性能材料的研发应用等，都极大地推动了生产力的跃升。人工智能作为新一轮科技革命的重要代表，更是以其强大的赋能能力，为各产业领域注入了新的活力。

同时我们也应看到，新质生产力的形成并非一蹴而就。它需要政府、企业、科研机构等多方力量的共同努力。政府需要制定科学合理的产业发展政策，引导资本、技术、人才等要素向战略性新兴产业和未来产业聚集。企业需要加大研发投入，提高自主创新能力，推动产业升级和转型。科研机构则需要加强基础研究和应用研究，为产业发展提供强有力的科技支撑。

二、技术含量高

新质生产力，作为当今社会先进生产力的核心体现，是科技进步与创新交织融合的结晶，是时代发展的最根本驱动力。它源于新一轮科技革命的浪潮，由人工智能、大数据、信息通信等新一代信息技术引领，这些技术正处于前所未有的突破边缘，正在重塑我们的世界。

基因组学的突破让我们对生命的奥秘有了更深的理解；合成生物学、脑科学的进展，为人类开辟了新的研究领域；在新能源、空间技术、海洋技术等领域，创新活动如雨后春笋般涌现，密集的技术突破预示着未来的无限可能。尤其值得注意的是，量子信息、工业互联网、机器人、新材料等领域的基础研究和原创成果，正以前所未有的速度群体性爆发，科技的边界日益模糊，各领域的交叉融合创新如火如荼。

这些新兴技术不仅在科学领域引发革命，更在产业层面产生深远影响。它们推动产业向智能化、数字化方向深度转型，以前所未有的方式改变生产方式和生活方式。例如，人工智能与大数据的结合，正在引领智能制造、智能交通等新兴产业的崛起；而基因编辑技术的应用，可能彻底改变医疗健康行业的格局。

然而，为保证社会经济的持续进步，我们必须坚定地重视基础研究和原创创新。这要求我们对具有领先地位的关键技术，以及可能塑造未来产业的尖端技术，进行长期的战略规划和前瞻性部署。唯有如此，才能保证一系列先进和前沿技术的不断诞生，并实现其产业化应用，以此驱动新兴产业的蓬勃发展，同时促进传统产业的改造升级，实现产业结构的深度融合与转型。

三、要素配置优化

新质生产力的形成，是一场复杂而精细的交响乐，其中科技、金融、人才、数据、信息等关键要素如同乐章中的音符，重新组合，共同谱写出一曲激昂澎湃的发展之歌。这一过程并非简单的堆砌，而是各要素之间深度融合、协同发展的结果。

科技作为第一生产力，是推动社会进步的核心动力。在新质生产力的形成过程中，科技创新如同引擎，不断推动生产效率的提升和产品的升级换代。金融，作为经济发展的血脉，为科技创新和产业升级提供了充足的资金支持。人才，则是推动科技创新和产业发展的关键力量，他们的智慧和才能是创新的不竭源泉。数据和信息，作为新时代的"石油"，正逐渐成为推动经济社会发展的重要资源。

在新质生产力的形成过程中，这些要素的组合方式发生了显著变化。这种协同关系不仅提高了要素配置的效率，还推动了全要素生产率的不断提升。具体来说，人工智能、大数据、云计算等新兴技术使传统产业发生了深刻变革。现代金融体系的完善为科技创新和产业升级提供了更加高效的资金支持。人力资源的优化配置使人才能够更好地发挥自己的才能，为产业发展注入新的活力。数据信息的广泛应用则为企业提供了更加精准、高效的市场分析和

预测手段，帮助企业更好地把握市场机遇。

为了推动新质生产力的形成，我们需要进一步扩大资源要素的协同范围。这要求我们加快建立全国统一大市场，打破地域和行业的壁垒，促进各类生产要素的自由流动和高效配置。同时，我们还需要推进高标准制度型开放，更好利用国内国际两个市场、两种资源，扩大要素配置范围，提高要素配置效率。

四、环境友好

在当今这个快速发展但环境挑战日益严峻的时代，绿色发展已不再是一个空洞的口号，而是生态文明建设的核心驱动力，更是新质生产力不可或缺的一部分。新质生产力，相较于传统生产力，不再是对自然的肆意掠夺和破坏，而是更加注重与自然的和谐共生，其鲜明的生态属性让人瞩目。

新质生产力是一种绿色的生产力，它在追求经济繁荣的同时，也充分考虑到环境的承受能力和生态系统的健康。这种生产力强调在创造物质财富的同时，推动可持续发展的战略实施，真正做到了"既要金山银山，也要绿水青山"。为了实现这一目标，绿色技术的研发和普及成为关键。从清洁能源的利用，到污染物的减排，再到废弃物的资源化利用，绿色技术在新质生产力中扮演着至关重要的角色。

新质生产力的劳动者，是那些通晓绿色科技、具备生态文明理念的先锋者。他们不仅具备传统意义上的劳动技能，更拥有对生态环境的深刻理解和保护意识。在他们的努力下，清洁生产的机械化体系得以广泛应用，绿色原材料成为生产的主流。这样的劳动资料和劳动对象，不仅提高了生产效率，也极大地降低了对环境的负面影响。

随着绿色理念的普及和生态价值的实现，人与自然的关系变得更加和谐。在新质生产力的推动下，生态系统和经济社会实现了协同发展，为人类社会的可持续发展提供了强有力的支撑。同时，新质生产力的运行机制也更加完善，系统发展观念和可持续发展理念得到了充分体现。这种环境友好的生产力，不仅满足了人们对美好生活的追求，也为子孙后代留下了宝贵的生态财富。

近年来，随着绿色技术的不断发展和应用，我国的环境质量得到了显著改善。清洁能源的利用比例逐年提高，污染物排放总量持续下降，废弃物的资源化利用率也大幅提升。这些成绩的取得，离不开新质生产力的推动和绿色技术的支撑。

第三节　新质生产力与传统生产力的对比分析

一、新质生产力对传统生产力的跃迁

在当今世界，我们正目睹一场前所未有的生产力系统性新质化变革，这场变革预示着新的生产力即将引领人类社会从工业时代迈向数字信息时代，实现一次划时代的跨越式发展。习近平总书记站在时代的前沿，敏锐地捕捉到了科技和产业革命的发展趋势，基于生产力发展的客观规律，结合世界经济发展现实与中国经济高质量发展的实际，对新质生产力这一全新概念进行了精准界定和科学概括。接下来，我们将深入探讨新质生产力（其系统结构示意图如图 1-1 所示）相较于传统生产力（其系统结构示意图如图 1-2 所示）的"新"之所在和"质"之所指。

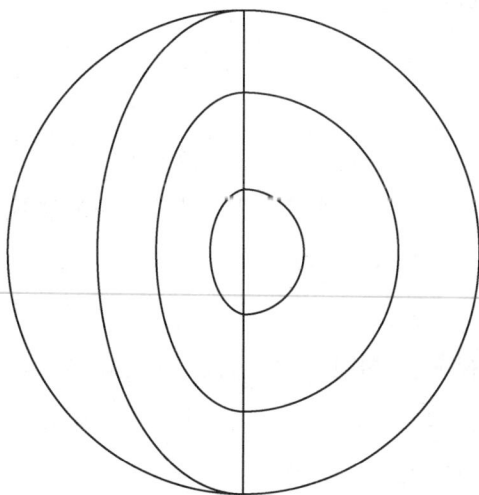

图 1-1　新质生产力的要素系统结构示意图

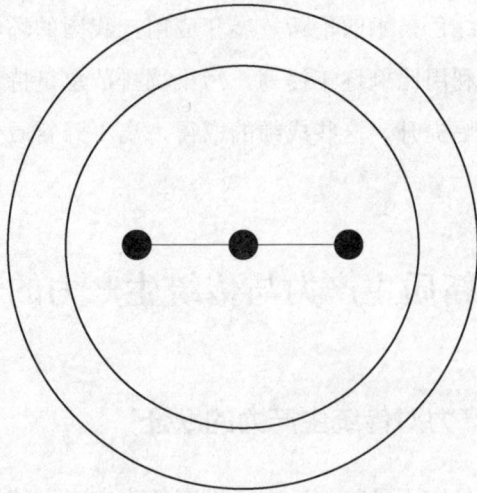

图 1-2　传统生产力的要素系统结构示意图

新型生产力的特性主要体现在创新要素、新技术体系和新兴产业的三个层面。在要素体系的视角，传统生产力的构成表现为"三点一线两圈"的平面架构，其中，劳动者、劳动资料和劳动对象是核心，科技要素则在边缘产生影响。然而，新型生产力的要素体系呈现出立体结构，以科技创新为核心，驱动整体系统的发展。该结构包括三个层次：科技创新要素构成第一层；由科技创新催生的关键要素（如数据要素）、创新主体（劳动者），以及转化媒介（劳动资料）组成第二层；而劳动对象，以及生态和空间两个新兴要素位于第三层。这三个层次相互作用、深度融合，共同塑造了一个充满活力和创新的系统。

在技术体系方面，传统生产力以工业技术为主体，主要关注能源开发、资源利用、装备制造、交通运输和农业育种等领域的技术进步和应用。相比之下，新型生产力的技术体系以数字信息技术为主导，与先进制造、新材料、新能源、生物医药等多元技术协同，构建了一个全新的技术生态系统。这一系统不仅重视技术投入和产出的指数增长，更强调结合自主创新和跨领域借鉴的研发模式。在新型生产力的技术生态中，类脑智能、量子信息、基因技术、未来网络、深海空天等尖端技术正逐步成为驱动未来发展的关键力量。

新质生产力的"新"还体现在产业系统上。传统生产力的产业系统以资

源密集型产业为主体，以规模化生产为目标，导致高资源消耗但低价值产出的现象。新质生产力的产业系统以技术密集型产业为核心，以智能化、绿色化、融合化生产为方向，通过技术创新引领产业升级和转型。例如，在绿色能源领域，通过发展太阳能、风能等可再生能源技术，可以推动能源结构的优化和升级，降低对化石能源的依赖和环境污染。

新质生产力"质"的特性主要体现在三个方面：高质量、多质性及双质效。

首先，高质量是新质生产力的核心特征。在经济发展的新阶段，新质生产力不再盲目追求产量的增加，而是注重质量的提升，通过技术创新和效率优化，实现质的有效提升和量的合理增长。

其次，新质生产力的多质性体现在其全面的特质上。在新发展理念的引领下，新质生产力以创新为引领，同时具备协调、绿色、共享和开放的特性。以数字经济为例，它不仅推动了产业的创新升级，也促进了经济结构的优化和协调发展。同时，绿色生产力的崛起，如清洁能源和循环经济的发展，实现了经济效益与环境效益的双赢，体现了新质生产力的绿色性。

最后，新质生产力的双质效体现在其对短期和长期效益、经济效益和社会效益、经济效益和生态效益的综合考虑。在微观层面，企业通过持续的研发投入和模式创新，实现短期效益与长期发展的平衡。在宏观层面，新质生产力在推动经济增长的同时，注重社会公平，提高人民生活水平，实现经济效益与社会效益的和谐统一。在全球视野下，新质生产力强调可持续发展，追求经济繁荣与生态环境的和谐共生。

二、统筹推进新质生产力与传统生产力发展

新质生产力的崛起如同一首高昂的交响乐，奏响了高质量发展和创新发展的新篇章。这一概念的提出既是对历史规律的深刻洞察，也是对当前中国经济发展阶段的精准把握。它要求我们在技术创新的浪潮中破浪前行，通过政策的精准调整，构建适应新质生产力发展的体制环境，同时在战略选择上作出前瞻性的布局。

2024 年的政府工作报告，将新质生产力的培育提升至前所未有的高度，将其列为十项关键任务的首位。各地政府在规划今年的经济工作时，也纷纷将发展新质生产力作为核心任务，这充分体现了国家对新质生产力寄予的厚望。新质生产力不仅将在新兴产业中扮演开路先锋的角色，更将在传统产业的转型升级中发挥关键的推动作用。

新质生产力的崛起为战略性新兴产业和未来产业的发展注入了新的活力。以信息技术、人工智能、生物科技等为代表的新兴产业，正以前所未有的速度改变着经济的版图。然而不能忽视，传统产业仍然是中国经济的基石，它们的潜力尚未被充分挖掘。因此，发展新质生产力的同时，必须兼顾传统生产力的提升，实现新旧产业的协同发展。

（一）统筹推进传统优势产业升级与新兴产业培育

在当下这个飞速发展的时代，中国的制造业已经构筑起了一套完备且规模宏大的制造体系。从大型飞机、巨型船舶的制造，到高端纺织品的生产，再到智能手机、智能电视等电子产品的普及，中国在全球市场上展现出了强大的竞争力。而新能源汽车、锂电池、太阳能电池等外贸"新三样"更是加速拓展出口市场，成为国际市场上的一股不可忽视的力量。这些传统优势产业不仅是中国经济发展的基石，更是新质生产力"破土而出"的肥沃土壤。

新质生产力作为一个动态的、相对的概念，它代表了人类再生产物质财富和精神财富的能力的新的提升。马克思曾指出，生产力始终是有用的、具体劳动的生产力，它决定了一定时间内有目的的生产活动的效率。在生产力和劳动过程中，劳动资料扮演着至关重要的角色，它是人类劳动力发展的测量器，也是区分不同经济时代的指示器。历史上，每一次劳动资料的质变，都预示着新质生产力的产生。而在数字经济时代，新质生产力的内涵更加丰富和多元。

从现实性来看，新质生产力是我国应对内外部形势变化的必然选择。在全球层面，中国经济总量已经稳居世界第二，与美国的竞争也日益激烈。特别是在科技领域，中美之间的博弈不断加剧，全球制造业产业链、供应链的

稳定性受到严重冲击。同时，全球化趋势出现了向区域化、本土化演变的苗头，全球经济竞争规则和秩序正面临变革。在这种背景下，加快新质生产力的发展，对于我国重塑国际竞争力具有重要意义。

从国内层面看，我国既有的要素红利逐渐削减，经济增速放缓、新旧动能转换减速、消费信心不足等问题凸显。发展新质生产力目的是推动经济结构转型升级、实现由"旧"换"新"、跨越中等收入陷阱、加快中国式现代化进程。

为了发展新质生产力，我们需要采取一系列战略措施。首先，我们要继续发扬传统优势产业的发展经验，进一步发挥全国统一大市场的需求牵引作用，善用全球市场的机遇，特别是新兴市场的需求空间，推动传统产业的转型升级。其次，我们要着力培育和壮大新兴未来产业的规模体系，大力发展人工智能、人形机器人、生物制造、智能网联汽车、新材料等新业态，引领农业、制造业、服务业向现代化、智能化、个性化转型。最后，我们要利用新兴未来产业的产品和功能，实现传统生产力的转型和升级，稳住传统产业吸纳就业的数量，提升就业质量。例如，在传统生活服务业中，我们可以通过引入人工智能算法等新技术，提升经营效率和劳动者的工作效率，弥补与其他产业的效率差距。

（二）统筹推进工程化应用技术创新与重大颠覆性科技创新

在当今这个日新月异的时代，创新已成为推动社会进步、经济增长的重要驱动力，对新质生产力的产生起着举足轻重的作用。新质生产力源自对生产力发展的深刻洞察，它正是诞生于新一轮科技革命和产业变革的浪潮之中。自 2023 年以来，全球范围内的技术突破与变革更是不断加速，特别是在人工智能领域，以 ChatGPT 为代表的聊天机器人的问世，标志着人工智能开始从理论走向实际应用，引领着颠覆式创新的浪潮[①]。

新一轮科技革命和产业变革的持续发酵，为我们培育和发展新质生产力

---

① 蔡继明. 统筹推进新质生产力与传统生产力发展［J］. 中国金融，2024（7）：18-20.

提供了重大的机遇。我国一直高度重视科学技术对经济发展的重大影响，长期以来在工程化应用技术创新方面取得了全球领先地位。然而，在引领和促成具有全球领先优势的前沿领域重大颠覆性科技创新方面，我们仍存在一定的不足。这应成为我们下一阶段推进新质生产力发展的重要考量。

工程化技术创新与重大科技创新，是创新的一体两面，二者相辅相成，缺一不可。一方面，我们要充分发挥在数字经济发展中我国应用创新的既有优势，维持和拓展我国工程化应用技术创新具有的全球领先地位。将电子商务、移动社交、数字文娱等应用技术优势扩大到跨境业务、跨界业务中，加快实现数字技术、生物技术、新能源技术、航天技术的创新升级，打造具有市场发展潜力的创新型产品，做大做强做优新型产品市场；另一方面，我们须加紧突破重大颠覆性科技创新，集中发力集成电路、人工智能、生物智能、量子科技、空天技术等战略性前瞻性领域。在 AI 芯片、通用人工智能大模型、脑机接口、量子通信等焦点领域加快追赶和超越，鼓励和引导高校、科研院所在基础科学领域做好长期储备。

然而，通用人工智能大模型等颠覆性创新往往具有马太效应，可能出现"赢家通吃"或"寡头垄断"局面。大国博弈的成败往往取决于是否抢占了先发优势，这就对新技术新产业新业态的监管和治理提出了更高要求。哪里有包容和鼓励创新的氛围、哪里就更有颠覆性创新的重大机遇。因此，我们需要加快科技创新和产业创新的深度融合，减少一般性前置审查，加强事中事后监管，树立畅通高效的产业科技创新全流程。同时，要加快破解"科技—产业—金融"良性循环的桎梏，让金融体系为具有创新能力的民营经济、中小企业提供更具包容性的创业投资，推动新质生产力、现实生产力落地生根。

（三）统筹推进传统劳动者素养提升与智能劳动者队伍壮大

劳动者作为生产力体系中至关重要的一环，其素质的提升直接关联到整个社会的生产力飞跃。在当前全球化和信息化的大背景下，人口结构的变化、劳动技能的更新，以及劳动市场的波动，都对我国的劳动者队伍产生了深远的影响。过去，我们依赖的人口红利——即规模大、后备足、价格低的劳动

力优势，正在逐步走向拐点。因此，推动人口规模红利向人口素质红利的转变，实现劳动者队伍的全面升级，成为支撑新质生产力形成的关键力量。

在数字经济时代，数字素养成为衡量劳动者素质的重要标准。为了抢占先机，我们需要充分发挥我国在数字经济发展中的优势，如产业规模大、技术能力强、应用市场广等，加快培养具备高数字素养的智能劳动者。这不仅是推动劳动能力升级和劳动者队伍革新的重要途径，也是应对新质生产力发展带来的就业挑战的必要措施。同时，我们也要充分认识到新质生产力发展对就业市场的巨大影响，主动引导和设置新岗位，缓解机器换人等带来的就业压力，保证生产力增进的结果能够惠及全体人民。

为了充分发挥新质生产力的外溢效应，我们需要从多个层面入手。

首先，要引导传统劳动者的素养提升。作为当前生产力的主体，传统劳动者在转型升级过程中扮演着重要角色。通过加强全周期职业教育培训、创新技能导向激励等措施，我们可以逐渐提升传统劳动者的职业理想、职业技能和职业担当能力。在此过程中，我们还需要特别关注农民工等弱势劳动者的权益保障问题，保证他们能够平等地分享社会进步的成果。

其次，要加速培养智能劳动者等新型劳动者队伍。随着数字技术的快速发展和普及应用，智能劳动者已经成为推动新质生产力发展的重要力量。为此，我们需要通过全民数字素养与技能提升计划等举措，加大全社会劳动者的数字知识普及力度。同时，我们还需要关注数字技术适老化改造对银发人群的数字素养提升问题，保证他们能够跟上时代的步伐。在职业培训方面，我们可以采用订单制、现代学徒制等多元化人才培养模式，提升智能劳动者职业培训效能。此外，我们还需要面向灵活就业等新型就业形态健全财政税收制度和社会保障制度，为新质生产力的飞跃预备好现代产业工人力量。

最后，要充分发挥数字平台作用，孕育适应新质生产力发展的灵活就业大军。数字平台作为连接供需双方的重要桥梁，在促进灵活就业方面发挥着重要作用。通过校企合作、企业培训等各种方式，我们可以发挥数字平台的外溢效应，带动全行业从业者实现技能提升。同时，国家也应在政策、资金等方面给予支持，保证全社会劳动者都能够在激烈的市场竞争中保持一定的

竞争力。这样一来，我们就可以有效减少结构性失业和缩短就业"空窗期""阵痛期"，维护整体就业市场的基本稳定。

综上所述，推动劳动者队伍的全面升级是实现新质生产力飞跃的关键。我们需要从产业层面、技术层面、人才层面构建协调机制，统筹新质生产力增量发展壮大与传统生产力存量调整优化。通过这一系列的努力，我们有望为经济高质量发展打牢基础，为推进中国式现代化贡献持续动能。

三、新质生产力与中国式现代化

（一）新质生产力助推中国式现代化的理论逻辑

中共二十大报告明确指出，中国式现代化，是中国共产党领导的社会主义现代化。它既体现了各国现代化进程的普遍特征，又深深根植于我国独特的国情之中，彰显出鲜明的中国特色。新质生产力的提出不仅鲜明地揭示了中国式现代化的共有特质，更是对其独特性的进一步强化。鉴于此，我们应当不遗余力地推动新质生产力在理论架构、历史脉络与实际应用等多个维度上，为中国式现代化的实现提供坚实支撑，以保证这一宏伟事业能够持续、健康、稳定地向前迈进。

在深入探讨人类社会存在与发展的基础时，马克思主义为我们提供了深刻的洞见。它明确指出，物质资料的生产是人类社会存在和发展的基石。从政治经济学的视角来看，生产力的发展不仅是各国现代化进程中不可或缺的一环，更是其共同特征。而生产力的从量到质的跃迁，其核心驱动力则在于科学技术的发展。科学技术是推动生产力质变的关键因素。马克思和恩格斯在多个场合都强调了科学技术对于生产力提升的重要作用。但是，我们也要认识到科学技术的"阴暗面"。例如，环境污染、资源枯竭、生态破坏等问题都与科学技术的滥用有关。因此，我们需要将科学技术掌握在无产阶级手中，通过正确的价值导向和合理的政策引导，使其真正为人类社会的可持续发展服务。

新质生产力的提出为我们揭示了以关键性、颠覆性技术作为生产力从量

变到质变的路径。这一观点不仅符合马克思主义政治经济学的理论逻辑，也为中国式现代化提供了重要的理论基础和实践指导。在新质生产力的推动下，我们有望实现生产力的质的飞跃，为中国的现代化建设注入新的活力和动力。同时，我们也需要在实践中不断探索和完善新质生产力的理论体系和实现路径，为推动人类社会的进步和发展作出更大的贡献。

（二）新质生产力与中国式现代化的内在一致性

中国式现代化的实现与新质生产力的形成，不仅是两个独立的概念，更在深层逻辑上展现出了紧密的内在一致性。这种一致性不仅体现在两者的目标上，更在多个维度和层面形成了高度耦合，彼此相辅相成，共同推动社会的进步与发展。

1. 共同的关键任务：加快科技创新

中国式现代化的实现是一个复杂而宏大的系统工程。其中，科技现代化作为其核心动力，扮演着至关重要的角色。科学技术，作为构成生产力的关键要素，其创新的步伐不仅推动了传统生产力向新质生产力的转变，更是现代化进程中的关键驱动力。因此，加快科技创新，以形成新质生产力，是中国式现代化进程中不可或缺的一环。

首先，科技创新在实现中国式现代化目标中的总体效率上发挥着决定性作用。不同于西方"串联式"的渐进发展模式，中国式现代化展现了工业化、城镇化、农业现代化、信息化"并联式"的跨越式发展特点。在这一进程中，科技创新是实现"时空压缩"与"并联发展"的根本动力。通过科技创新，我们能够在较短的时间内，汇聚起强大的发展势能，推动各项现代化任务同步进行，以高效的方式完成西方数百年所经历的现代化阶段。这种"时空压缩"的效应，正是科技创新在催生新质生产力、推动中国式现代化进程中的独特贡献。

其次，在应对中国式现代化目标实现的重要难点上，科技创新发挥着关键突破口的作用。当前，世界正处于新一轮科技革命、产业革命与数字革命

交织发展的新时期，其中人工智能、大数据、区块链等前沿技术正以迅猛的态势发展。对于中国而言，作为处于追赶型、非均衡型现代化发展战略下的国家，我们必须紧紧抓住这一历史性的机遇。针对科技革命、产业革命与数字革命中的核心科学问题和关键性、颠覆性技术，进行革命性的突破，这是加快形成新质生产力、实现中国式现代化的必要途径。在这一过程中，增强自主创新能力、构建科技创新体系显得尤为关键。唯有通过科技创新，我们才能在新一轮的科技和产业竞争中占据有利地位，有效化解中国式现代化目标实现过程中遇到的难点和挑战。

最后，科技创新在推动中国式现代化和新质生产力目标实现的道路上，扮演着至关重要的角色。中国式现代化和新质生产力均以生产力高质量发展为核心方向。在这一过程中，全要素生产率的提升与产业结构的加速转型是生产力高质量发展的重要体现。为了实现这一目标，我们必须以科技创新作为重要引擎，积极发展新产业、新业态与新经济。通过科技创新，我们能够有效推动生产力发展的质量变革、效率变革和动力变革转型，进而迈向生产要素投入少、资源配置效率高、资源环境消耗低和经济社会效益好的生产力高质量发展道路。这一道路的实现，不仅将为中国式现代化提供强大的动力支持，也将为全球可持续发展贡献宝贵的经验。

2. 共同的价值遵循：人本发展逻辑

中共二十大报告深刻阐述了中国共产党在引领中国现代化进程中的核心作用与价值追求。作为始终致力于中国人民幸福和中华民族复兴的党，中国共产党不仅关注本国人民的福祉，更放眼全球，致力于推动人类文明的共同进步。

中国式现代化的本质在于这是一条由中国共产党领导的独特现代化道路。在这一道路上，新质生产力的诞生与发展，成为推动社会进步的重要力量。新质生产力，指的是在中国共产党领导下，通过创新、改革和科技进步，实现生产力质的飞跃。这种生产力不仅追求量的增长，更强调质的提升，以满足人民群众日益增长的美好生活需要。

在价值追求上，新质生产力与中国式现代化共同秉持以人民为中心的发展理念。这种发展理念与西方现代化中"资本逻辑"主导的发展模式形成鲜明对比。在西方模式下，资本成为推动生产力发展的唯一动力，而人的发展往往被忽视。而在中国式现代化中，我们坚持"人本逻辑"，将人的全面发展作为发展的根本动力和价值追求。

3. 共同的发展要求：实现绿色发展

生态作为自然界的宝贵财富，是我们赖以生存的重要资源，更是推动经济社会持续发展的强大生产力。在当今世界，随着环境问题的日益凸显，生态资源的保护和利用已成为各国关注的焦点。中国式现代化与新质生产力的共同发展，更是将绿色发展的理念融入其中，展现出对生态文明建设的深刻理解和坚定追求。

绿色发展的理念不仅是对自然环境的尊重与保护，更是对经济发展方式的深刻变革。中国式现代化强调人与自然和谐共生，致力于构建绿色低碳的循环经济体系。在这一过程中，新质生产力成为关键驱动力，它通过技术创新和产业升级，引领经济社会向绿色化、低碳化转型。

从生产方式变革的角度看，中国式现代化与新质生产力共同推动技术创新，实现绿色可持续发展。过去，我国经济社会发展在一定程度上依赖于高能耗、高排放的生产方式，导致资源环境压力巨大。如今，我国正处于新旧动能转换的转型期，迫切需要以新动能培育绿色经济增长点。新发展理念的提出，为我们指明了方向。它强调以创新驱动发展，推动生产方式向绿色、低碳、循环方向转变。新质生产力作为这一转变的核心动力，通过关键性、颠覆性技术突破，不仅提升了生产效率，而且实现了生产过程的绿色化、低碳化。这种"质"的变化，不仅符合中国式现代化的特征，也为经济社会的可持续发展注入了强大动力。

在产业结构调整方面，中国式现代化与新质生产力共同引领全产业链实现绿色升级。当前，我国正处于经济转型升级的关键时期，构建绿色发展的现代化产业体系成为重要任务。新质生产力的形成和发展，为产业结构的绿

色转型升级提供了有力支撑。一方面，新产业、新业态的形成有赖于绿色技术的研发与应用。新能源技术、绿色材料等绿色技术的快速发展，不仅推动了战略性新兴产业和未来产业的崛起，也为传统产业的绿色转型提供了可能；另一方面，传统产业的绿色转型也离不开新质生产力的推动。通过技术升级、降低能耗、采用清洁能源等手段，实现生产过程的绿色化，是传统产业转型升级的必由之路。

（三）新质生产力助推中国式现代化实现的发展方向

新质生产力作为推动社会前进的强大动力，不仅对于经济的持续健康发展起着关键作用，更是实现中国式现代化这一宏伟目标的重要基础与引擎。

1. 完善宏观治理：更好地发挥国家主体作用

中国式现代化实现的坚实基础源于国家生产力的持续繁荣与迅猛发展。在此过程中，国家主体的积极作用得以充分展现，成为推动国家生产力跃升的关键因素。长久以来，西方现代化理论过于强调自由市场的绝对性，将创新发展与生产力的提升过度归咎于市场的自我驱动，而将政府的作用描绘为阻碍创新的障碍。然而，这种观念并未能全面、客观地反映现代化进程中的实际情况。

事实上，西方先进发达国家如美国和日本，其现代化的成功并非仅仅依赖于市场的自由运作。美国通过大项目引领模式，集中国家力量攻克关键科技难题；日本则通过政企联合模式，形成紧密的产学研合作体系，共同推动科技创新。在这些案例中，国家和政府都发挥了至关重要的作用，它们在创新资源配置上起着不可替代的引导作用。

以宏观治理为保障，推动新质生产力的形成，需要党、政府和市场三者的有机结合与协同发力。党是国家的领导核心，需要制定出符合时代发展趋势的政策方针，引导全社会向新质生产力的方向发展。政府是政策的执行者和监管者，需要通过制定和执行相应的法律法规，为新质生产力的形成提供良好的环境。市场作为资源配置的主体，其活力和效率对于新质生产力的形

成至关重要。要充分发挥市场在资源配置中的决定性作用，激发企业的创新活力。政府应通过深化改革，打破市场壁垒、消除行业垄断、促进公平竞争，让各类市场主体都能在公平的环境中发展壮大。同时，政府还需要通过宏观调控，防止市场过度逐利导致的资源错配，保证新质生产力的健康发展。

2. 增强内在动力：加快突破关键核心技术

在当今这个日新月异的时代，走自主创新的高水平科技创新之路，已成为中国式现代化的鲜明旗帜，更是引领我们形成新质生产力、推动社会进步的不二法门。中国在科技创新的道路上不断砥砺前行，已经取得了举世瞩目的成就。当前，我国的科技创新水平已经迈上了一个崭新的台阶，成功跻身创新型国家行列。但在取得显著成绩的同时应清醒地看到，与发达国家相比，我国在科技创新领域仍有较大的提升空间。具体而言，我国在研发经费、研发强度等方面与发达国家相比仍有较大差距。特别是在当前世界经济波动巨大、关键核心技术发展受限的背景下，我国经济发展面临的风险和挑战更加严峻。全球科技竞争日趋激烈，各国都在竞相争夺科技创新的制高点。如果我们不能加快突破关键核心技术，就难以在新一轮科技革命中占据有利地位，也难以满足新质生产力的发展动力要求。

因此，我们必须坚定不移地走自主创新的道路，加快突破关键核心技术。这不仅需要政府加大投入、加强引导，也需要企业、高校、科研机构等各方共同努力。我们需要加强基础研究，提升原始创新能力；需要加大研发投入，提高研发强度；需要加强人才培养和引进，打造一支高水平的科技创新人才队伍。只有这样，我们才能在新一轮科技革命中克服"卡脖子"难题，以新技术、新产业、新业态推动我国产业链、价值链向高端化迈进。这不仅能够满足新质生产力的发展动力要求，更能够推动我国经济社会持续健康发展，把握中国式现代化前进方向，从根本上保障国家经济安全和稳定发展。

3. 培育支撑载体：着力促进实体经济的创新发展

实体经济作为国民经济的坚实基石具有至关重要的生产性功能，是推动

社会生产力进步的核心载体。它不仅为国民经济的稳健增长提供了坚实的支撑，更是新技术、新产业、新业态得以茁壮成长的肥沃土壤。深入探究实体经济的价值，我们不难发现，它在国家经济发展中占据着举足轻重的地位。

回顾发达国家的现代化历程，不难发现那些成功实现经济现代化的国家，无一不是以制造业为代表的实体经济作为坚实的后盾的。正是这些国家的实体经济，凭借其强大的生产力和创新能力，推动了国家整体经济结构的优化和升级，为国家的发展注入了源源不断的动力。

首先，要深入实施创新驱动发展战略和供给侧结构性改革，推动数字经济与实体经济的深度融合。数字经济作为新兴的经济形态，以其高效、便捷、智能等特点，正在深刻改变着我们的生产和生活方式。而实体经济作为生产力的核心载体，具有强大的生产能力和创新能力。

其次，要充分发挥金融资本在支持技术创新和实体经济科技创新方面的作用。通过引导金融资本投向实体经济，能够为企业提供更多的资金支持，推动技术创新和产业升级。此外，金融资本还能通过优化融资结构、降低融资成本等方式，降低企业的财务成本，提高企业的盈利能力，进一步推动实体经济的发展。

4. 强化持续保障：推动建设现代产业体系

现代化产业体系作为支持一个国家现代化进程的核心物质技术基础，是实现中国式现代化不可或缺的坚实产业基石。在新时代的滚滚浪潮中，新质生产力以其独特的魅力和强大的动能，正以前所未有的速度推动社会经济的飞速发展。新质生产力的形成，正是现代化产业体系建设过程中的生动写照，它犹如一颗璀璨的明珠，照亮了我国产业升级的道路。

在新质生产力的推动下，我们面临着诸多挑战与机遇。为了应对这些挑战，我们必须坚定不移地推进产业智能化、绿色化和融合化，以构建具有完整性、先进性和安全性的现代化产业体系。

首先，推动产业智能化。智能化不仅能够提高生产效率，降低生产成本，还能够实现产业链向高端迈进。在人工智能、大数据、云计算等新一代信息

技术的助力下，我们的制造业正逐步实现从"制造"向"智造"的转变。例如，在汽车制造业中，通过引入智能化生产线和机器人技术，可以大大提高生产效率和产品质量，同时也降低了人工成本。这种转变不仅推动了产业链的升级，也为我国汽车制造业在全球市场上赢得了更多的话语权。

其次，践行产业绿色化。随着全球环保意识的不断提高，绿色生产已成为国际社会的共识。我国作为世界第二大经济体，在推动产业绿色化方面承担着重要的责任。因此，我们通过加强环保法规的制定和执行、推广清洁能源和节能技术、鼓励企业开展绿色生产等措施，实现产业的绿色转型。

最后，加强产业融合化。随着科技的进步和市场的变化，不同产业之间的融合势在必行。因此，需要加强产业间的合作与交流，推动产业间的融合与创新。通过产业融合化，实现资源共享、优势互补和互利共赢，推动产业体系的整体升级和发展。

第二章　新质生产力与旅游业发展的耦合关系

旅游业作为国民经济的重要支柱产业，在我国社会经济发展的历程中始终扮演着举足轻重的角色。特别是在当前全球经济面临需求收缩、供给冲击、预期转弱等多重压力的背景下，旅游业的稳定与发展显得尤为关键。然而，过去的几年，疫情对旅游业造成了前所未有的冲击。从旅游业的停滞到逐步复苏，整个行业生态的恢复重建并非一蹴而就。面对新的发展阶段和新的市场环境，旅游业如何在变革中寻求突破，探索新的发展路径，成为摆在面前的重大课题。在"技术—制度—理念—人才"的框架下，推动旅游业的转型升级成为关键。而"新质生产力"这一概念为旅游业的发展提供了新的思路。新质生产力强调以创新为核心，通过技术创新、制度创新、管理创新等方式，推动生产力的发展。对于旅游业而言，新质生产力的提出意味着需要更加注重创新在旅游业发展中的作用，通过创新来推动旅游业的转型升级和高质量发展。因此，在新的发展阶段和市场环境下，应努力构建新质生产力与旅游业发展的耦合机制，通过技术创新、制度变革、理念转换、人才优化等路径推动旅游业的转型升级和供给侧结构性改革。

第一节　旅游业与新质生产力的关系研究

一、新质生产力是旅游业深化发展的内在要求

旅游作为一种独特的时空消费方式，是现代社会中人们寻求新鲜体验和

休闲放松的重要途径[①]。它要求我们在有限的时间内跨越广阔的地理距离，而这正是科技进步带来的"时空压缩效应"的体现。随着高速交通和即时通信的普及，人们可以迅速地抵达远方，实现"日行千里""天涯若比邻"的梦想。

然而，旅游业的持续发展并不仅是速度的提升，更在于其内在效率和质量的优化。这需要我们借助科技创新的力量，以适应大规模、个性化和高质量的旅游需求[②]。

同时，通过人工智能技术，旅游服务的生产过程可以实现更高效的优化，如通过表情捕捉技术改进演艺项目的体验，或者通过数据分析改进旅游产品的设计，降低营销成本，提高客户满意度[③]。

新质生产力的形成是科技创新与质量提升的深度融合。在旅游体验中，科技的介入能够有效弥合供给与体验、环境变化与认知习惯、时间模式与空间意义之间的鸿沟，提供更加丰富和深度的旅游体验。

通过科技的力量，我们正在创造一个更加开放、互动和富有体验感的旅游世界，让旅游成为人们生活中不可或缺的一部分，真正实现从"封闭"到"开放"、从"静态"到"动态"、从"陌生"到"亲近"的转变。

二、旅游业新质生产力发展的双向影响机制

旅游业，以其独特的综合带动性，被誉为"一业兴、百业旺"的经济引擎。旅游消费的"旅游+"模式，能够有效地牵引其他产业进入市场，为它们注入持久的生命力和更高的附加值。然而，这种带动性也揭示了旅游业对其他产业的依赖性，随着旅游业的深入发展，各行各业都在寻求与旅游的深度融合，以实现共赢的产业发展趋势。

科技创新在上游产业中孕育出新的生产力，为旅游业的发展提供了全新

① 厉新建，宋昌耀，顾嘉倩. 论旅游研究中的若干本质问题[J]. 旅游导刊，2022，6（5）：12-27.
② 钞小静，王清. 新质生产力驱动高质量发展的逻辑与路径[J]. 西安财经大学学报，2024，37（1）：12-20.
③ 米哈里·契克森米哈赖. 发现心流：日常生活中的最优体验[M]. 陈秀娟，译. 北京：中信出版社，2018.

的动力。互联网、大数据、云计算等技术的革新，正在重塑各个产业的格局，为旅游业构建了高效的发展基石。这些颠覆性的技术能够推动产业升级、突破技术瓶颈、弥补产业短板，从而提高生产效率、优化产品和服务质量。正如周文和许凌云在 2023 年的研究中指出，这种转变促使经济增长模式从粗放式向集约式转变，旅游业的可持续发展也因此得到了内在的强化[1]。

另一方面，旅游业以其独特的魅力，满足了人们对美好生活的向往，市场需求潜力巨大。在经历了三年的疫情冲击后，2023 年，我国国内出游人次迅速恢复到 48.91 亿人次，显示出旅游需求的强韧性[2]。庞大的旅游市场为科技创新提供了广阔的试验田，推动了新技术、新应用、新模式的不断创新和迭代。

旅游不仅是闲暇时间的高质量利用，更是一个社会生产力再生产和文化认同的过程。旅游业的新生产力体现在人们从"看世界"到"看懂世界"，从"有意思的娱乐"到"有意义的认知"的转变中。通过旅游体验，人们的精神需求得到满足，人力资本质量得到提升，这将改善社会生产力的人力基础，创造新的人力资源环境，从而推动我国社会经济整体新生产力的持续发展。

新质生产力不仅能够通过科技创新优化资源配置，提升旅游业的生产效率和增长质量，而且还能有效催生出旅游发展新模式新业态，并不断释放驱动经济社会高质量发展的新动能。然而，在全球化和技术快速发展的背景下，旅游业的创新发展也面临一系列挑战。尤其是旅游创新软硬环境缺乏系统化建设、旅游数据安全与隐私保护风险、传统旅游业的复杂性带来的创新发展阻力以及新技术新动能转化带来的"阵痛"等问题值得关注。未来开拓旅游新质生产力可以重点关注颠覆性的科技创新，培育旅游业新质劳动者，优化整合以劳动资料和劳动对象为代表的生产力要素，全面提升旅游业全要素生产力率。

基于创新的视角，旅游业不仅是资源型产业，更是创新型产业，由资源

---

① 周文，许凌云. 论新质生产力：内涵特征与重要着力点 [J]. 改革，2023（10）：1-13.

② 王薪宇. 从专利视角看旅游业的创新动态 [M] //中国社会科学院旅游研究中心. 2023—2024 年中国旅游发展分析与预测. 北京：社会科学文献出版社，2024.

驱动向创新驱动是旅游业高质量发展的内在要求。因此，发展新质生产力是新时代旅游业高质量发展的题中之义。在新发展阶段和新形势下，加快形成新质生产力，为旅游业发展带来一系列的战略机遇。一方面，发展新质生产力可以扩大旅游消费需求。新质生产力核心标志在于全要素生产率提升，而全要素生产率提升会从旅游产品和服务的价格、个人可支配收入、个人可支配时间等方面影响旅游消费需求；另一方面，发展新质生产力可以推动旅游业供给侧结构性改革。当前中国旅游市场存在消费群体多样、产品类型多样、消费质量提升等特征，旅游消费需求日益多样化和个性化，对旅游业供给侧提出较高要求。老年人、学生等逐渐成为旅游市场中新的细分群体，城市旅游、乡村旅游、自然保护地旅游和遗产地旅游等旅游产品类型层出不穷，以休闲度假为代表的高质量旅游消费需求日益增长。以创新起主导作用的新质生产力，可以加快形成旅游创新体系，推动业界关注开发利基市场，引领旅游资源属性与范畴变迁，从而创造旅游新资源、新业态、新市场、新模式、新场景等，推动旅游业供给侧结构性改革（见图 2-1）。

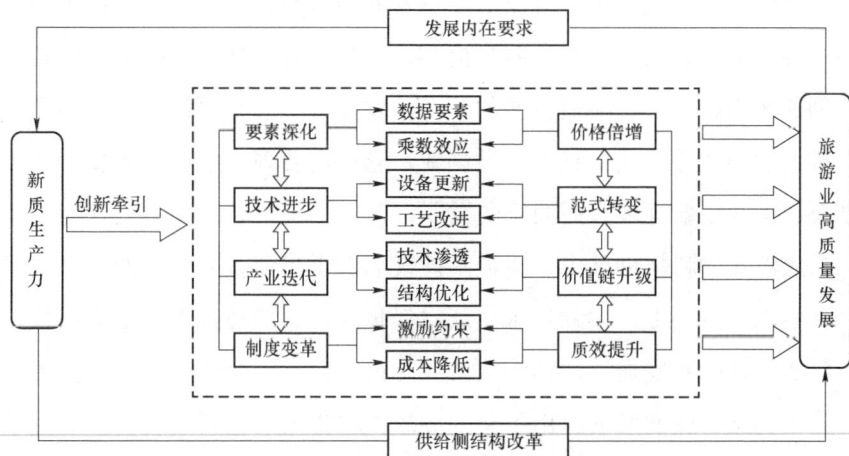

图 2-1　新质生产力与旅游业高质量发展双向影响机制

此外，新质生产力加快形成背景下旅游业也面临一系列挑战。一方面，旅游新质生产力的形成极具复杂性。旅游业属于综合性产业，关联性较强，其发展涉及多地理尺度的多种异质要素和多元能动主体的相互作用；另一方

面，培育和壮大旅游新质生产力是一个长期艰巨的过程。由传统生产力所形成的旅游业传统发展路径因具有高度的社会嵌入性而存在较强的路径依赖特征，更倾向于保持原有发展路径的动态稳定性，对旅游新质生产力具有一定的挤出效应。

三、旅游业新质生产力的科技因素

在当今全球化与信息化交织的时代背景下，我国旅游经济的发展面临着前所未有的机遇与挑战。不论是推动国内经济稳步回升，还是在激烈的国际竞争中占据战略高地，科技创新都成为决定性的因素。正如习近平总书记所强调的那样，"新质生产力"是推动经济持续健康发展的关键，它以科技创新为主导，具备高科技、高效能、高质量的特点，是符合新发展理念的先进生产力形态。

新质生产力的生成，本质上不仅取决于技术的革命性进步和生产要素的创新配置，还包括产业的深度转型和升级。在这个过程中，劳动者的能力提升、劳动资料的优化、劳动对象的变革及其高效整合，构成了新质生产力的核心内容，而全要素生产率的明显提高，则是其关键性的识别标志。其中，科技创新作为新质生产力最重要的源泉，发挥着至关重要的作用。然而，新质生产力的形成并非只依赖于科技创新，它还需要理念创新、制度创新、业态创新、模式创新等多方面的协同发展。

在旅游业的科技创新中，我们不能仅局限于当前备受关注的信息技术和互联网技术。事实上，生物技术、新材料技术、新能源技术、生命科技、神经科学等领域的新发展，同样为旅游业带来了巨大的机遇。这些新技术的应用，不仅为旅游业的发展提出了新的要求，也带来了全新的机会，催生了新的业态和模式，塑造了全新的旅游客群。只有全面认识科技革命的深刻内涵，广泛理解创新主导的实际意义，我们才能更好地推动旅游业新质生产力的发展。

然而，技术是一把双刃剑。在提升旅游业生产力的同时，也可能带来一些负面影响。以社交媒体为例，它极大地改变了人们的体验建构模式，重构

了旅游目的地的发展模式。通过社交媒体，一个旅游目的地可以在极短的时间内迅速成为"网红"，吸引大量游客前来参观。这为那些原本默默无闻的旅游目的地和产品提供了巨大的发展机遇。但也应看到这种短时旅游流量剧增给目的地带来的巨大压力。

四、旅游业新质生产力的发展难点

旅游业的生产力革新是一个复杂而深远的话题，旅游业新质生产力发展难点如图 2-2 所示。正如厉新建和霍蕙苓在 2014 年的研究中指出，这一过程需要我们从科技创新、制度创新、模式创新和结构创新等多个角度寻求突破，以激发旅游业的潜在生产力[①]。

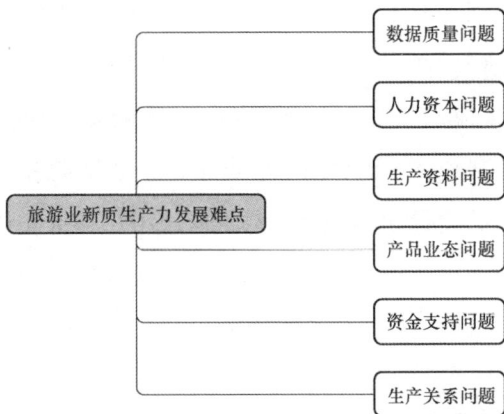

图 2-2　旅游业新质生产力发展难点

（一）数据质量问题

在当前的数字经济时代，数据已成为推动各行业发展的关键要素，旅游业也不例外。然而，数据质量问题却像三座大山，阻碍了旅游业的数字化进程和新质生产力的释放。这三大问题，即数据孤岛、数据产权和"数据乞讨"，构成了旅游业数据质量挑战的主体。

数据孤岛现象在旅游业中尤为突出。在旅游过程中，消费者的消费数据

---

① 厉新建, 宋昌耀, 顾嘉倩. 论旅游研究中的若干本质问题[J]. 旅游导刊, 2022, 6(5): 12-27.

如足迹、消费习惯、评价反馈等如同散落在网络中的珍珠，各自独立，缺乏有效的整合和流通。这些"大数据"在孤立的状态下，无法实现价值的聚合和放大，无法转化为推动旅游业创新和效率提升的高能数据。例如，酒店的预订数据、景区的游客流量数据、餐饮的消费数据等，如果不能实现跨平台、跨领域的共享和协同，其潜在的洞察力和决策支持能力将大打折扣。

数据产权问题不容忽视。在当前的数字环境下，消费者的旅游数据往往在不知情或未得到充分补偿的情况下被收集和使用，这剥夺了数据生产者的数据权益。正如我们在推动文化文物资源数字化，尤其是构建国家文化大数据体系的过程中所面临的挑战，如何在尊重和保护个人隐私的同时，明确数据的所有权、使用权和收益权，制定公平的数据交易规则，是亟待解决的问题。如果数据产权问题得不到妥善解决，将削弱数据对旅游业创新和增长的驱动作用。

"数据乞讨"现象在旅游业中普遍存在。商家通过各种手段，如优惠券、礼品甚至直接的金钱诱惑，诱导消费者给予"好评"，这扭曲了真实的消费者反馈，降低了数据的质量和可信度。对于依赖用户评价和评分进行消费决策的旅游者来说，充斥着"注水"数据的评价系统将严重影响其决策的准确性和效率，从而对旅游业的数字经济赋能效果产生负面影响。

（二）人力资本问题

旅游业长期以来以其劳动密集型的特性，为社会创造了大量的就业机会，尤其在促进弱势群体就业方面发挥了关键作用。然而，科技的进步可能会挤出一部分劳动力，尤其是那些技能较低的劳动者，这对旅游业的就业吸纳能力构成了潜在威胁。科技创新可以带来旅游业的效率提升和需求增长，但同时也可能导致人才结构的失衡。

然而，当前的旅游教育体系在应对这些挑战时显得力不从心。教育机构的旅游专业往往滞后于行业的发展，无法及时调整课程设置以适应行业的新需求，如应对竞争压力所需的抗压能力、专业技能和规则意识等。此外，旅游专业毕业生的就业困难，进一步削弱了旅游教育的可持续性，影响了高质

量人力资本的供给。

提升人力资本质量的关键在于加强产业界与学术界的互动与合作。学术界需要更深入地理解产业需求，而产业界也需要借鉴学术研究的理论成果，以实现理论与实践的深度融合。然而，目前两者之间的沟通渠道并不畅通，缺乏常态化的交流机制，这阻碍了人才质量的提升和行业的健康发展。

（三）生产资料问题

生产力的提升是社会经济发展的核心动力。在这一过程中，生产资料的支持显得尤为重要。然而，当我们关注到旅游业这一特殊领域时，会发现它所依赖的许多生产资料正面临着不小的限制。旅游项目若想成功落地，其用地问题往往是首要难题。虽然各地在旅游用地方面已经进行了诸多尝试和创新，如土地流转、租赁等方式的灵活应用，但多数旅游项目仍因投资规模相对较小，对地方财政的贡献无法与工业项目相媲美，这使得旅游用地在获取支持上显得力不从心。

（四）产业生态问题

在当今快速发展的经济环境下，旅游产业的组织形态正经历着深刻的变革。过去那种"赢者通吃"的竞争模式已经不再适应新时代的需求，我们应当摒弃这种单一化的思维，转而采用生态思维来引导产业的健康发展。这不仅意味着要鼓励和培育那些在产业链中起主导作用的"链主"企业，也需要为他们创造一个公平、开放、协同的营商环境，解决他们在发展过程中可能遇到的难题，使他们能够更加强大，推动产业链的延伸和深化。

政府和相关部门应积极提供政策支持，优化服务，帮助他们提升创新能力，增强市场竞争力。同时，通过构建更加紧密的产业链条，促进上下游企业之间的协同合作，使产业链的各个环节能够更加高效地运行，形成一个共生共荣的产业生态圈。

从市场组织生态的角度来看，主流消费人群逐渐趋向年轻化。这一变化带来了旅游消费模式的深刻变革，年轻人更倾向于通过数字化手段获取信息，

追求个性化和差异化的体验，他们的消费偏好和评价标准也与以往有所不同。因此，旅游业需要适应这种变化，打造青年友好型的旅游目的地，以满足年轻消费者的需求。

但我们不能忽视中老年消费群体的潜力。他们通常拥有更强的消费能力，但在适应新的消费模式上需要更多的引导和支持。因此，旅游业需要构建一个多层次、多目标的市场客群生态，既要满足年轻人的创新需求，也要照顾到中老年人的消费习惯，以实现市场的多元化和包容性发展。

（五）资金支持问题

新质生产力，作为推动社会经济发展的重要动力，其发展的脉络往往与技术的革命性突破、生产要素的创新配置，以及产业的深度转型升级紧密相连。在众多行业中，旅游业以其独特的魅力和专用性较强的生产力特性，成为新质生产力发展的重要一环。然而，旅游业新质生产力的发展并非一蹴而就，它除了受益于通用型新质生产力的溢出影响外，更需要多重资金的鼎力支持。

旅游业作为需求引领的快速迭代行业，离不开"聪明资金"的注入。这里的"聪明资金"并非指资金量的多少，而是指那些具有智慧和洞察力的投资者。他们能够敏锐地捕捉到行业发展的脉搏，瞄准行业发展趋势，开展前沿投资和精准投资。

旅游投资往往具有投资周期长、回报慢的特点，这就需要"耐心资金"的加持。旅游业新质生产力的培育和发展是一个长期的过程，需要投资者具备长期扎根旅游行业、坚持穿越周期和具备工匠精神的品质。他们不仅要关注短期的经济效益，更要注重长远的产业发展和品质提升。只有这样的"耐心资金"，才能推动旅游业在内涵深化、质量提升方面取得实质性进展。

旅游业作为兼具产业属性和事业属性的行业，其新质生产力的发展还需要"战略资金"的引领。旅游业新质生产力是实现国家战略的重要支撑，既要服务于经济高质量发展、满足人民群众对美好生活的需要，还要服务于文化软实力的提升、生态文明建设。因此，要积极引入和拓展战略资金，如充

分利用旅游业政府引导基金等，投向旅游业新质生产力的薄弱环节与重点领域。这样的"战略资金"不仅能够为旅游业的发展提供稳定的资金来源，更能够引导行业向更高层次、更广领域发展，推动旅游业实现可持续发展。

（六）生产关系问题

生产力与生产关系的相互作用在旅游业的发展中起着至关重要的作用。旅游业的新质生产力，即通过科技创新和产业链延伸提升的高附加值、高效率的生产力，是推动行业进步的关键。而生产关系，包括公有制与私有制经济的融合及新质生产力与文化软实力的互动，对新质生产力的培育与发展起着决定性的影响。

公有制经济与私有制经济在旅游业中的协调发展是新质生产力提升的基础。公有制经济，尤其是公有资本，通常掌握着核心旅游资源和基础设施建设的优势，而私有制经济则以其市场敏感度和创新活力，特别是在旅游供应链的上下游发展中发挥着重要作用。据王薪宇（2024）的研究，拥有专利的旅游企业中，民营企业占据了较大比例，这表明私有资本在旅游业创新中的主导地位。因此，旅游业应持续优化所有制结构，推动混合所有制发展，以发挥各自的优势，激发创新潜力。

新质生产力与文化软实力的协同作用也不可忽视。新质生产力是旅游业硬实力的体现，它通过先进的生产工具和资料为消费者提供优质的体验。而文化软实力，如文化传承、创新和服务能力，是旅游业的灵魂，它既依赖于新质生产力，又反过来促进其进一步发展。以迪士尼和环球影城为例，它们的文化IP和全球影响力不仅吸引了大量游客，也提升了其生产力的品质和影响力。因此，旅游业在发展新质生产力的同时，应注重文化软实力的建设，通过文旅深度融合，提升文化凝聚力、创新力和辐射力。

五、旅游新质生产力的创新趋向

随着全球经济的快速发展，人们的生活水平稳步提升，对精神文化生活的需求日益增长，特别是在旅游消费方面，游客的期待已经从简单的"看风

景"转变为追求深度、个性化的旅游体验。这使得原本以资源驱动为主的传统旅游业模式面临严峻挑战，迫切需要寻找新的发展路径和模式，以满足游客日益多元化、高品质的需求，新质生产力的出现正是对这一变革需求的回应（如图2-3所示）。

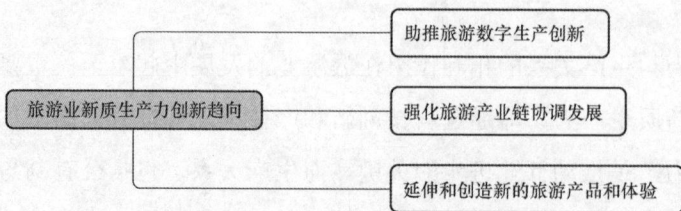

图 2-3　旅游业新质生产力创新趋向

（一）旅游新质生产力助推旅游数字生产创新

在当今社会，旅游新质生产力的崛起已成为推动旅游业转型升级的重要引擎。其核心技术的体现，如人工智能、大数据、云计算等数字技术的广泛应用，正在为旅游业带来前所未有的变革。然而，我们必须承认，目前，这些数字技术在旅游业中的应用尚处于不断完善与深化的阶段。

旅游新质生产力还助力培育数字文旅新业态，为加快推动文旅产业结构优化升级提供了内在动力。大量沉浸式文旅产品与服务的涌现，不仅是旅游业由信息化和数字化时代向智慧化和数智化时代转型升级的重要标志，更是新质生产力在文旅产业中应用的重大变革和体现。这些沉浸式文旅产品与服务，如虚拟现实（VR）旅游、增强现实（AR）导览等，让游客能够身临其境地感受不同的文化和风景，极大地丰富了旅游体验的内涵[①]。

二十大报告明确提出"坚持以文塑旅、以旅彰文，推进文化和旅游深度融合发展"[②]。文旅融合不仅是旅游业更新与转型发展的关键路径，更是其高质量发展的必然选择。然而，我国传统旅游业发展模式存在一些问题，如文化产业市场化及市场主体活力不强、旅游产品同质性高及竞争手段与模式较

---

① 李恒，全华. 基于大数据平台的旅游虚拟产业集群研究［J］. 经济管理，2018，40（12）：21-38.
② 钱建伟，Law R. "互联网 ＋"时代的旅游业巨变［J］. 旅游学刊，2016，31（6）：2-4.

为单一、旅游产品价值创新及创造能力偏低等。这些问题制约了文化产业和旅游产业的深度融合，阻碍了旅游者需求的实现和满意度的提升。

旅游新质生产力的出现，为摆脱传统旅游业发展困境提供了关键机遇。数据等旅游新质生产力技术或要素渗透、扩散、融合到文化和旅游产业中，不仅改变了文化和旅游产业的技术路线及生产成本函数，更使得文化和旅游产业之间具有了共用的技术、交流和融合平台。在这一平台上，文化和旅游产业内及产业间不同行业的业务、组织、管理发生优化整合，改变了原有的产品和市场需求特征，逐步催生新产业属性及新型产业形态，形成了实实在在的旅游新质生产力。

（二）旅游新质生产力强化旅游产业链协调发展

旅游新质生产力的崛起，是数据要素在旅游产业中的核心作用和数字技术的广泛应用的体现。这一进程通过全面的数字化管理，正在深度重塑旅游业的格局，解决传统发展模式中的不平衡、不充分问题，重构旅游产业链的结构和流程。迈克尔·波特的价值链理论在此背景下得到深化，旅游新质生产力强化了旅游相关活动的创新，推动了产业链的动态变革，表现为行业边界的模糊、新型核心竞争力的形成，以及与文化、体育等产业的深度融合。[①]

旅游新质生产力构造的新型产业链，本质上是一种创新的产业内分工模式。在文旅融合的过程中，旅游产业链和文化产业链在新的融合产业链中实现双重嵌入，形成各具特色的地域色彩和灵活多元的融合形态[②]。

数字经济的融入，使得旅游产业链中的多元链接关系得以强化，形成了多元化的旅游业要素供给与数字经济的多维度互动。这种关系网络为旅游企业提供了一种动态的协同演化机制，使它们能够更有效地应对市场变化，提升服务效率和水平，保证旅游产业链的可持续发展。

在数字经济的驱动下，消费者的旅游需求日益多元化，旅游产业链的内

---

① 迈克尔·波特. 竞争优势［M］. 陈小悦，译. 北京：华夏出版社，2005.

② 杨勇. 移动电子商务对旅游产业链的影响与对策研究［M］. 上海：上海交通大学出版社，2018.

容也呈现出多元化发展的趋势。旅游新质生产力通过集成各种旅游业要素，满足消费者的个性化需求，扩展了产业链的边界，创新了产业链主体间的分工与协作关系。这不仅涵盖了有形商品，也包括无形服务，使得旅游产业链能够更加灵活地响应市场变化，持续创新，以满足消费者的不断演进的需求。

（三）旅游新质生产力延伸和创造新的旅游产品和体验

新质生产力在旅游业中的应用正在以前所未有的方式重塑行业格局，为旅游产品和服务的创新提供了无限可能。这种变革主要体现在旅游服务、管理、营销和产品的新质化趋势中。新质生产力的核心在于其对信息资源的高效利用，它能够打破传统旅游产业链的固有模式，重新构建旅游信息的收集、传播和利用方式，从而催生出一系列创新组合，扩展了旅游产业的边界。

以沉浸式旅游体验为例，如 Fan、Jiang 和 Deng（2022）的研究所示，这种创新模式已经在各类旅游场所中得到广泛应用，如在主题公园中通过虚拟现实技术提供沉浸式的游乐体验、在博物馆中通过增强现实技术让展品"活"起来，使游客在娱乐中学习、在学习中享受。这种融合了数字科技和文化创意的旅游产品，为旅游业的持续创新和高质量发展提供了新的动力[①]。

第二节　新质生产力与旅游发展耦合理论依据

一、旅游供需理论

（一）旅游需求

在旅游研究领域，旅游需求的概念一直是一个备受关注且颇具争议的话题。由于旅游需求的特殊性，学界至今尚未形成一个普遍接受的定义，其理论构建主要借鉴了经济学中关于需求的基本理论。在中国，几位具有代表性

[①] Fan X J, Jiang X Y, Deng N Q. Immersive technology: A meta-analysis of augmented/virtual reality applications and their impact on tourism experience[J]. Tourism Management, 2022(91). 104534.

的学者如张辉、保继刚和谢彦君在他们的著作中对旅游需求进行了不同程度的阐述，为这一领域的研究奠定了基础。

张辉 1991 年在他所著的《旅游经济学》中提出，旅游需求是旅游者在一定时间内对旅游产品的需求量，而需求的产生需要旅游者具备一定的经济能力和闲暇时间①。保继刚 1993 年在他所著的《旅游地理学》中进一步指出，旅游需求不仅涉及需求量，还应考虑价格因素，即在特定价格下，旅游者有购买意愿且有能力支付的旅游产品数量②。

这些定义强调了旅游需求的三个关键要素：旅游产品、产品价格和需求量。随着社会经济的发展和人们生活水平的提高，旅游需求的内涵也在不断丰富。现代旅游者对旅游的需求不再单纯追求数量，而更加注重旅游体验的质量。

综上所述，旅游需求的概念在不断演进，未来的研究需要进一步探索旅游需求的多元性和复杂性，以更好地理解和满足旅游者的需求，推动旅游业的可持续发展。

（二）旅游供给

旅游供给作为旅游业的核心组成部分，其定义和内涵在学术界一直备受关注。张辉（1991）等学者提出，旅游供给是指在特定的时间段内，旅游目的地既愿意又能够以特定价格向旅游市场提供的旅游产品数量③。这一定义侧重于供给的数量和价格，但忽视了产品品质这一关键要素。在现代社会，随着消费者购买力的增强，他们对旅游产品的质量，包括旅游资源的丰富度、服务的周到性等，提出了更高的要求。因此，旅游目的地的供给策略应与时俱进，以满足游客日益增长的多元化和个性化需求，提供更优质、更具吸引力的旅游产品。

我们对旅游供给的理解应更为全面，既包括旅游目的地直接提供的旅游

---

① 张辉. 旅游经济学［M］. 西安：陕西旅游出版社，1991.

② 保继刚，楚义芳，彭华. 旅游地理学［M］. 北京：高等教育出版社，1993.

③ 张辉. 旅游经济学［M］. 西安：陕西旅游出版社，1991.

景区数目、设施完善度等，也包括交通便利程度、经济环境稳定性等对旅游产业具有深远影响的相关服务供给。只有这样，我们才能构建出一个既能满足游客需求，又能促进旅游产业可持续发展的有效旅游供给体系。

（三）供求均衡理论

在市场经济的广阔舞台上，供给与需求如同一对默契的舞者，共同演绎着市场的繁荣与波动。它们是市场经济的基石，是决定市场商品价格和数量的无形之手。供给与需求的关系，既表现为相互依存的共生关系，又表现为相互独立的对立统一。

需求是供给的导向。在市场经济中，消费者的需求如同指南针，指引着供给的方向。只有当供给能够满足消费者的需求时，才具有实际的经济意义。如果消费者对健康食品的需求增加，那么生产者就需要调整生产结构，增加健康食品的供给。反之，如果供给的产品无法满足或不符合消费者的需求，这些供给就会变得无效，甚至导致资源的浪费。

供给也对需求产生反作用力。供给的变化会影响市场的价格，影响消费者的需求。当某种旅游产品的供给增加，市场竞争加剧会导致价格下降，刺激消费者的购买欲望，从而增加需求。反之，如果供给减少，会引发价格上涨，或者不能满足部分消费者的需求。

供给与需求各自具有独立的追求目标。供给方的目标通常是通过提供商品或服务，以最高的价格实现利益最大化。需求方力求在满足自身需求的同时，尽可能以最低的价格实现效用最大化。这种供需双方的利益诉求构成了市场经济的基本矛盾，推动着市场的持续动态调整。

旅游供给的创新和升级，如新型旅游产品的推出、特色旅游服务的提供，也会在一定程度上塑造和引导消费者的旅游需求，推动旅游市场的不断发展和升级。

1. 旅游供求矛盾

在 21 世纪全球化的大背景下，旅游业作为全球经济的重要驱动力，其发

展速度与规模均呈现出前所未有的态势。世界旅游组织的统计数据显示，自
21世纪初以来，全球国际旅游人数以年均4%的速度增长，2019年达到了15
亿人次，旅游业对全球GDP的贡献超过10%。然而，随着旅游业的蓬勃发展，
旅游供求之间的数量及结构矛盾也日益显现，成为制约行业可持续发展的重
要因素。

数量上的矛盾主要体现在旅游供给与需求的动态平衡问题。在一些热门
旅游目的地，如巴黎、东京、曼谷等地，由于游客数量的急剧增长，旅游基
础设施和公共服务面临巨大压力，往往会出现"人满为患"的现象，导致资
源过度消耗和环境破坏。

结构矛盾主要表现为旅游产品与消费者需求的契合度问题。随着旅游消
费观念的升级，游客对旅游产品的需求从单一的观光游向深度体验、文化探
索、生态旅游等多元化方向发展。但许多旅游供给方的产品开发仍停留在传
统的模式，无法满足消费者的个性化和差异化需求。

2. 旅游供求均衡

旅游经济产业繁荣与稳定离不开两个关键因素：旅游供给系统和旅游需求
系统。这两个系统如同天平的两端，只有当供给端提供的产品种类、数量及质
量等特性能够充分满足需求端的期望和变化，才能达到一种动态的平衡状态。

但现实往往更为复杂。旅游需求的特性如其主观性、多变性、受个人偏
好、社会趋势等因素的影响使需求端的波动难以预测。相比之下，旅游供给
端，包括基础设施、旅游服务、景点开发等，其调整和变化需要更长的时间
和更多的资源投入，因此其变化弹性相对较小。当面临突如其来的经济衰退
或资源限制时，旅游目的地可能无法迅速调整供给以适应消费者需求的下降，
从而导致供求失衡。

这种供求不均衡的现象在世界各地的旅游目的地中普遍存在。以过度旅
游为例，当一个旅游目的地受到过度的游客流量压力，其基础设施、环境资
源会超出承载能力，无法及时满足游客的需求，从而影响游客的旅游体验，
甚至对当地社区和环境造成负面影响。而如果供给过剩，会导致旅游资源的

浪费和经济效益的下降。因此，推动旅游经济产业的健康发展，需要旅游供给方具备高度的灵活性和创新性，以适应不断变化的旅游需求。同时，政策制定者和行业领导者也需要制定相应的策略和规定，以促进旅游供给与需求之间的动态平衡，实现旅游经济的可持续发展。

（四）旅游供需耦合协调的作用机理

旅游需求和旅游供给是旅游经济发展的两大关键因素，供给以需求为前提，需求又因供给的变化而变化，形成动态的互动关系。旅游供需耦合协调模型则用于评估这种关系的协调程度，以反映旅游目的地的旅游发展状态。耦合协调度越高，表明旅游供给更能适应需求的变化，两者相互促进，有利于旅游业的可持续发展。反之，耦合协调度低则可能导致资源浪费和对旅游业的不良影响。

在对贵州旅游的研究中，我们将重点分析旅游供给与需求两个子系统间的耦合协调度。旅游系统是一个复杂动态的系统，供给与需求之间的关系错综复杂。通过耦合协调理论，我们可以更深入地理解这两个子系统的发展趋势，以及它们之间的协调程度，为旅游业的规划和管理提供科学的理论依据（如图 2-4 所示）。

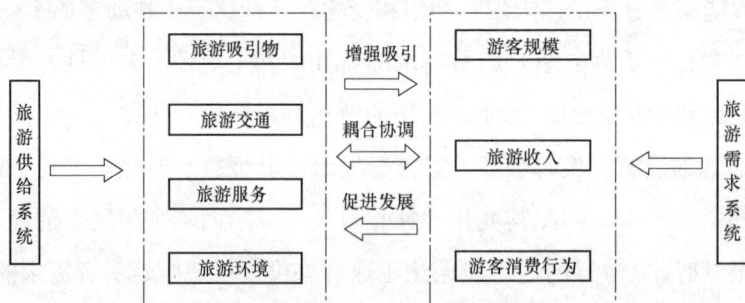

图 2-4　旅游供需耦合协调作用机理图

（五）旅游新质生产力的供需特质

新质生产力，作为 21 世纪经济发展的新引擎，是创新力量的集中体现，

以数字化、网络化和智能化为显著标志，它通过科技的强大力量，彻底颠覆了传统的经济增长模式，引领产业实现深度的转型与升级[①]。与传统生产力相比，新质生产力的科技含量更高，产业支撑更为坚实，它能够借助颠覆性技术的创新，显著提升生产效率、优化服务品质，从而在更深层次上满足现代社会的多元化需求。

在数字经济的浪潮中，旅游业的数字化生产与服务已成为推动行业高质量发展的关键路径。新质生产力在旅游业中的应用，犹如一把锐利的钥匙，打开了传统旅游业的创新之门。旅游产品和服务的即时性特征，使得信息不对称成为制约行业发展的问题。然而，随着数字经济的蓬勃发展，大数据、云计算等技术的广泛应用，旅游信息的获取和处理能力得到了前所未有的提升，旅游者因此拥有了更大的选择空间和更强的决策能力，这打破了供需之间的信息壁垒[②]。

因此，理解并发掘旅游新质生产力的潜力，需要从供需两端同时着手。供给侧结构性改革是关键，通过优化旅游产品结构，提升服务质量，以满足消费者日益增长的个性化、高品质旅游需求。同时，需求侧的改革也不可忽视，通过精准对接消费者需求，创新旅游服务模式，激发潜在的市场需求，实现旅游供给与消费的无缝对接，构建起一个高效、灵活、动态的旅游经济体系。

1. 旅游新质生产力在供给侧方面具有创新驱动性

创新是引领旅游可持续发展的重要动力源泉。随着数字经济、人工智能等新一轮科技革命的快速迭代与升级，具有颠覆性、突破性的数字技术正在旅游领域掀起一场前所未有的革命，极大地提升了旅游生产的效率。

近年来，数字技术在旅游业的应用愈发广泛。从线上预订、智能导游到虚拟现实体验，数字技术不仅改变了游客的出行方式，也重塑了旅游产业的

[①] 张林. 新质生产力与中国式现代化的动力［J］. 经济学家，2024（3）：15-24.

[②] 杨勇，邹雪. 从数字经济到数字鸿沟：旅游业发展的新逻辑与新问题［J］. 旅游学刊，2022，37（4）：3-5.

生态链。特别是随着 5G、大数据、云计算等技术的普及，旅游生产效率实现了裂变式提升。这不仅体现在旅游资源的优化配置上，更在旅游服务的个性化、精细化上得到了充分体现。

为了进一步推动旅游业与数字技术的深度融合，国家数据局等 17 部门于 2024 年 1 月联合印发了《"数据要素×"三年行动计划（2024—2026 年）》。其中，"数据要素×文化旅游"行动计划成为亮点。该计划明确提出要推动文化数据资源的开放共享和交易流通，通过发挥数据要素在文化旅游行业的量级倍增效应，探索培育文化创意新产品的行动路径和落地场景。

旅游新质生产力的创新驱动特征在多个方面得到了体现。首先，在旅游资源整合方面，数字技术打破了地域限制，使旅游资源得以在全球范围内进行优化配置。在提升生产与运营效率方面，数字技术的应用使旅游企业能够实时监控旅游资源的利用情况，实现资源的最大化利用。此外，数字技术还使旅游服务更加个性化、精细化。通过智能导游系统，游客可以根据自己的兴趣点选择游览路线，享受更加贴心的旅游服务。

2. 旅游新质生产力在需求侧方面具有更强的人本内涵特性

在评估经济发展质量时，我们不应忽视一个至关重要的因素，即它是否能够满足人民对美好生活的追求。经济学研究通常倾向于采用抽象理论以得出普遍适用的结论，而往往忽视了具体而复杂的"质量"问题。同样，旅游研究领域中过于依赖数理化和模型化，也使研究者在处理"质量"问题时显得力不从心。

旅游新质生产力的发展趋势强调以人为本，强调旅游活动应以满足旅游者的多元化和精细化需求为根本目标。旅游者不再仅是被动的消费者，而是成为旅游产业链中产品创新、服务创新等价值创造的积极参与者。他们通过分享旅游攻略、评价产品等方式，对旅游产业链的供需机制产生深远影响。

这种转变在旅游产业链的构造中尤为明显。传统的旅游产业链运作模式被以用户为中心的新型治理结构所取代，即从"供给端范式"转向"需求端范式"，由"数字平台"等新质生产力来支撑。消费者的需求成为驱动旅游产

品和服务创新的核心力量，他们的主导作用从服务过程内部扩展到整个旅游产业链。

借助用户生成内容技术，消费者的需求引导作用进一步扩大，影响了潜在的文化旅游市场，激发了更多消费者的兴趣和需求。因此，我们必须重新定义和理解消费者在旅游产业链中的角色，更加关注他们在旅游产业发展中的地位和影响力。

3. 旅游新质生产力在连接供给侧与需求侧方面具有强大的融合特性

在传统的旅游生产模式中，旅游业的运作方式往往显得僵化和单一。传统的供给主体，如旅行社、酒店和景点，通过中间商向游客提供产品和服务，这种模式下的生产与消费之间存在着明显的"脱节"。然而，随着科技的飞速发展，一种全新的旅游生产力——旅游新质生产力，正在逐步颠覆这一格局。

旅游新质生产力，作为生产力的最新形态，不再受制于传统的地理空间限制，它跨越了场域维度，依托于人工智能、大数据、云计算等前沿技术，以及相应的数字信息基础设施。这些技术将数据转变为重要的生产要素，从而更有效地连接旅游的供给侧和需求侧。这种新型生产力具有快速传播、即时反馈和有机融合的天然特性，能够实现供需双方的无缝对接。

数字化是新质生产力的核心特征。它极大地凸显了旅游供需两侧的信息交互优势。以数字经济，尤其是互联网技术为代表，极大地降低了旅游供需双方沟通的信息成本。通过各种在线旅游平台，旅游业能够主动或被动地利用数字工具对自身进行重构，优化产品和服务体系，从而构建出全新的价值体系，为消费者带来前所未有的价值体验[①]。

此外，旅游产品或服务的供给者们围绕着游客的需求，建立起多元链接的虚拟关系网络。这种关系网络突破了时间和空间的束缚，使得旅游信息能够更及时、准确地传递，同时激发和满足消费者的个性化旅游需求。更重要的是，它为供给方提供了针对性设计和创新旅游产品与服务的可能，从而更

---

① 杨勇. 数字经济与旅游业"虚拟""实体"聚集：作用机理及实证检验 [M]. 上海：上海交通大学出版社，2023.

好地满足消费者的期望。

二、旅游经济行为理论

（一）经济行为理论

科学的经济行为理论，其根源可以追溯到马克思的《资本论》中，这部经典著作首次揭示了经济主体在经济运行中的核心作用，将经济规律与个体行为的互动紧密联系起来[①]。经济行为作为人类社会活动的重要组成部分，本质上是一种社会互动的产物，是个体对经济刺激的主观反映，通过客观化的形式在社会中展现出来。这一理论强调，经济行为并非简单地对经济刺激的直接响应，而是经过经济环境这一中介变量的过滤和转化，形成经济行为意向，最终表现为具体的经济活动。

在现实社会中，经济行为始终与特定的价值体系紧密相连，而文化正是塑造和传递这些价值观念的重要载体。通过符号的构建，文化确立了共同的价值共识，从而赋予经济行为特定的意义和合理性。当个体或群体在市场经济的规则下行动时，他们的决策和行为模式会受到自身经济观念、利益导向、外部环境、自身条件等多种因素的影响，表现出独特的经济行为特征。

具体到旅游领域，经济行为的概念同样适用。无论是政府部门、旅游企业、当地村民还是旅游者，这些不同的行为主体在各自的经济观念引导下，为了满足各自的经济需求和动机，都会进行一系列有组织、有目标的经济活动。旅游企业可能会根据市场需求调整产品设计和定价策略，政府部门可能会制定相关政策以促进旅游业的可持续发展，而当地村民可能会开发特色旅游项目以增加收入。

在市场经济的背景下，民族旅游主体的经济行为则更为复杂。由于其在行政体系中的地位、利益诉求、外部环境的变迁，以及自身资源条件的差异，他们的经济行为准则、行为方式、作用范围，以及价值取向往往呈现出独特

---

① 陈俊明. 经济行为：主观性与客观性统一——《资本论》经济行为理论系列研究之二 [J]. 泉州师范学院学报，2008（5）：8-15.

的特点，这在一定程度上塑造了旅游地的经济生态和文化风貌。

（二）旅游经济行为主体的包容共生关系

以民族旅游地区为研究对象，特别关注中国贵州省西江苗寨的旅游经济活动。此类地区的可持续发展意味着深入探讨人类与自然、文化与经济的和谐共生。在这一进程中，我们不仅要追求经济利润，更应尊重并保护当地的生态环境和文化资产，以实现与当地社区的共同繁荣。这要求我们在制定发展策略时，采取包容性及均衡性的视角，充分顾及各利益相关方的需求和权益。

1. 利益主体共生条件

共生条件是研究任何共生关系中不可或缺的理论基础，它是指在共生单元之间共享并依赖的共同因素，这些因素构成了共生关系得以维系的基石[①]。在探讨西江苗寨民族旅游经济的复杂动态中，我们发现，尽管不同的利益主体，如政府、社区居民、旅游开发者、游客等，各自追求的利益点有所差异，甚至在某些情况下会产生明显的利益冲突，但深入剖析其核心，我们可以发现他们之间存在着深层次的利益共通点。

（1）目标兼容

在探索可持续旅游发展的道路上，西江苗寨民族旅游的知名度提升与历史文化保护成为各方共识的重要议题。政府部门、旅游企业及当地村民，这些关键的利益相关者，共同致力于在旅游开发中保持和弘扬苗族独特的文化遗产。他们的目标与旅游者追求深度、真实的历史文化体验不谋而合，都希望在互动中实现文化的活态传承。

如图 2-5 所示，政府部门的角色在于制定合理的政策，提供必要的支持和监管，以保证旅游开发的有序进行；旅游企业则需要创新旅游产品，提供高质量的旅游服务，同时也要承担起传播文化的重任；当地村民是文化遗产的直接守护者，他们的参与和受益是文化保护最有力的保障；而旅游者作为

---

① 刘波. 遗址旅游利益主体共生机制研究［D］. 杭州：浙江工商大学，2013.

消费者，他们的满意度和文化尊重则是衡量旅游发展成功与否的重要指标。

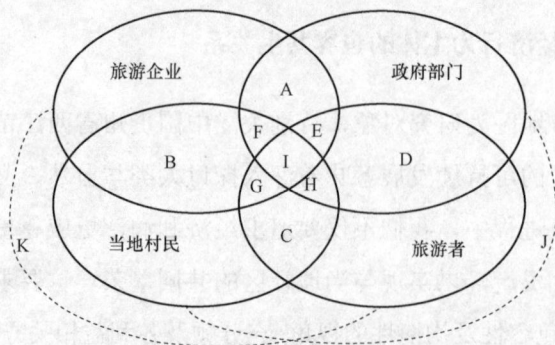

图 2-5　西江苗寨旅游核心利益主体目标关系

基于图 2-5 的展示及本研究中对利益主体共同目标的详细阐述，现对利益主体的目标关系进行如下综合概括（见表 2-1）。

表 2-1　西江苗寨旅游核心利益主体目标关系

序号	利益主体	共同目标描述
A	旅游企业、政府部门	政府部门将提高税收和增加就业放在首位，而旅游企业是政府能实现这一目标的重要保证。旅游企业则希望政府部门帮助其改善旅游地基础设施和企业形象，从而提高盈利能力
B	旅游企业、当地村民	共同提供更高质量的旅游产品和旅游环境，从而实现双方利益诉求
C	当地村民、旅游者	保护原生态的自然环境以及独特的历史文化，提供满意的旅游体验和服务，从而增加村民的收入
D	政府部门、旅游者	通过旅游发展改善当地的基础设施、交通条件等，以方便当地村民和旅游者
E	政府部门、旅游企业、旅游者	完善并提升民族旅游地的服务
F	政府部门、旅游企业、当地村民	通过旅游业的发展，提高西江苗寨的知名度，吸引更多旅游者，以便获取更大的经济效益
G	旅游企业、旅游者、当地村民	旅游者能够享受旅游企业和当地村民提供的优质旅游服务
H	政府部门、当地村民、旅游者	保护好西江苗寨民族历史文化遗产，以使其能展现出更好的旅游体验价值
I	政府部门、旅游企业、当地村民、旅游者	保护西江苗寨民族旅游的原貌、历史文物、生态环境，促进西江苗寨旅游和谐持续发展
J	政府部门、当地村民	增加村民收入，提高生活水平，保护西江苗寨的原貌、历史文物、自然环境
K	旅游企业、旅游者	设计并提供旅游者满意的旅游产品

（2）分工合作

在西江苗寨这片古老而神秘的土地上，旅游开发正如火如荼地进行着。在这一过程中，各利益主体扮演着不可或缺的角色，共同推动着西江民族旅游的发展。政府部门、旅游企业、当地村民及旅游者，他们各自发挥着独特的作用，共同编织着西江旅游的绚丽画卷。

政府部门作为旅游开发的引领者和监管者肩负着重要的责任。一位西江政府的工作人员表示："我们的责任不仅是保护好而且还要管理好西江的民族旅游资源、自然生态环境和民俗文化特产。我们致力于制定科学合理的旅游规划，促进旅游业的可持续发展。同时，我们还将严格监督旅游企业的合法运营，保障游客的权益。"

在民族地区的旅游经济活动中，旅游企业结合本地区本民族的特性，与当地村民紧密合作，共同开发具有民族特色的旅游产品。这些产品不仅满足了游客对独特体验的需求，也为当地村民带来了丰厚的经济收益。同时，旅游企业还负责提供优质的旅游服务，保证游客在西江苗寨度过愉快的时光。

当地村民不仅要保护好自身民族特色，还要积极参与旅游业的各个环节。有的村民经营着特色产品、旅馆和饭店，为游客提供地道的民族美食和舒适的住宿环境；有的村民则为旅游企业提供原材料加工等服务，助力旅游产品的创新开发。在保护旅游资源方面，当地村民自觉维护着西江的自然生态环境和民俗文化特产，为游客呈现出一个真实、美丽的西江苗寨。

旅游者来到西江苗寨的主要目的就是增长历史知识、领略文物特色、体验民族的生活与文化。他们在这里可以感受到浓郁的民族氛围，领略到独特的民族风情。同时，旅游者的到来也为西江苗寨带来了适当的经济收入，促进了当地经济的发展。

2. 利益主体的包容性定位

西江苗寨民族旅游的包容性发展策略正逐渐成为全球旅游研究的焦点。这一发展模式的核心理念在于，各利益主体在共享的生态系统中，寻找并实现各自利益诉求的平衡，以期达到人与环境、文化与经济的和谐共生。这不

仅是一种经济活动，更是一种社会公正和生态保护的智慧体现。

首先，政府部门是旅游经济活动的协调者。政府需要制定合理的政策，平衡各方利益，防止过度开发带来的环境破坏，同时保证当地社区的权益得到保障。通过设立专项基金，支持基础设施建设，提升旅游服务质量，为民族旅游的可持续发展提供制度保障。

其次，旅游企业作为开发经营者，是推动西江苗寨旅游经济发展的主要力量。他们需要在尊重和保护当地文化、环境的前提下，创新旅游产品，吸引更多的游客。同时，企业应积极履行社会责任，与当地社区建立良好的合作关系，实现经济效益和社会效益的双重提升。

当地村民既是旅游经济活动的参与者，也是最大的受益者。村民可以通过参与如民宿经营、手工艺品制作、民俗表演等方式的旅游服务，实现经济收入的增加。

最后，旅游者作为体验者，他们在享受旅游服务的同时，也对旅游地的经济和文化发展产生影响。游客的消费行为直接关系到当地经济的繁荣，而他们的文化尊重和环保意识则对旅游地的可持续发展起着关键作用。

如图 2-6 所示，这四大利益主体在西江苗寨的旅游发展中形成了一个相

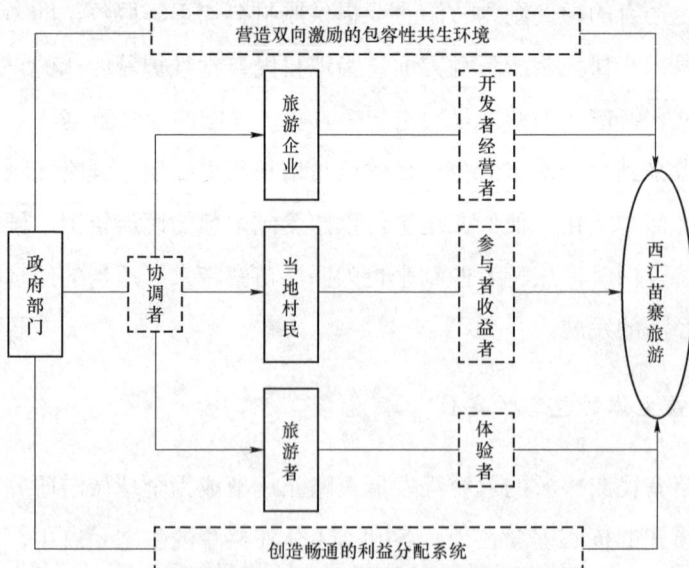

图 2-6　西江苗寨民族旅游核心利益主体的角色定位

互依赖、相互影响的共生网络。只有每个角色都能找到自己的定位，发挥应有的作用，才能真正实现民族旅游的包容性发展，让西江苗寨的美丽与魅力得以持久传承。

（1）政府部门——民族旅游的调控者

在探讨旅游地的发展及其与中华人民共和国文化和旅游部（原中华人民共和国国家旅游局，以下简称"文旅部"）的关联时，我们不得不提及旅游地生命周期理论。这一理论为我们揭示了旅游地在不同发展阶段所呈现出的独特特征，以及文旅部在这些阶段中应扮演的角色。在1995年第十一届世界旅游组织年会上，与会者针对文旅部在旅游业发展的不同阶段的作用进行了深入的讨论，并达成了一致共识。

首先，在旅游发展的初期阶段，基础设施往往尚未完善，旅游规划也处于起步阶段。此时，文旅部应当充当开拓者的角色、积极投入资源、推动旅游基础设施的建设，制定科学合理的旅游规划，为旅游业的后续发展奠定坚实的基础。以西江苗寨为例，在民族旅游开发的初期，政府作为文旅部的重要代表，积极出资改善交通与住宿等旅游基础设施、整治自然环境、加强旅游宣传推广，为西江苗寨的旅游开发提供了强有力的支持。

随着旅游业的逐步兴起乃至蓬勃发展，各方利益主体纷纷涌入旅游市场，市场竞争日益激烈。在这一阶段，文旅部应充当规范者的角色，通过制定相关法律法规、规章制度等，规范各方行为，保障旅游业的和谐发展。同时，文旅部还应加强对旅游市场的监管，打击不法行为，维护市场秩序。在西江苗寨的旅游发展过程中，政府作为文旅部的代表，积极行使监督管理权，制定了一系列旅游管理规章制度，保障了各利益主体的合法权益，保证了旅游市场的有序发展。

当旅游业走向成熟时，各利益主体之间的利益关系日益复杂，需要文旅部发挥协调者的作用，协调各方利益和关系，推动旅游业的可持续发展。此时，文旅部应加强对旅游资源的保护和管理，促进旅游资源的合理利用，避免过度开发带来的环境破坏和文化遗产损失。同时，文旅部还应推动旅游业与其他产业的融合发展，拓展旅游产业链，提高旅游业的综合效益。在西江

苗寨旅游发展的成熟阶段，政府作为文旅部的代表，积极协调各方利益，加强旅游资源的保护和管理，推动旅游业与农业、文化等产业的融合发展，实现了西江苗寨旅游业的可持续发展。

（2）旅游企业——民族旅游的开发者和经营者

旅游企业作为旅游业的专业开发者和管理者，其专业知识与业务技能在推动民族旅游地的快速发展中至关重要。在西江苗寨，旅游企业应深入理解苗族文化的独特性，以创新的思维和专业的手法提炼和展示苗族银饰、苗歌、苗族刺绣等传统文化元素，让游客在参与中感受苗族文化的魅力。同时，旅游企业还要致力于开发苗族文化体验课程、苗族节日庆典活动、苗族传统工艺制作工坊等有西江苗寨特色的旅游产品，以满足不同游客的需求，丰富旅游产品的多样性。

但旅游开发并非一蹴而就，需要在保护和开发之间找到平衡，以促进旅游活动的可持续性。西江苗寨的旅游企业应积极参与社区的环境保护、文化遗产保护和社区发展项目，实现旅游经济与社区发展的双赢。

（3）当地村民——民族旅游的参与者和受益者

西江苗寨是当地村民世代繁衍生息的家园，也是他们精神与文化的承载地。当地村民是这个民族旅游地的真正主人，因此他们不仅要参与，更有责任去规划和推动本地区旅游发展的每一个环节，保证发展的公正性和可持续性。

当地村民巧妙地将本地丰富的自然资源转化为吸引游客的独特旅游商品。将传统的苗族银饰、刺绣、苗歌等文化元素融入旅游项目中，让游客深入体验和理解苗族文化。同时，他们开设民宿、餐馆等服务设施，为游客提供了舒适的休闲环境，使他们在享受生活的同时也能感受到苗族人民的热情好客。

当地村民作为旅游收益的直接受益者，也意识到保护民族旅游资源非常重要。他们积极参与到环保行动中，借助垃圾分类、水资源保护等方式，维护当地的原始风貌。同时，他们还积极参与旅游环境的改善，以提升旅游设施的服务质量，为游客提供更优质、更安全的旅游体验。

（4）旅游者——民族旅游的体验者

旅游业繁荣与活力的源泉在于旅游者。旅游者的流动与消费行为，构成

了旅游业的生命线，为目的地的经济活动注入了活力。没有旅游者的参与，旅游地的资源、设施乃至文化，都将失去其经济价值和社会意义，犹如无源之水、无本之木，无法形成有效的旅游产业链。

旅游者不仅是简单的观光者，更是经济活动的参与者和文化体验的消费者。他们购买旅游产品，享受当地提供的服务，这一系列消费行为为旅游地带来了实实在在的经济收益。同时，旅游者的到来也为当地居民创造了就业机会，推动了地区的经济发展，实现了旅游产品的价值转化。

因此，旅游者的角色并不是可有可无的，他们作为体验者，其需求和满意度应被视为旅游业发展的核心导向。无论是前期的旅游产品设计，还是后期的旅游服务提供，都应以满足旅游者的需求为出发点、以提供高品质的文化体验和生活享受为目标。

3. 利益主体的包容性共生流程

民族旅游地的利益主体之间的博弈关系是一个复杂而微妙的过程，它在旅游地的生命周期中起着至关重要的作用。随着旅游业的蓬勃发展，这种关系的演变不仅受到旅游地自身发展的影响，还受到政策调整、市场变化、文化交融等多方面因素的交织作用。根据相关研究，这一动态演化过程大致可以划分为六个阶段，如图 2-7 所示。

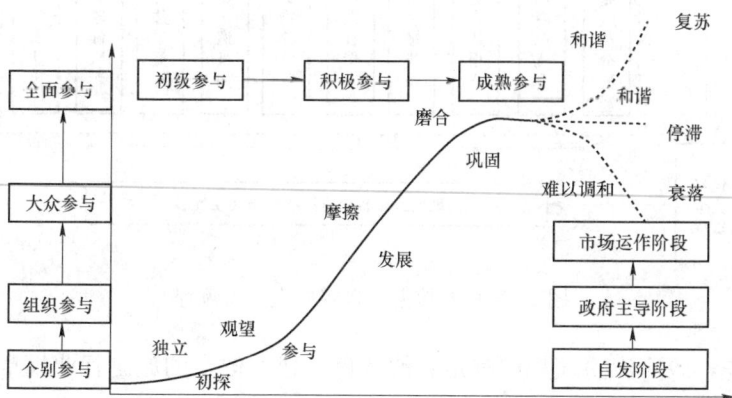

图 2-7　旅游地利益主体博弈关系演化图

在分析当前西江苗寨旅游业的发展阶段时，我们可以观察到，这个独特的旅游目的地正处于一个关键的转型期，即发展巩固期。这个阶段的特点是旅游产业的初步形成与稳定，但仍需要进一步优化和提升。在此期间，采取市场运作为主、政府调控为辅的策略显得尤为重要。这一合作型发展战略流程（如图 2-8 所示）目的是平衡市场活力与政府引导，以实现旅游业的可持续发展。

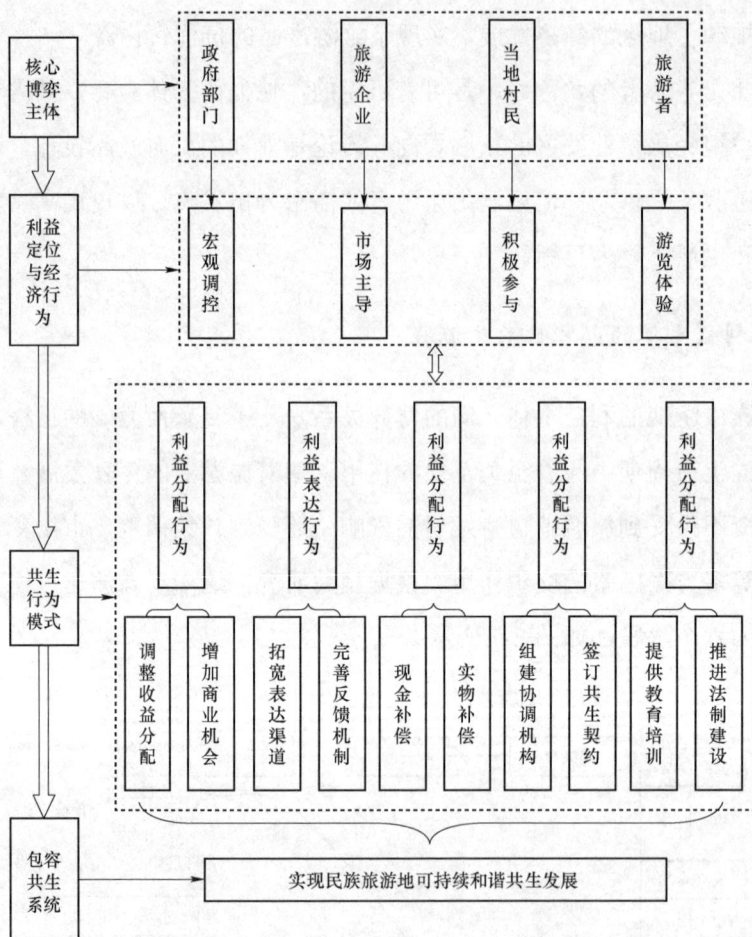

图 2-8　民族旅游地包容共生发展流程

首先，政府应扮演规则制定者的角色，建立健全的旅游行业规章制度，保证市场的公平竞争和有序运行。

其次，政府应强化其服务职能，从直接管理转向间接监督与调控，为旅游企业提供更加灵活和友好的发展环境。

最后，政府应根据市场变化及时调整政策，以应对可能出现的挑战和机遇。通过财政补贴、税收优惠等政策手段，鼓励旅游企业进行产品创新和服务升级，提升旅游目的地的整体吸引力。

政府需要与市场保持紧密的互动，以保证在市场力量驱动旅游业发展的同时，能够有效地防止和解决可能出现的问题。

4. 利益主体的包容性经济行为

民族旅游地可以被巧妙地比喻为一个复杂的生态系统，其中的各个利益主体，如政府、社区、企业、游客等，就如同生态系统中的不同物种，共同构成了这个生态的多样性。这些共生单元的进化并非孤立的，而是相互影响、相互依赖的，共同朝着一个目标——可持续发展——迈进。这种共生进化的本质，体现在他们行为方式的协同改变上，即通过共享资源、协调行动，以实现整体的最优效果。

以西江苗寨为例，这个旅游地的核心利益主体，如当地政府、当地居民、旅游企业等，他们的经济行为应以实现社区的繁荣和环境的可持续为目标，通过深度合作，打破信息壁垒，实现资源的公平分配和高效利用，从而达到资源的优化配置。共生程度的提升，意味着各方的利益更加紧密地联系在一起，更有可能实现集体最优和效率的最大化。

但构建和维护这种包容共生的状态并不是一件容易的事情。

首先，需要持续地努力和创新，逐步提升各利益主体之间的共生程度。

其次，需要建立有效的机制，保证所有利益主体在共生过程中都能得到保障。

因此，本书提出了一种基于平等、公正原则的利益主体共生机制。这个机制包括五个关键层面：利益分配，保证各主体都能从旅游发展中获得公平的回报；利益补偿，对因共生发展而受损的利益进行合理补偿；利益表达，保障所有主体都有权表达自己的需求和关切；利益保障，建立制度化的保护

机制，防止利益被不当侵犯；以及利益协调，通过对话、协商等方式，解决利益冲突，促进和谐共生。

为了保证这个机制的可操作性，我们还将进一步细化每个层面的具体措施，如制定公平的收益分配规则，建立透明的补偿标准，设立公正的决策参与机制，以及构建快速的冲突解决流程等。这样的机制设计，目的是在为西江苗寨民族旅游地的可持续发展提供有力的理论支持和实践指导（如图2-9所示）。

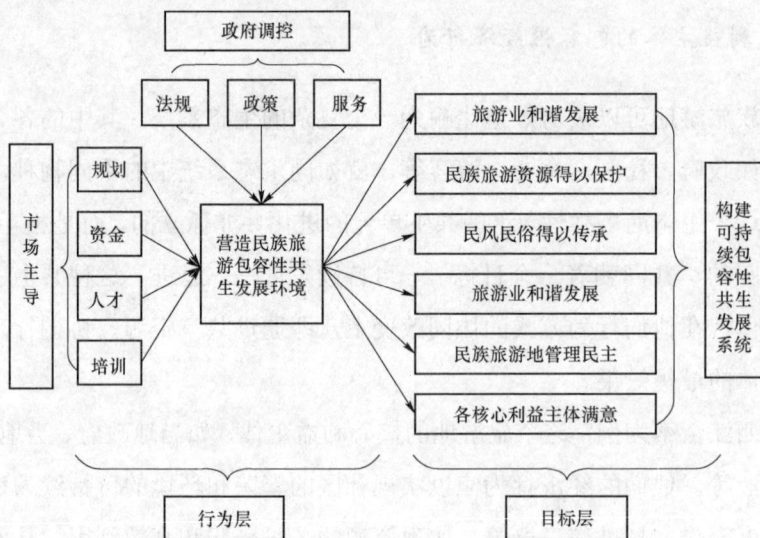

图 2-9　民族旅游核心利益主体包容共生发展模式

（1）利益分配行为

在推动民族旅游地的包容性发展过程中，利益的均衡分配是至关重要的一环，它涵盖了经济利益和社会利益的双重维度。经济利益的分配涉及资金的流动、就业机会的创造、收入的分配，而社会利益的分配则包括文化保护、社区福祉和环境可持续性等方面。这两者相辅相成，共同构成了旅游地发展的基石。

如果某一利益主体长期处于利益分配的边缘，无法享受到旅游发展带来的实质性收益，那么他们会对现有的发展模式产生怀疑。这种情况会导致利益主体对旅游活动的参与度下降，甚至会引发社区冲突，破坏原有的社会结

构和生态平衡，阻碍旅游地的长期稳定发展。

因此，建立一个公平、透明且能被各方广泛接受的利益分配机制非常重要。这要求充分考虑各利益主体的诉求，通过协商、谈判等方式确定合理的利益分配比例和方式。可以设立专门的基金，将一部分旅游收入用于社区发展、环境保护和文化保护等公共事务，保证所有利益相关者都能从中受益。同时，建立有效的监督和评估机制，保证各项机制的公正性和有效性。

此外，借鉴国内外成功的案例也是一个重要途径。例如，新西兰的玛奥利旅游发展模式就充分尊重并保护了原住民的文化权益，并促进了当地经济的繁荣。通过学习和引进这样的成功经验，我们可以更好地设计和优化我们的利益分配机制（如图 2-10 所示）。

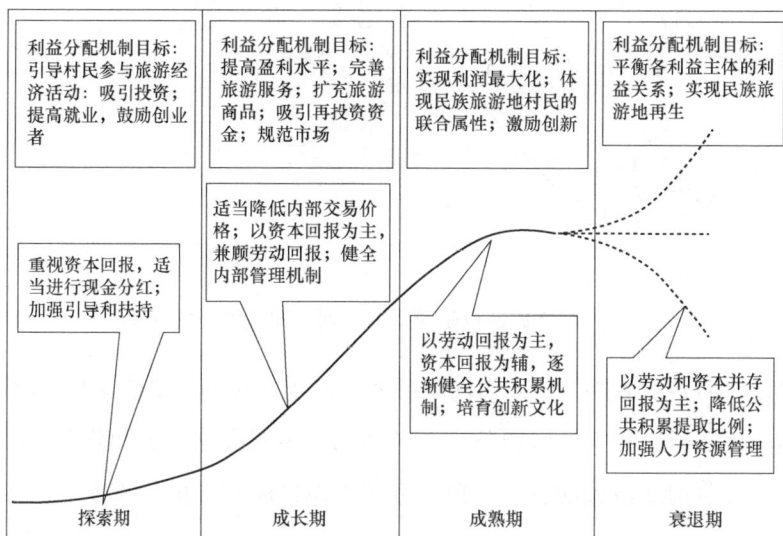

图 2-10　民族旅游地生命周期不同时期利益分配机制

（2）利益补偿行为

利益补偿机制的核心目标在于实现民族旅游地旅游收入的均衡分配，特别是对那些处于弱势地位的利益主体进行权益保障。这些主体往往由于信息不对称、议价能力弱等原因，其利益在旅游经济活动中易被忽视或受损。因此，政府的介入和补偿有助于恢复这些主体的经济信心，促进他们与其他利益方的和谐共存，推动整个旅游业的包容性增长。

经济补偿包括直接的现金补偿、资源再分配、就业机会创造等。政府和旅游企业可以设立专项基金，用于购买当地村民的农产品、手工艺品，或者提供技能培训，帮助他们更好地参与旅游经济活动，提高收入水平。

非经济补偿如提供教育、医疗等公共服务，改善基础设施，提升当地居民的生活质量。对于民族旅游者，应建立完善的投诉和救济机制，一旦他们在旅游过程中遭遇欺诈、侵权等问题，能够得到及时的法律援助和经济赔偿，保障其合法权益（如图 2-11 所示）。

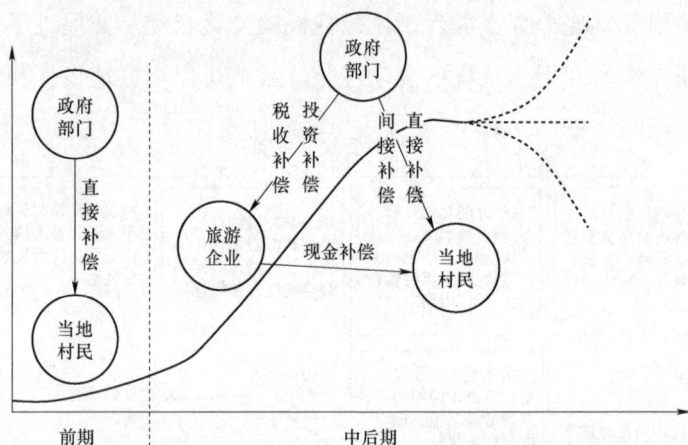

图 2-11　民族旅游地生命周期不同时期共生补偿方式

以云南的西双版纳为例，当地政府就实施了一项名为"傣家乐"的项目，鼓励当地傣族村民参与旅游服务，同时提供相关的经营培训和资金支持。这样做可以显著增加村民的收入，使游客深入地体验和理解傣族文化，实现旅游发展与社区利益的双赢。

（3）利益保障与协调

利益保障机制的构建是保证民族旅游地的经济活动能够公平、公正地惠及所有利益相关者的关键。这一机制的建立，目的是保证利益的均衡分配和合理的补偿机制得以有效实施，从而推动各利益主体的包容共生发展。首先，立法工作是保障机制的基础。应依据《旅游法》和可持续旅游的原则，明确界定各利益主体，如政府、企业、社区居民等在旅游经济活动中的权利和责任。同时，应强化法律的执行力度，保证所有利益诉求都能得到充分的尊重

和保护，一旦权益受损，应有明确的补偿机制作为后盾。

其次，开展系统的业务培训是提升利益主体能力的重要途径。考虑到许多民族旅游地的居民由于教育条件的限制，对旅游产业的理解和技能可能相对落后，政府部门和旅游企业应承担起教育者的角色，提供必要的培训和学习机会。这不仅有助于提升当地居民的旅游知识和技能，也有利于减少因信息不对称导致的利益冲突，从而促进民族旅游地的健康发展。

利益协调机制的建立则是解决潜在冲突的关键。当利益保障机制无法有效调节利益冲突时，一个由多元利益主体组成的协调监督委员会应运而生。这个委员会应包括利益相关者、旅游行业协会、媒体、专家学者、非政府组织等，以保证决策的公正性和接受度。通过开放、透明的沟通，寻求各方都能接受的解决方案，以实现多元利益主体的和谐共存，推动民族旅游地的可持续发展。

三、旅游业可持续发展理论

（一）可持续发展理论

自从 20 世纪的曙光初现，人类社会便如同一位勇猛的探险家，踏上了飞速发展的征程。科技的巨轮滚滚向前，带动着生产力的巨幅提升，为人类社会带来了前所未有的物质财富积累。从工业革命的蒸汽机轰鸣、到信息技术的浪潮汹涌，再到今天的人工智能与生物技术等前沿领域的蓬勃发展，技术的每一次飞跃都如同春风化雨，使各个领域对资源的开发利用变得更为便捷、高效。然而，正当人们满怀希望、憧憬着永恒的明天时，另一幅严峻的画面却悄然展现在了我们面前。随着资源的过度消耗，环境污染日益严重，空气、水源、土壤等自然元素遭受着前所未有的破坏。森林砍伐、矿产开采、工业排放等行为，不仅导致了生态平衡的破坏，还引发了气候变暖、生物多样性减少等一系列连锁反应。与此同时，贫富差距的日益扩大也加剧了社会的不稳定，引发了一系列的社会冲突。

面对这一系列的挑战，我们不得不重新审视我们的发展轨迹。敬畏自然、

理性思考已经成为我们刻不容缓的任务。我们必须认识到，自然是我们赖以生存的根基，是我们永远无法替代的宝贵财富。我们不能仅仅追求短期的经济利益，而忽视了对自然的保护和对环境的责任。因此，我们必须寻求一条经济、社会、环境相互协调，共生共息的可持续发展之路。

在这个过程中，政府、企业、社会组织和每一个个体都扮演着重要的角色。政府需要制定科学的环境政策和法规，推动绿色产业的发展和环保技术的创新；企业需要承担起环保责任，减少污染排放和资源浪费；社会组织需要积极倡导环保理念，推动公众参与环保行动；而每一个个体则需要从自身做起、从小事做起，养成节约资源、保护环境的良好习惯。

1. 可持续发展理论的提出

1972 年联合国在瑞典斯德哥尔摩首次举办了全球瞩目的环境大会，这是人类历史上一次具有里程碑意义的会议。此次大会汇聚了全球各国的首脑，他们共同面对了一个紧迫的问题——人类正面临着日益严峻的环境挑战。在会上，首次提出了"可持续发展"的概念，这一概念的提出，标志着人类开始深刻反思与自然的关系，寻求一种更为和谐、长久的生存方式。

会议通过了《联合国人类环境宣言》，这份宣言不仅是各国政府、各国人民为维护和改善人类共同环境所达成的共识，更是对子孙后代的一份庄重承诺。宣言呼吁各国共同努力，以实现人类社会的可持续发展。这一目标的实现，需要全球各国的共同努力和长期坚持[①]。

会议结束后，各国家和地区启动了对可持续发展概念的深度探究与讨论。1980 年 3 月，国际自然保护同盟发表了《世界自然保护大纲》，这是一个具有里程碑意义的指导性文件。该大纲明确指出，人类在利用和开发自然资源的过程中，必须认识到自然资源与生态系统的承载力具有界限，不能无度索取。此外，它也着重强调了自然保护与经济进步的融合，倡导在推动经济发展的同时，必须保证对"生物圈"的保护，实现自然资源的合理利用。

---

① 世界自然保护同盟，联合国环境署，世界野生生物基金会. 保护地球——可持续生存战略［M］. 国家环境保护局外事办公室，译. 北京：中国环境科学出版社，1992.

1990 年，美国的环保先驱 Lester R. Brown 在其著作《构建可持续社会》中提出了一个前瞻性的理论，主张实现可持续发展需要三个关键要素：控制人口增长、保护自然资源基础、发展可再生能源。这一理论犹如一盏明灯，照亮了全球对可持续发展理解的道路，引发了广泛的国际共鸣，并为后续的理论研究和实践操作奠定了坚实的基石。

1987 年，在联合国环境与发展委员会发布的里程碑式报告《我们共同的未来》中，对可持续发展给出了一个被广泛接受的定义："既能满足当代需求，又不损害后代满足自身需求能力的发展"。这个定义不仅精确地捕捉到了可持续发展的核心，而且揭示了其内在的代际公平原则，对全球环境保护和公平发展产生了深远影响。报告深入探讨了人类活动与环境退化之间的复杂关系，对过去过度依赖经济增长而忽视生态平衡的模式进行了尖锐的批评，强调了探索兼顾环境与经济新型发展模式的紧迫性。

1992 年，世界聚焦于巴西的里约热内卢，召开了具有历史意义的环境与发展大会。超过 70 个国际组织和 183 个国家的领导人共襄盛举，共同表达了对可持续发展理念的坚定承诺。在这次会议上，通过了《21 世纪议程》和《里约宣言》等一系列重要文件，这些文件以可持续发展为指导原则，为全球环境保护和可持续发展制定了明确的行动计划，标志着可持续发展从理念走向实践的转折点。

我国政府积极响应国际社会的呼吁，于 1992 年编制了《中国 21 世纪人口、资源、环境与发展白皮书》，这是我国首次将可持续发展战略纳入国家长期发展规划，为我国的环境保护和绿色发展指明了方向。1997 年的中共十五大进一步将可持续发展战略提升为我国现代化建设的核心策略，强调了在追求经济增长的同时，必须兼顾生态平衡和社会公平，以实现经济、社会和环境的协调发展。

这些文件的出台反映了全球对可持续发展认识的深化，也见证了我国在环境保护和可持续发展道路上的坚定步伐。

2. 可持续发展的内涵

自 20 世纪 70 年代以来，"可持续发展"这一概念逐渐成为全球共识，但

对其内涵的理解和定义，至今仍存在多元化的观点。最初，可持续发展被普遍理解为在推动社会经济进步的同时，保证生态环境的保护和改善，以实现经济与环境的和谐共生。然而，随着人类对地球生态压力影响的深入认识，这一概念的内涵得到了进一步的扩展和深化。

生态学家首次提出了从自然学科角度定义可持续发展，即生态连续性，强调保护和增强环境系统的自我更新和生产能力，以维持人类生存环境的可持续性。这一观点将人类活动与生态系统健康紧密联系起来，提醒我们在发展过程中必须尊重自然界的规律。

社会属性的定义则在 1991 年的《保护地球——可持续性生存战略》中得到体现，该文件提出，可持续发展是在不超越生态系统承载能力的前提下，提升人类的生活质量。这一定义强调了社会公正和生态平衡的双重目标，目的是保证所有人的生存权和发展权。

科技属性的定义强调科技进步在减少污染和资源浪费中的作用。科技进步是实现可持续发展的重要驱动力，它为人们在保护环境的同时提高生产效率和生活质量提供了可能。

经济属性的定义关注经济发展的可持续性，主张发展应以不损害资源和环境为前提，实现经济、社会和环境的共赢。经济学角度的可持续发展研究更侧重于资源的最优配置和福利的代际公平。它关注如何在经济增长的同时，保护和恢复生态系统，保证经济发展的公平性和包容性，以及社会福利的长期稳定。

（二）旅游可持续发展理论

旅游可持续发展理论，其根源可以追溯到 20 世纪 70 年代初提出的可持续发展概念，这一理论是全球环境保护和经济社会发展矛盾激化背景下的产物。它强调在满足当代人的需求的同时，不损害后代满足其需求的能力，以实现经济、社会、环境三者的和谐共生。当这一理念被广泛接受后，人们开始思考如何将其应用于旅游业这一全球最大的产业。

旅游业的影响力无处不在，它不仅涉及经济活动，如酒店、交通、餐饮

等服务业的发展，还深深影响着文化传承、社区生活、自然环境。自可持续发展思想诞生以来，旅游研究者和实践者们就开始对旅游业可持续发展模式进行探索。他们提出了一系列理论框架和实践策略，目的是在旅游业的发展中实现经济收益、社会福祉和环境保护的平衡。

1. 旅游可持续发展理论的提出和进展

1995 年的"可持续旅游发展世界会议"在西班牙加那利群岛的兰沙罗特岛上召开，标志着这一议题的国际关注度达到了新的高度。75 个国家和地区的代表共同参与，通过了《旅游可持续发展宪章》和《旅游可持续发展行动计划》，明确了旅游与自然、文化和人类生存环境的和谐共生关系，为全球旅游业的可持续发展奠定了理论基础。

理论界普遍认为，可持续旅游是社会经济追求可持续发展的一部分，强调在经济增长的同时，必须保护生态环境，保证资源的可持续利用。旅游业因其对环境和文化遗产的依赖，以及对生态系统的影响，被认为是实现经济可持续发展的关键领域。旅游业的发展应遵循整体规划、环境保护、遗产保护和长期生产力保障的原则，以保证当前和未来世代的福祉。

2. 旅游可持续发展的基本思想

旅游可持续发展作为一种独特的可持续发展理论，其核心理念在公平性、可持续性、利益协调性和共同性四个方面得到了深入体现。这一理论目的是在构建一种平衡，保证旅游业的繁荣不会以牺牲未来世代的利益为代价，同时满足当前旅游者和当地居民的需求。

公平性思想强调在旅游发展中，应公平对待所有利益相关者，包括旅游者、当地居民、企业、政府等。这就要求在分享旅游收益时，要避免资源的过度集中，保证利益的公平分配。

可持续思想关注旅游业的长期发展，主张在满足当前需求的同时，保护和恢复旅游资源，保证未来旅游活动的可行性。这要求旅游业在开发过程中，

积极采用环保技术，减少对环境的负面影响，实现经济与生态的双赢。

利益协调性思想强调旅游业发展应兼顾各方利益，通过有效的沟通和协商机制，解决可能出现的冲突和矛盾。例如，当旅游开发与文化遗产保护产生冲突时，需要找到平衡点，既保护了历史文化的独特性，又能推动旅游业的健康发展。

共同性思想则提倡全球旅游社区共同承担起可持续发展的责任，鼓励国际的合作与交流，共享最佳实践，共同应对旅游业发展带来的挑战。这包括共同应对气候变化、生物多样性丧失等全球性问题，以及通过制定和遵守国际旅游规范，推动全球旅游业的可持续转型。

旅游可持续发展不仅关乎经济的增长，更关乎生态的平衡和社会的和谐。它要求我们在实践中不断探索，寻找既能满足人类旅游需求，又能尊重和保护地球的方式，以实现经济、社会和环境的三重底线目标。

第三节　新质生产力对旅游业高质量发展的影响机制

一、旅游产业高质量发展的核心要求

在当今社会，我国旅游业的蓬勃发展已成为经济增长的重要引擎，然而，这种繁荣景象的背后，也暴露出一些不容忽视的问题。旅游业的粗放式增长模式，过度依赖资源消耗和大规模建设，导致环境压力增大，生态平衡面临威胁。同时，旅游产品同质化严重，有效供给不足，难以满足消费者日益增长的个性化、多元化需求。此外，技术创新在旅游业中的应用相对滞后，产业升级的步伐亟待加快。

旅游高质量发展是解决上述问题，推动旅游业可持续发展的关键。这不仅意味着要转变旅游业的增长方式，从数量扩张转向质量提升，提高旅游服务的品质和效率，更需要我们深入挖掘旅游资源的文化内涵，打造特色旅游产品，提升旅游体验的丰富度和深度。同时，利用大数据、人工智能等现代科技手段，推动旅游业的数字化、智能化转型，以创新驱动产业升级。

（一）以人民为中心，创新升级旅游产品供给

旅游业的繁荣与进步其核心在于对高质量旅游产品供给的创新升级。从山东淄博的烧烤热，到甘肃天水的麻辣烫风潮，我们见证了新时代游客需求的多元化、个性化和精神化转变。旅游不再仅是欣赏风景、品尝美食的活动，而是寻求一种情感共鸣和文化体验，一种在美景美食背后挖掘和感受地方特色和人文精神的旅程。正如一句成语所说，"食色性也"，但如今的游客更倾向于"食以知味，游以悟道"。

在当前的旅游市场中，同质化、单一化和粗放式的旅游产品普遍存在。这不仅无法满足游客日益增长的个性化需求，也限制了旅游业的深度发展和可持续性。因此，我们需要以创新为驱动、以游客体验为导向，打造高质量的旅游新产品、新业态、新模式。在这一过程中，我们必须坚持以人民为中心的发展思想，以"增进民生福祉"为首要目标，即在旅游产品的设计和提供中，充分考虑游客的需求和感受，注重提升旅游服务的质量和内涵，同时要注重旅游活动对当地社区和环境的积极影响，实现旅游经济、社会、环境的和谐共生。

我们可以借鉴一些成功的案例，如浙江的乡村旅游发展，通过挖掘和展示乡村的自然风光和人文魅力，既满足了游客的个性化需求，也带动了乡村经济的发展，提高了当地居民的生活质量。

（二）提质增效，提高旅游经济效益

中国旅游业高质量发展的核心理念在于追求更为高效集约的路径，以实现资源的最优利用和经济效益的最大化。在这个过程中，我们不仅要关注旅游资源的可持续循环，还要注重生产要素的转化效率，包括劳动力、资本、能源等，这些都是旅游业发展的重要支柱。

旅游经济效率是衡量这一发展路径的关键指标，它包括单要素生产率和全要素生产率两个层面。单要素生产率关注每一种资源要素投入所能带来的产出能力。全要素生产率强调在保持其他生产要素投入不变的情况下，通过

科技进步和产业结构优化，实现旅游产出的持续增长。

回顾过去，传统的粗放式旅游业发展模式过于注重规模扩张，而忽视资源的优化配置，导致资源要素的冗余和浪费，旅游经济的单要素和全要素生产率普遍偏低，制约了旅游业的可持续发展。因此，面对新的发展阶段，旅游业的高质量发展必须将提高经济效率作为核心任务，深入改革，优化资源配置，提升要素动力结构，通过科技创新和模式创新，提高单位要素的投入产出比率，实现旅游业的效率变革和质量提升。

（三）耦合协调，实现旅游产业深度转型升级

产业结构是经济实体进行资源配置和价值增值的核心载体。它不仅揭示了各部门、各成分和各环节在经济运行中的相对地位，更体现了它们之间的动态联系和互动关系。

旅游业的高质量发展需要各个元素的精准配合。旅游产业结构的优化与调整就是这场交响乐中的"指挥棒"，它决定了旅游业的旋律走向。优化产业结构要求旅游业的深度转型升级，从传统的观光旅游向深度体验、文化探索、生态旅游等多元化方向发展，以满足消费者日益增长的个性化、高品质旅游需求。

同时，要求旅游业消除内部存在的结构性障碍，如地区间、业态间、产业链上下游间的不平衡与不匹配。过度依赖某个旅游资源或地区的现象，可能导致旅游业的脆弱性和风险性增加。因此，推动不同结构主体之间的耦合协调和高层次演化，实现旅游资源的均衡分布和高效利用，是旅游业高质量发展的重要路径。

以欧洲的旅游业为例，其成功之处在于实现了各成员国之间的旅游资源共享和协同效应，通过构建跨国旅游线路，实现了不同国家和地区之间的结构耦合，从而提升了整体的旅游体验和经济效益。

结构红利是产业结构优化带来的潜在增长动力。当旅游业的结构得到优化，各种资源得以高效配置，新的业态和模式得以创新，就能释放出更大的经济和社会价值，推动旅游业的持续、健康和高质量发展。

（四）贯彻绿色发展理念，实现生态文明建设目标

旅游业作为全球经济的重要组成部分，其发展与资源环境的紧密关系不容忽视。在过去的几十年中，随着全球旅游业的蓬勃发展，我们见证了无数自然景观被大规模开发，生态环境遭受了前所未有的压力。据联合国环境规划署的报告显示，旅游业是全球碳排放的主要来源之一，占全球总排放量的8%以上，这加剧了全球气候变化的严峻形势。

面对这样的现实，我们迫切需要转变旅游业的发展模式，从过度依赖资源和环境的路径中走出来，转向可持续发展的道路。实现这一目标，需要我们从多个层面进行改革。

首先，通过科技创新和管理创新，提高旅游业的资源利用效率，减少对环境的负面影响。

其次，科学设定环境容量，避免过度旅游对目的地的破坏。我们要进行深入的科学研究，制定合理的游客承载力标准，通过预约制度、淡季旅游推广等方式实现游客流量的合理调控。

最后，通过教育和宣传，增强游客的环保意识，引导他们成为保护环境的积极参与者。

同时，政府、企业、社区和公众应共同参与，构建多元化的合作机制，共同推动旅游业的绿色转型。例如，政府可以出台激励政策，鼓励企业进行绿色投资；企业可以设立环保基金，支持环保项目；社区可以组织环保活动，增强居民的环保意识；公众可以通过选择绿色旅游产品，用实际行动支持可持续旅游。

二、新质生产力与旅游业高质量发展的互促性分析

在深入探讨新时期旅游业的演变时，可以明显察觉到这一行业的发展已经烙印上了鲜明的新质生产力的特质。在21世纪的今天，我们正处在一个由数字技术驱动的全新纪元，即数字经济时代。这个时代的显著特征是，信息和数据成为推动社会经济发展的核心要素，而旅游业正是这一变革的前沿阵地。

旅游产业的数字化和智能化进程，如今正以前所未有的速度推进。从在线预订系统、虚拟现实旅游体验，到大数据驱动的个性化旅游服务，科技的创新应用无处不在，极大地提升了旅游服务的效率和质量。根据世界旅游组织的报告，2019 年全球数字化旅游市场规模已超过 7 万亿元，预计到 2025 年将增长至 14.6 万亿元，这充分展示了旅游业数字化的强劲势头。

这一进程不仅改变了旅游业的运作模式，更关键的是，它已经成为推动产业高质量创新发展的关键路径。高质量发展，意味着旅游业需要从传统的资源消耗型模式转向知识和技术驱动的模式，通过提升服务质量和创新产品，满足消费者日益增长的多元化、个性化需求。在这个过程中，新质生产力的形成和发展起到了决定性的作用。通过大数据分析，旅游企业可以更精准地预测市场需求，优化资源配置，从而提高经济效益。

旅游业与新质生产力之间的关系，呈现出一种天然的互促特性。新质生产力的创新应用，如数字化和智能化技术，为旅游业的高质量发展提供了源源不断的动力；而旅游业的高质量发展，又反过来刺激了对新技术、新理念的持续需求，推动新质生产力的进一步创新和升级。这种动态的互动关系构成了新时期旅游业发展的重要特征。

（一）新质生产力是旅游高质量发展的动力系统

在当今这个飞速发展的时代，新质生产力以其独特的创新驱动特性、绿色低碳特性和技术赋能生产全要素特性，正成为推动各行各业转型升级的重要力量。而在旅游领域，高质量发展的需求日益凸显，其创新驱动特征更是显著。旅游产业的深度转型升级，离不开新质生产力的强大辅助和支撑。

科技创新不仅极大地提升了旅游营销和传播的效率，更是为旅游业带来了革命性的变化。从各地的文旅火爆出圈，到新媒体、自媒体等平台的广泛应用，都充分展示了新质生产力在旅游高质量发展中的支柱性动力系统作用。

为了进一步推动科技赋能旅游产业发展，政府和企业需要共同努力。例如，工业和信息化部与文化和旅游部联合发布的《关于加强 5G＋智慧旅游协

同创新发展的通知》，以及国家数据局等 17 部门联合印发的《"数据要素×"三年行动计划（2024—2026 年）》等文件，都为科技赋能旅游产业发展提供了有力的政策支持。

在具体实践中，应着重推进生成式人工智能服务发展，通过机器学习、自然语言处理等技术手段，提高文化文物数据的管理和应用水平，同时解决好文化文物数据的权属规范问题。此外，还应充分利用好社交媒体等新媒体平台，在主流消费人群中实现产品和服务的精准化推送、裂变式传播，同时注重个人隐私的保护。

在科技创新的推动下，旅游产业的转型升级也呈现出新的趋势。一方面，通过声光电、工程机械、虚拟呈现等技术手段，可以打造更加沉浸化的体验模式和场景化的消费空间，为游客带来更加真实、生动的旅游体验；另一方面，通过连接数据孤岛，推动文化和旅游场所共享公安、交通、气象、证照等数据，可以有效推进旅游治理体系和能力现代化，提高旅游服务的水平和质量。

除了科技创新外，创新驱动产业深度升级还需要在制度创新方面下功夫。健全中央和地方旅游发展体制机制，强化文化和旅游部门的行业管理职责，是推动旅游产业转型升级的必经之路。同时，要进行模式创新，重新审视过去的旅游要素逻辑、旅游投资逻辑和旅游发展逻辑，深入研究近年来出现的现象级产品和业态，继续重视旅拍对景观空间沉浸式体验、演艺对文化资源创新性呈现、民宿对乡村资源高能级利用、街区对城市消费集聚性引导等方面的作用，进一步研判行业模式创新的方向和路径。

（二）旅游高质量发展为新质生产力提供需求和孵化场景

旅游业作为全球经济的重要组成部分和现代服务业的领头羊，其高质量发展对于满足人民日益增长的美好生活需要至关重要。这不仅要求旅游业保持与科技进步和数字经济同步的步伐，更需要通过创新和升级，释放新质生产力的潜力，以实现行业的持续繁荣和可持续发展。

旅游业的特性决定了其在新质生产力应用中的先锋地位。从最初的纸质

地图到现在的虚拟现实导航，从传统的旅行社服务到现在的在线预订平台，旅游业始终在积极探索和应用新技术，以提升服务质量和效率。如今，智能体、空间计算、大数据等新质生产力的代表，正以前所未有的速度渗透到旅游行业的各个环节，为旅游业的高质量发展注入新的活力。这不仅增强了旅游业的吸引力，提高了服务效率，也使其在环境保护和低碳发展方面展现出更大的潜力。

然而，旅游业在数智化转型的道路上仍面临挑战。尽管新技术的应用为游客带来了更个性化、更便捷的体验，但旅游业在数据整合、个性化服务提供、隐私保护等方面的能力仍有待提升。新质生产力的转化和应用需要旅游企业进行全链条、全流程的数字化改造，这既是一项艰巨的任务，也是实现高质量发展的必然选择。因此，政府应积极引导，提供必要的政策支持和环境，鼓励旅游业进行技术创新和模式创新。

此外，旅游业的高质量发展还具有"催化""活化""转化"和"极化"等多重功能。它能吸引和集聚科技人才，催生新的业态和模式，如数字旅游、智慧景区等；同时，通过将新质生产力转化为独特的旅游产品和服务，旅游业可以进一步放大其影响力，推动相关产业的协同发展，促进区域经济的繁荣。

三、新质生产力推动旅游产业高质量发展的保障机制

在当下这个日新月异的时代，旅游业早已超越了其传统的经济产业界限，成为一种集经济、文化、社会等多维度价值于一体的综合性产业。人们的旅游行为，不仅是为了满足物质上的需求，更是对精神世界的追求和满足。因此，旅游业不仅是一项经济产业，更是一项承载着人们精神寄托的社会事业，是惠民福祉的幸福产业，也是社会文明进步的重要标志。

随着时代的进步和人们生活水平的提高，旅游已经成为许多人生活中不可或缺的一部分。从山川湖海的自然风光，到历史文化的深厚底蕴，再到异域风情的独特魅力，旅游为人们提供了无尽的探索与发现。旅游业的繁荣，不仅带动了相关产业的蓬勃发展，更在无形中推动了社会义明的进步。

（一）解决"人"的问题，即革新人才培养机制

在新时代浪潮的推动下，新质生产力的核心要素——创新驱动、科技赋能和绿色低碳，正日益成为推动各行各业发展的关键因素。然而，这一切的实现都离不开一个核心要素：人才。改革开放 40 多年来，中国旅游业如日中天，旅游经济规模持续增长，不仅为地方经济注入了强大活力，更成为不少地区的支柱产业。然而，与这一蓬勃发展态势形成鲜明对比的，却是旅游人才培养的长期滞后和严重脱节。

面对全国范围内旅游类专业招生数量的缩减，甚至直接取消招生的情况，我们不禁要问：为何旅游人才的培养如此艰难？事实上，这背后反映出的是旅游行业对于高质量人才的迫切需求与现实中人才培养机制的不足之间的矛盾。旅游类专业多年来一直被视为"调剂大户"，这一现象既反映出专业选择的偏差，也暴露了人才培养体系的不足。

高质量人才的缺乏已经成为制约中国旅游业高质量发展的关键因素。在创新驱动的浪潮中，缺乏创新思维和实践能力的人才很难将新技术、新模式应用于旅游产业中。科技赋能则需要具备专业技术和跨界整合能力的人才来推动。而绿色低碳更是对旅游业可持续发展提出了新的要求，需要培养具备环保意识和绿色管理技能的人才来支撑。

因此，建立科学合理的人才培养机制显得尤为重要。我们需要构建一个"政、校、企、行"高度协同的旅游人才培育体系。政府应发挥引导作用，制定相关政策支持旅游人才培养；学校应调整专业结构，优化课程设置，加强师资队伍建设；企业应积极参与人才培养过程，提供实习实践机会和就业岗位；行业组织则应加强交流与合作，共同推动旅游人才培养的标准化和专业化。

在具体实施上，我们需要从专业调整、师资配置、课程设置、应用实践等方面通盘考虑。专业调整要紧跟产业发展趋势和市场需求变化；师资配置要注重引进和培养高水平教师团队；课程设置要突出实践性和创新性；应用实践则要加强与企业的合作与交流。只有这样，我们才能培养出真正符合旅

游产业发展需求的高质量人才。

面对旅游大类专业建设和发展中遇到的瓶颈和挑战，我们不能回避和退缩。只有客观面对问题、积极寻求解决方案、加强各方协同合作，才能解决产业发展中高质量人才紧缺、供需错位的历史问题。让我们共同努力为旅游业的繁荣发展培养更多优秀的人才！

（二）解决"握手"问题，即充分发挥政府宏观调控与市场调节的合力

中国旅游业的繁荣景象，如"贵州村超"的乡土魅力、"淄博赶烤"的人间烟火，以及"天水麻辣烫"的麻辣诱惑，无一不彰显出中国独特文化与旅游的深度融合。这些现象的背后，是看得见的手——政府的引导与规划、与看不见的手——市场的自我调节，两者共同作用的结果。中国独特的政治、社会结构，既为旅游业的发展提供了深厚的土壤，也对其高质量发展提出了独特的路径要求。

中国旅游业的高质量发展必须立足中国特色，构建符合中国国情的旅游经济发展模式。政府需要发挥其在制度建设上的主导作用，通过制定科学的政策法规，为旅游业的健康发展提供制度保障。同时，政府还要在产业引导上发挥作用，通过宏观调控引导旅游业向绿色、可持续的方向发展。

市场机制在业态培育、活力激发和资源配置等方面具有天然的优势。通过市场竞争，可以催生更多创新的旅游产品和服务，激发旅游业的内生动力。同时，市场机制能有效地配置旅游资源，实现旅游经济的高效运行。

然而，政府与市场的关系并不是简单地相加，而是需要形成一种动态的平衡和协同。提高政府和市场之间的信息对称性是实现这种协同的关键。政府要通过公开透明的信息发布，引导市场形成合理的预期，而市场要通过反馈机制帮助政府及时调整政策，以实现旅游经济的高质量运行。

（三）坚持"从群众中来到群众中去"的利益分配机制

在当前的旅游热潮中，社区居民扮演着至关重要的角色。他们不仅是出游的主体，更是旅游业发展的利益分配主体之一。深入各大文旅 IP 的幕后，

我们不难发现，正是社区居民的热情参与、利益让渡，以及他们真诚友善的态度，成为这些文旅 IP 能够火爆海内外的核心驱动力之一。

社区居民作为旅游发展的直接参与者，他们的每一个笑脸、每一次服务、每一次分享，都成为吸引游客的独特魅力。他们的热情参与，不仅为游客带来了丰富多彩的旅游体验，更让游客感受到了家的温暖和归属感。这种深厚的情感连接，使得文旅 IP 在市场中脱颖而出，赢得了广大游客的喜爱与追捧。

党的二十大报告中明确指出："着力维护和促进社会公平正义，着力促进全体人民共同富裕，坚决防止两极分化。"这一指导方针为旅游产业发展成果的利益分配指明了道路。在旅游经济快速发展的同时，我们必须坚持"从群众中来到群众中去"的利益分配模式，保证居民能够真正分享到旅游发展的红利。

为了实现这一目标，我们需要切实尊重目的地社区居民的权力和意愿。在旅游规划、开发、运营等各个环节中，应充分听取社区居民的意见和建议，保证他们的利益得到最大程度的保障。同时，还应该加强对社区居民的培训和引导，提高他们的服务水平和经营能力，让他们成为旅游产业发展的中坚力量。

此外，我们还可以通过制定相关政策措施，鼓励和支持社区居民参与旅游产业的开发和经营。设立专项资金用于支持社区居民开设民宿、餐馆等旅游服务设施；加强对社区居民的宣传教育，增强他们的旅游意识和服务意识；与社区居民建立利益共享机制，让他们能够真正感受到旅游产业发展带来的实惠和好处。

第三章　新质生产力在贵州省
旅游发展中的独特优势与潜力

新质生产力作为经济社会发展的核心驱动力，正在全球范围内引发深刻的变革。在贵州省旅游发展的大背景下，新质生产力为贵州省旅游发展注入了强大的活力，使贵州的自然优势、生态优势和文化优势得以充分释放。本章就基于贵州省旅游业发展的现状与问题，探究新质生产力在贵州省旅游发展中的独特优势与潜力，并提出新质生产力在贵州旅游发展中的实践路径。

第一节　贵州省旅游业发展现状及存在的问题

一、贵州省旅游业发展现状

（一）旅游发展水平不断提升

随着贵州省政府发布的一系列指导性文件，包括《贵州省实施旅游"1+5个 100 工程"管理办法》（黔旅发〔2018〕7 号）、《贵州省文化厅关于推动文化娱乐行业转型升级的实施意见》（黔文市〔2016〕26 号）、《贵州省文化和旅游厅关于文化旅游业综合引领消费十条措施》（黔文旅发〔2020〕34 号）、《省人民政府关于推进旅游业供给侧结构性改革的实施意见》（黔府发〔2016〕24 号）、《贵州省强化文旅融合系统提升旅游产品供给三年行动方案》（黔文旅办〔2019〕16 号）、《贵州省住宿业上规提质三年行动计划（2019—2021）》及《贵州省大旅游创新发展工程专项行动方案》等，贵州省旅游业的发展规

模与速度均实现了显著增长。① 具体而言，贵州省的旅游总收入已从 2010 年的 1 061.23 亿元增长至 2019 年的 12 321.81 亿元，实现了 11.61 倍的增长，年均增长率高达 106.1%，这一增速远超全国平均水平。同时，接待的海内外游览人次也由 2010 年的 1.29 亿人次增加至 2019 年的 11.35 亿人次，呈现出强劲的增长势头。

此外，旅游总收入占贵州省生产总值的比重也在逐年提升，由 2010 年的 23.1% 逐步上升至 2019 年的 73.48%，这表明贵州省的旅游收入对全省生产总值的贡献日益增大，旅游业的地位显著提升。然而，2020 年受新冠肺炎疫情的严重影响，贵州省的旅游总收入下降至 5 791.25 亿元，同比下降 53%，旅游总人数也下降至 6.17 亿人次，同比下降 45.6%。尽管如此，贵州旅游总收入占全国旅游总收入的比重同比仍略有提升，显示出贵州省旅游业在逆境中的韧性（见表 3-1）。

表 3-1　2010～2022 年贵州旅游发展水平一览表

年份	旅游总收入（亿元）	同比增长（%）	接待海内外游客（亿人次）	同比增长（%）	贵州省生产总值（亿元）	贵州旅游总收入占贵州省生产总值比重（%）	全国旅游总收入（万亿元）	贵州旅游总收入占全国旅游总收入比重（%）
2011	1 429.48	34.7	1.7	25.9	5 701.84	25.07	2.25	6.35
2012	1 860.16	30.1	2.14	25.7	6 878.78	27.04	2.27	8.19
2013	2 370.65	27.4	2.68	25	8 115.47	29.21	2.63	9.01
2014	2 895.98	22.2	3.21	20.1	9 299.45	31.14	3.03	9.56
2015	3 512.82	21.3	3.76	17.1	10 539.62	33.33	3.42	10.27
2016	5 027.54	43.1	5.31	41.2	11 776.73	42.69	4.69	10.72
2017	7 116.81	41.6	7.44	40	13 540.83	52.56	5.4	13.18
2018	9 471.03	33.1	9.69	30.2	14 806.45	63.97	5.97	15.86
2019	12 321.81	30.1	11.35	17.2	16 769.34	73.48	6.63	25.29
2020	5 791.25	−53	6.17	−45.6	17 826.56	32.49	2.23	25.97
2021	6 642.16	12.6	6.44	41.2	19 586.42	33.89	2.92	12.662
2022	5 245.64	−21.025	4.92	−23.602	20 913.25	25.04	2.04	25.083

数据来源：根据 2011—2022 年国务院、贵州省政府工作报告整理所得。

---

① 陈烦，刘丹. 贵州旅游业发展分析［J］. 合作经济与科技，2024（7）：52-54.

2023 年，贵州省接待游客达 12.84 亿人次，相比 2019 年同期增长 1.5 亿人次。全年旅游总收入约为 1.46 万亿元，比 2019 年同期增加了 2300 亿元左右，实现 18.69%的增长。据不完全统计，在已披露的 2023 年度旅游业"成绩单"的 27 个省份和直辖市中，贵州省接客人次在全国范围内独占鳌头，稳坐"人气王"的宝座，并跃升"2023 年旅游总收入十强"全国首位，成为当之无愧的"双冠王"。

2024 年，贵州围绕资源、客源、服务三大要素，深入推进市场主体培育、业态升级等四大行动，奋力打造世界级旅游目的地，旅游业实现高质量发展。据贵州省 2024 年上半年经济运行情况新闻发布会公布的数据显示，上半年，全省累计接待游客、旅游总收入分别同比增长 9.6%和 12.4%。全省住宿业营业额增长 5.0%，餐饮业营业额增长 8.3%，1 至 5 月民航旅客吞吐量 1 111.82 万人次，增长 17.6%，规模以上服务业中旅行社及相关服务营业收入增长 31.3%。

（二）非物质文化遗产资源丰富

贵州省国家级非物质文化遗产名录及扩展名录共计 105 项，分布于 136 处，占全国总量的 5.72%。其中，民俗类非物质文化遗产名录及扩展名录数量最为丰富，共计 26 项，占贵州省总量的 24.76%。紧随其后的是传统技艺类，同样拥有 26 项；传统音乐类次之，为 20 项；传统舞蹈类、传统戏剧类各为 13 项；传统美术类则有 11 项；民间文学类 8 项；传统医药类 7 项；曲艺类仅有 1 项。值得注意的是，传统体育、游艺与杂技类在贵州省国家级非物质文化遗产中并无收录。

从地域分布来看，黔东南州在贵州省内非物质文化遗产保护方面表现突出，其非物质文化遗产项数高达 56 项，占贵州省总量的 53.33%，显著领先于其他市（州）（见表 3-2）。

表 3-2 贵州省国家级非物质文化遗产一览表

地区	民间文学	传统音乐	传统舞蹈	传统戏剧	曲艺	传统体育、游艺与杂技	传统美术	传统技艺	传统医药	民俗	合计
贵阳市	0	0	0	2	0	0	1	1	1	0	5
遵义市	0	0	0	1	0	0	0	0	1	2	4
六盘水市	1	1	1	0	0	0	0	0	0	1	4
安顺市	1	2	0	1	0	0	0	1	0	3	8
毕节市	0	0	2	2	0	0	0	1	0	2	7
铜仁市	1	0	0	3	0	0	0	2	0	2	8
黔东南州	5	8	4	1	0	0	6	14	3	15	56
黔南州	0	1	3	2	0	0	2	3	1	2	14
黔西南州	0	2	4	1	1	0	0	1	0	3	12
合计（处数）	8	19	15	13	1	0	8	28	8	36	136
合计（项数）	7	13	11	13	1	0	8	20	6	26	105

数据来源：根据贵州省非物质文化遗产保护中心网站公布的国家级非物质文化遗产名录及扩展名录整理所得。

（三）A 级旅游景区众多

贵州省共设有 7 个 5A 级旅游景区，其中：安顺市以 2 个的数量位居首位，而贵阳市、黔东南州、黔南州、毕节市、铜仁市则各拥有 1 个，六盘水市、遵义市及黔西南州则尚未设有 5A 级景区。

根据表 3-3 的数据统计，遵义市在贵州省内国家级 4A 级旅游景区的数量上占据领先地位，总数达到 28 个，占比 23.33%；贵阳市紧随其后，以 21 个的数量位列第二，占比 17.5%；黔东南州则以 14 个的数量位列第三，占比 11.67%。铜仁市与六盘水市并列第四，均拥有 11 个 4A 级景区，占比均为 9.17%；安顺市与黔西南州同样以 10 个的数量并列第六，占比均为 8.33%；黔南州则以 8 个的数量位列第八，占比 6.67%；毕节市则以 7 个的数量位列最末，占比 5.83%（见表 3-3）。

表 3-3　贵州省各地区 A 级景区一览表

地区	5A 景区	4A 景区	3A 景区	2A 景区	合计
贵阳市	1	21	9	0	31
遵义市	0	28	88	3	119
六盘水市	0	11	11	5	27
安顺市	2	10	19	0	31
毕节市	1	7	33	0	41
铜仁市	1	11	11	0	23
黔东南州	1	14	51	0	66
黔南州	1	8	36	3	48
黔西南州	0	10	24	0	34
合计	7	120	282	11	420

数据来源：根据 A 级景区认定资料整理所得。

（四）民族特色文化资源丰富

民族特色文化资源旅游主要涉及苗族、侗族、布依族等民族的特色文化资源。根据先前的研究观点，贵州地区的民族特色文化资源可细分为八大类别：民族建筑、民族节日、民族歌舞、民族习俗、民族饮食文化、民族服饰、民族工艺、民族旅游胜地。

这些民族特色文化资源主要分布于三个民族自治州内。具体而言，黔东南州的民族建筑特色鲜明，包括吊脚楼、半吊脚楼、全楼式、半楼式、地层式、全木楼、半木半石式、长屋楼、短屋楼等多种形态的干栏式建筑；其民族节日丰富多彩，涵盖了苗侗族的苗年、龙舟节、芦笙节等多个重要节日；民族饮食文化则体现了侗族的腌酸食品、酸汤系列及油茶，以及苗族的长桌宴、牛羊瘪等独特风味；民族服饰方面，苗族与侗族的服饰均具有深厚的文化底蕴；民族民间习俗则涵盖了社会管理、祭祀、婚丧嫁娶等多个方面；民族歌舞更是多姿多彩，如苗族的"飞歌""古歌"及侗族的"大歌"等，均享有盛名；民族工艺则涵盖了银饰加工、芦笙制作、蜡染、刺绣等多种技艺；而民族旅游胜地方面，黔东南州则拥有黎平侗乡、舞阳河等多处国家级风景

名胜区及多个国家级、省级旅游景区，为游客提供了丰富的旅游选择。

黔南州地区的民族建筑，作为布依族、苗族、水族、毛南族及瑶族等族群历史与文化的生动体现，展现出了各自独特的建筑风格。布依族建筑多坐落于平坝地带，依山傍水而建，其建筑类型涵盖木质结构型、石木结构型及石砌型，充分体现了与自然和谐共生的理念。苗族村寨则倾向于聚族而居，以各式吊脚楼为主要居住形式，展现了其独特的居住文化和建筑艺术。水族同样依山傍水聚居，其主要建筑形式为"干栏"式建筑，体现了其族群特有的生活方式和建筑智慧。在民族节日方面，黔南州亦呈现出丰富多彩的面貌。布依族拥有更建节、三月三、赶祭节、四月八、秋坡节、六月六、猴节、更宿节等众多节日，这些节日不仅承载着布依族的历史记忆，也丰富了其文化生活。苗族则以苗年、绝年、牛打场节、"米花节"、杀鱼节、吃新节、鼓藏节等节日闻名，展现了其独特的民族风情和节日文化。水族则以端节、敬霞节、额节、娘娘节、卯节等节日为特色，彰显了其族群的文化传统和节日习俗。毛南族则有火把节、迎春节和桥节等节日，瑶族则庆祝盘王节、赏新节、年节和六月卯等节日，这些节日均体现了各族群独特的历史文化和民族精神。黔南州拥有丰富的民族歌舞资源，其中布依族的扫把舞、响篙舞，苗族的铜锣舞、板凳舞，以及水族的斗角舞等，均展现出其多姿多彩的文化魅力。在民族音乐领域，布依族的八音坐唱、双声部大歌、情歌与山歌，苗族的芦笙曲调、祭祀歌与飞歌，以及水族的大歌、小歌等，共同构成了黔南州独特的音乐风貌。黔南州还承载着深厚的民族习俗传统。布依族的婚俗，如八字合婚、讨花、哭亲、哥背出门、背子孙鸡、守古时等，体现了其独特的婚姻文化；苗族则通过坐花场、跳月摇马郎、跳花等活动，选择心仪的伴侣；水族的水书习俗，瑶族的捶亲、姑娘追、不落夫家、玩门廊、凿壁谈婚等婚俗，同样展现出各民族独特的文化传统。在饮食文化方面，黔南州汇聚了少数民族的特色美食，如布依族的五色花米饭、鱼包韭菜，苗族的独山三酸（盐酸菜、虾酸、臭酸）、冲冲糕，以及惠水马肉干锅、糯米生肉、贵定盘江狗肉等，这些美食不仅口感独特，更蕴含着丰富的文化内涵。

此外，黔南州的民族服饰也是一道亮丽的风景线。布依族、苗族、水族、

毛南族、瑶族等民族的服饰形态各异，色彩斑斓，展现了各民族独特的审美追求和文化底蕴。这些服饰不仅是日常生活的必需品，更是民族文化和身份认同的重要象征。黔南州民族工艺主要有水族马尾绣工艺、苗族蜡染工艺、枫香染工艺、水族豆浆印染技艺、牙舟陶工艺、水族银饰制作技艺、剪纸技艺等。黔南州民族旅游胜地主要有荔波樟江景区（5A级旅游景区）、平塘掌布"藏字石"景区、瓮安草塘千年古邑旅游区、平塘县中国天眼景区、福泉古城文化旅游景区、龙里中铁双龙镇巫山峡谷旅游景区、惠水好花红乡村旅游区、茶文化影视小镇景区等8个4A级旅游景区，以及都匀文峰园、长顺杜鹃湖、贵定金海雪山景区等36个3A级旅游景区。黔西南地区的民族建筑，作为各民族传统居住文化的集中体现，展现出丰富多样的风貌。布依族居民依山傍水，聚族而居，其建筑特色鲜明，主要分为吊脚楼与平底楼两大类别。苗族则以木瓦结构吊脚楼及木石结构楼房为显著特征，而彝族建筑则以其独特的"人"字型屋面及六爪五柱落脚三间式构造闻名。在民族节日方面，黔西南同样多姿多彩。布依族的三月三、毛杉树歌节、六月六及查白歌节，苗族的二月二走亲节、采花节（也称跳花坡）、八月八风情节，以及彝族的火把节等，均是该地区民族文化的重要组成部分。民族歌舞方面，黔西南州更是丰富多彩。板彝族的"阿妹戚托"、簪龙舞、织布舞等舞蹈形式，以及布依族山歌、婚俗音乐、小打音乐等音乐类型，共同构成了该地区独特的艺术风貌。此外，还有诸多民族习俗与制度文化，如乡规民约制度下的各类碑刻，以及铜鼓习俗、布依族婚嫁与丧葬礼俗等，均体现了深厚的民族文化底蕴。

在饮食文化上，黔西南州的布依族、苗族、彝族等民族，以其独特的饮食习俗与美食产品，如金州"三碗粉"系列（兴仁牛肉粉、兴义羊肉粉、安龙剪粉）及其他地方特色美食，吸引了众多食客。同时，各民族独具特色的服饰与工艺，如布依族皮纸制作技艺、八音乐器制作技艺等，也展现了该地区民族文化的多样性与创造力。在旅游领域，黔西南州同样拥有众多名胜景点。从兴义万峰湖旅游景区、万峰林景区到马岭河峡谷旅游景区等4A级景区，再到兴义山地旅游暨户外运动大会会址、马家河湿地公园等3A级景区，这些景点不仅自然风光旖旎，更蕴含着丰富的民族文化内涵，成为吸引国内

外游客的重要目的地。

二、贵州省旅游业发展存在的问题

（一）基础设施有待完善与更新

贵州省由于其交通运输、酒店餐饮等基础设施建设的不足，在一定程度上制约了当地旅游业的进一步发展。然而，近年来，贵州省政府已经认识到了这个问题，并开始逐步加大对基础设施建设的投入力度。特别是在全省的各市（州）县之间，已经建立起了相对完善的公共交通网络，同时也新建了大量高星级酒店和宾馆。尽管如此，由于贵州整体经济水平相对落后，财政资金有限，与发达地区相比，其旅游基础设施仍然存在一定的差距。尤其是在酒店服务设施的档次和数量上，仍然存在着不合理的现象。虽然游客接待能力在不断提升，但高档星级酒店的数量增长却相对缓慢，且在各地之间的分布也并不均衡[①]。

此外，贵州的许多景区和景点都分布在经济相对不发达的市（州）县，这些地方往往无法提供游客所需的各种优质服务。这就导致了许多游客在游览完景区和景点后，不得不选择回到少数几个规模较大、条件较好的城市。这种旅游方式不仅使得游客无法享受到完整的旅游体验，同时也限制了对景区景点所在地经济的推动作用，这对当地政府对旅游资源的开发投入也产生了一定的影响。

（二）旅游资源的开发深度不够

旅游资源的开发程度尚未达到预期深度，尤其是贵州独有的旅游资源，其开发程度更是不够深入。旅游产品方面，创新程度不足，导致整个旅游业普遍缺少特色和个性化。很多游客之所以选择到贵州旅游，主要是出于对贵州特有的民族风情和民俗文化的向往。

---

① 林乾志. 贵州旅游业发展问题与对策分析［J］. 贵阳市委党校学报，2010（4）：35-37.

然而，在许多地方政府对旅游资源的开发过程中，他们在借鉴其他地区的旅游资源开发经验以及模式的同时，却忽视了本地区独有的旅游资源特色。这些地方政府没有将自己独有的旅游资源与旅游产业进行有机结合，导致开发出来的旅游产品与其他地区的旅游产品高度相似，甚至可以说是千篇一律，毫无特色可言，这对于吸引游客来说无疑是一种不足。贵州作为一个拥有丰富旅游资源的地方，应当更加注重挖掘和展现自身的特色，将独特的民族风情和民俗文化与旅游资源开发相结合，打造出具有贵州特色的旅游产品。这样一来，不仅能够满足游客对于新鲜体验的需求，还能提升贵州旅游业的竞争力，使其在众多旅游目的地中脱颖而出。

（三）各级地方政府对旅游业发展的认识不足

贵州各级地方政府对旅游业发展的认识存在明显的不足，旅游业的发展缺乏科学合理的长远规划。当前的状况是，许多地方政府并未将旅游产业真正融入当地的长期经济发展规划之中，而仅仅是将其视为一种附加的"副业"，一种额外的收入来源。这些政府过于关注眼前的利益，而对于长远的利益却视而不见。这种短视的做法必然会导致当地政府在政策上对旅游业的扶持力度不够，在经济上的投入也会相对较少。更严重的是，这种做法甚至可能导致对旅游资源的破坏性开发，从而对旅游业的可持续发展造成严重影响。

（四）旅游资源的开发布局不合理

贵州省各地区在旅游资源开发和利用方面存在一定的不足，其中最为明显的问题是地区间的协调性不足。旅游资源的开发布局不合理，导致各地的特色旅游资源未能得到充分的挖掘和展现，各地应有的旅游特性没有得到突出的体现。此外，旅游资源之间缺乏有效的相互协调，没有形成旅游资源的有机组合，各地已有的旅游发展规划之间未能形成良好的互动，使得各地区之间的旅游资源无法实现优势互补。同时，贵州省各地旅游机构之间的协作也不够紧密，这无疑加大了旅游产业经营的难度和成本。旅游产业是一个关联度极高的产业，需要各地旅游机构的协同合作，共同推动旅游产业的发展。

然而，由于协作不够，导致旅游产业的发展受到了一定的制约，旅游资源的开发和利用效果不佳，从而影响了旅游产业的整体发展。

（五）旅游从业人员严重不足

旅游业务作为一项关键的服务性产业，构建一个由优质导游、高效营销团队、卓越管理阶层组成的强大阵容，对于塑造旅游目的地的优秀形象及确保旅游业的持续繁荣昌盛至为重要。高素质的旅游从业者是这一行业发展的核心力量，他们不仅需要具备扎实的专业技能，还应拥有出色的服务意识和灵活处理问题的能力。贵州省的旅游业目前正面临从业人才短缺的严峻挑战，特别是中高层专业人才的缺乏，已成为制约当地旅游业发展的重要因素。现有的旅游从业人员普遍存在专业素质不高的问题，这在一定程度上影响了旅游服务质量的整体水平，并可能对游客的旅游体验造成不利影响。长此以往，贵州省的旅游业将难以吸引更多游客，其旅游市场的竞争力也可能因此受到削弱。

第二节　新质生产力在贵州省旅游发展中的优势

新质生产力是推动社会进步的重要力量，对于贵州省旅游业的发展来说，其优势尤为显著。在当今全球化的时代，世界旅游目的地的竞争日益激烈，而衡量一个旅游目的地是否达到世界级标准，往往涵盖了多个方面，包括景区建设、交通网络、旅游服务，以及资源丰富程度，等等。尽管目前尚缺乏一个统一且公认的标准，但贵州凭借其独特的魅力和不懈的努力，正在逐步向世界级旅游目的地的目标迈进。近年来，贵州深入贯彻落实习近平总书记关于旅游业发展的重要指示精神，将旅游产业化视为推动经济发展的重要引擎之一。在"四化"（新型工业化、信息化、城镇化、农业现代化）的战略布局中，贵州把旅游产业化作为其中不可或缺的一环，致力于推动旅游业的高质量发展（如图3-1所示）。

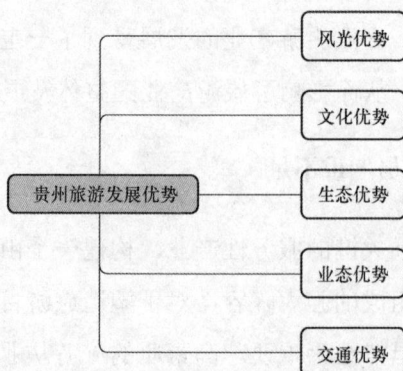

图 3-1　贵州旅游发展优势

一、风光优势

贵州省，位于中国西南部的高原山区，其 92.5%的广袤土地被山地和丘陵覆盖，孕育出世间罕见的自然景观，被誉为地球的"绿宝石"。这里，大自然的鬼斧神工塑造出一幅幅壮丽的画卷，重峦叠嶂、奇峰竞秀、峡谷幽深、瀑布如练、洞穴神秘、生态丰富，构成了一部生动的地质百科全书。

在世界已知的 15 种主要自然旅游资源中，贵州独占鳌头，拥有山地、高原、洞穴、泉水、瀑布、野生动物等 10 种。这些丰富的自然资源，使贵州的旅游景观呈现出数量多、类型齐、形式多样的特点。例如，荔波的喀斯特地貌、赤水的丹霞奇观、施秉的云台山、铜仁的梵净山，每一处都以其独特的地质风貌，诉说着亿万年地球演变的壮丽史诗。

贵州的峡谷两侧，奇峰对峙、滩险壑幽、飞瀑流泉、嵯峨怪石、古树苍藤、珍禽异兽，构成了一幅幅生动的生态画面。如雷公山的峻峭、梵净山的神秘、云台山的幽深、万峰林的壮观、乌蒙山的苍茫、双玉峰的奇特，既有雄浑的气势，又有秀美的姿态，每一座山峰都仿佛在诉说着自己的故事，让人感叹大自然的神奇和魅力。

贵州的山水之美不仅在于其独特的地貌和丰富的生物多样性，更在于其固有的喀斯特风光和多样化的生态环境。作为中国拥有世界自然遗产数量最多的省份，荔波喀斯特、赤水丹霞、施秉云台山、铜仁梵净山这四处世界自然遗产地如同四颗璀璨的明珠，镶嵌在贵州的大地上。此外，还有 5 个 5A

级景区、18 个国家级风景名胜区、11 个国家级自然保护区、10 个国家地质公园，共同构成了贵州的生态宝库，展示了贵州的自然之美。

自古以来，贵州就享有"天下山水之秀汇于黔中"的美誉，是一个山水风光浑然天成的"大公园"，吸引着世界各地的游客前来探寻和欣赏这人间仙境的壮丽景色。贵州以其深邃的山谷和陡峭的坡地闻名，其间溪流交错、湖泊幽深、瀑布群落壮观。这里的自然景观犹如一幅流动的画卷，充满了灵动与活力。贵州拥有 4 697 条河流，其中，10 km 以上的河流就有 984 条，跨越了长江和珠江两大水系，孕育了这片肥沃而生态多样的土地，被誉为美酒之乡。被誉为"千瀑之省"的贵州，拥有超过 1 000 条瀑布，其中，包括长江八大主流之一的乌江，其水量可与黄河媲美。赤水河，不仅是中国琼浆河，更是酿造了茅台、习酒等世界知名酒品的摇篮，同时也是四渡赤水战役的历史见证地。黄果树瀑布，作为中国最大的瀑布，以及其周边的 18 个瀑布，构成了一道壮丽的自然风景线。而十丈洞瀑布群，由多个瀑布组成，是中国第二大瀑布群。

贵州的喀斯特地貌，以其石灰石和容积岩为特征，遍布全省的喀斯特溶洞，构成了"洞的博物馆"。织金洞以其壮丽被誉为"世界第一溶洞"，而双河洞则以其 238.48 km 的探测长度，成为亚洲第一长洞。龙宫等自然奇观，展现了大自然的巧夺天工。

此外，贵州也是花的海洋。百里杜鹃是全国最大的杜鹃花景区，韭菜坪的野生韭菜花带，以及贵安樱花园，都是这片土地上绚丽多彩的自然瑰宝。这些自然景观，不仅丰富了贵州的自然遗产，也向世界展示了其独特的自然魅力。

二、文化优势

贵州被誉为民族文化的"大观园"，这里汇聚了 49 个民族的绚烂文化，特别是 17 个世居少数民族，他们在这片土地上聚居繁衍，形成了独具特色的多元文化。这些丰富的文化元素不仅为贵州增添了独特的魅力，更成为其核心竞争力的重要组成部分。

在贵州，文化与旅游相辅相成、相得益彰。文化是旅游的灵魂，它赋予了旅游资源深厚的内涵和魅力，吸引着无数游客前来探寻。旅游是文化的载体，通过旅游活动，人们可以亲身体验和感受贵州丰富的民族文化，进一步丰富和传承这些宝贵的文化遗产。

贵州的民族文化丰富多彩，有一千多个民族节日，不仅展现了各民族独特的风俗习惯，也成了吸引游客的重要旅游资源。其中，西江千户苗寨作为世界第一大苗寨，以其独特的苗族文化和壮观的建筑景观吸引着无数游客前来观光。苗族飞歌、布依族八音坐唱等民族艺术表演更是闻名中外，为游客带来了视听盛宴。

除了民族文化，贵州还拥有丰富的历史文化。遵义海龙屯作为世界文化遗产地，见证了贵州悠久的历史和灿烂的文化。《侗族大歌》等 3 个项目被列入人类非物质文化遗产代表作名录，为贵州的文化遗产增添了浓墨重彩的一笔。

贵州还是革命圣地、福地、转折地。这里是中国共产党第一代中央领导核心开始形成的地方，也是红军长征时活动时间最长、活动范围最广的地方。如今，贵州长征文化公园的建设让红色文化在新时代更加光彩夺目。除了红色文化，贵州的"三线"文化、"西迁"文化、山地多元文化等也交相辉映，共同构成了贵州独特的文化景观。

文旅融合和"文化+"产业加快发展，为贵州的经济社会发展注入了新的活力。如今，贵州人民的精神文化生活越来越丰富多彩，这些不可磨灭的红色印记和少数民族文化为贵州的发展提供了宝贵的财富。

三、生态优势

贵州省以其独特的生态环境和宜人的气候条件，被誉为一个天然的"大氧吧"和"大空调"。这个山地省份的平均海拔约为 1 100 m，地形地貌复杂多变、山脉纵横交错。由于地理位置的特殊性，北方的极地大陆气团和南方的热带海洋气团在此相遇，形成了著名的"云贵准静止锋"，犹如一台"天然加湿器"，使贵州的降雨量充沛，但降雨强度适中，使这里的气候温和，云雾

缭绕，日照时间较短，阴天日数高达 200～240 天，有效降低了夏季的酷热，形成了"一山分四季、十里不同天"的气候特色，是中国同纬度地区中最为凉爽的避暑胜地之一。

作为国家生态文明试验区的首批省份，贵州始终坚持生态优先，绿色发展，坚决守护着这片绿色的宝地。森林覆盖率已接近 62.81%，空气质量优良天数超过 98%，高浓度的负氧离子使这里的空气如同"空气维他命"，对人们的身心健康有着极大的益处。据统计，贵州有 10 个地区被评选为"中国森林氧吧"，占全国总数的近八分之一，充分展示了贵州的生态优势。

在贵州，无论是夏季的避暑，还是深度的生态旅游，都能让人享受到自然的恩赐。贵阳市，作为我国第一个国家森林城市，以其高覆盖率的绿色空间和凉爽的气候，被赞誉为"中国避暑之都"。

此外，贵州丰富的生态资源也孕育了众多特色产品，如酱酒、刺梨、黄粑、猕猴桃、茶叶和辣椒等，这些都成为贵州旅游的一大亮点，吸引着国内外游客前来体验和品尝。

四、业态优势

贵州以其独特的魅力和创新的旅游业态，成为国内外游客的热门目的地。《"十四五"旅游业发展规划》的出台，为贵州的旅游产业发展指明了方向，强调了文化和旅游的深度融合，以满足现代消费者日益多元化的需求。近年来，贵州深入挖掘本土文化，提升旅游产品的品质和特色，一系列新颖的旅游项目如雨后春笋般涌现，为旅游市场注入了新的活力。

贵州拥有近 4 000 万的常住人口，每年吸引的游客数量更是高达数亿人次，庞大的消费市场为旅游产业的发展提供了坚实的基础。在这个消费升级的时代，贵州正面临着从数量增长向质量提升转变的关键期。文化和旅游的深度融合，不仅满足了游客对个性化、体验式旅游的需求，也为贵州的旅游产业带来了巨大的发展机遇，使其成为投资者眼中的"蓝海"。

近年来，贵州在旅游业态上的创新层出不穷。从火爆的"村超""村 BA"，到全民参与的"路边音乐会"，再到新颖有趣的"山地潮玩大会"和深受年轻

人喜爱的"剧本杀",各类节庆活动犹如一颗颗璀璨的明珠,镶嵌在贵州的旅游版图上,吸引了大量游客的目光。这些活动不仅丰富了旅游产品,也成了拉动旅游消费的新动力,使贵州在激烈的旅游市场竞争中独树一帜,成功吸引了全国乃至全世界的关注。

贵州的成功并非偶然,而是其深挖文化内涵、紧跟时代步伐、不断创新旅游业态的结果。这片土地以其开放的姿态,热情的怀抱,迎接每一位来访的游客,让他们在体验贵州的美丽风光和深厚文化的同时,也能感受到旅游产业的无限可能和勃勃生机。未来,贵州将继续秉持创新精神,以更丰富多元的旅游产品,满足全球游客的期待,书写中国旅游业的新篇章。

五、交通优势

贵州省以其独特的地理位置成为中国乃至全球的交通枢纽之一。交通设施的完善对于旅游业的发展起着至关重要的作用,而贵州的交通建设正以惊人的速度向前推进。截至最新统计,贵州的公路总里程已达到 209 600 km,高速公路更是达到了 8 331 km,这一成绩在全国排名中位列第四。值得一提的是,贵州早在多年前就实现了"县县通高速",成为我国中西部地区首个实现这一目标的省份,充分展现了其在交通建设上的决心和实力。

在铁路交通方面,贵州的高铁网络布局日益完善。除了黔西南州,其他所有城市都已经接入了高铁网络。贵广高铁、沪昆高铁、渝贵高铁、成贵高铁等多条重要线路的开通,使贵阳市成为周边省会城市直达高铁网络的重要节点。贵阳机场的运营航线已达到 152 条,通达城市增至 95 个,航线网络覆盖了全国大部分省会城市、直辖市,以及重要的经贸和旅游城市,甚至部分三四线城市也纳入了航线网络,极大地便利了人们的出行。

在航空交通方面,贵州的机场数量达到了 16 个,全国排名第四,贵阳机场的运营规模不断扩大,航线网络覆盖广泛。此外,国际航线也在逐步拓展,进一步加强了贵州与国际的交通联系。

贵州的桥梁建设更是世界瞩目,拥有世界前 100 座高桥中约一半的杰作,前 10 座高桥中有 5 座位于贵州。其中,北盘江第一大桥以其卓越的工程技术

和壮丽的景观成了贵州桥梁建设的标志性代表。这座大桥全长 1 341.4 m，跨越尼珠河大峡谷，桥面至江面的垂直距离达到了 565.4 m，创造了 8 项吉尼斯世界纪录，超越"四渡河大桥"成为新的"世界第一大桥"。

贵州的交通建设不仅极大地推动了当地的经济发展，也为全球交通建设树立了新的标杆。无论是公路、铁路，还是航空，甚至是桥梁建设，贵州都展现出了非凡的创新力和执行力，使其在国内外的影响力日益增强。

第三节　新质生产力在贵州省旅游发展中的潜力

近年来，贵州文旅深度融合发展的步伐日益坚定，这一策略不仅极大地提升了"多彩贵州""爽爽贵阳""中国凉都六盘水"等品牌的知名度和美誉度，更促使了一系列新兴的文化旅游现象如"村超""村BA"等如雨后春笋般涌现，并在全国范围内引发了广泛关注。这些成就的背后，是贵州围绕"四新"主攻"四化"的战略布局，以及旅游产业化与新型工业化、新型城镇化、农业现代化的有机融合，这些举措正在逐步成为推动贵州高质量发展的新质生产力。

一、沉浸式体验焕新老景区

近日，我国旅游业迎来了一项重大创新，贵州黄果树夜游智慧旅游沉浸式体验新空间成功入选第一批全国智慧旅游沉浸式体验新空间培育试点项目。这一荣誉的获得，是对黄果树瀑布景区在智慧旅游领域积极探索和实践的肯定，也是对其在推动旅游产业升级中所作贡献的认可。在此之前，该景区已因其独特的创新理念和应用，荣登"2022 智慧旅游创新项目"榜单。

旅游产业化的发展正处于一个关键的转折点，即从量的积累向质的飞跃转变，从传统的观光旅游模式向深度体验式旅游模式转型。在这个优势转化提升的过程中，新质生产力的引入显得尤为重要。它不仅能够提升旅游服务的效率和质量，还能为游客带来更为丰富和独特的旅游体验，从而驱动产业实现高质量的发展。

贵州以其丰富的自然和文化资源，一直是中国旅游业的重要支柱。黄果

树瀑布景区作为其中的璀璨明珠，一直在积极探索智慧旅游的新路径。通过运用虚拟现实、增强现实等先进的科技手段，将传统的瀑布景观与现代科技相结合，打造出独特的沉浸式体验空间，使游客能够在全新的视角和感官体验中，更深入理解和欣赏这一自然奇观。

之后，贵州将进一步发挥其在旅游资源和创新能力上的优势，通过深度挖掘和创新，激活现有旅游资源的内在价值。这包括但不限于开发主题夜游、文化体验活动等多元化的旅游产品，构建智能导览、个性化定制服务等更为完善的旅游服务体系。同时，贵州还将推动旅游空间从单一的景区景点向多元化的旅游目的地转变，促进旅游业态从自我封闭的模式向与其他产业深度融合的方向发展。

这一系列的创新举措是在打破传统旅游的边界，推动旅游行为从简单的"打卡式"游览向深度的"场景体验"转变，使游客能够更加深入地感受贵州的魅力。随着智慧旅游的深入发展，贵州的旅游业将迎来更为广阔的发展前景，为全球游客提供更为优质和独特的旅游体验。

二、科技美学引发红色旅游热

在历史的长河中，红色文化作为中华民族宝贵的精神财富，一直受到社会各界的广泛关注。2019年，贵州被赋予了长征国家文化公园重点建设区的重任，这一荣誉不仅彰显了贵州在红色文化传承方面的重要地位，也为其在红色文旅产业的创新发展提供了广阔的舞台。

面对这一历史性的机遇，贵州在长征国家文化公园的建设中，独辟蹊径，探索出了以"红色文化＋科技呈现"的创新路径。这一创新路径不仅为红色文化的传承注入了新的活力，也为广大游客带来了全新的体验。在贵阳，长征数字科技艺术馆的"红飘带"场馆成了这一创新路径的生动写照。这里的表演大多采取全域沉浸式数字演艺方式，通过高清投影、虚拟现实、增强现实等先进技术，将长征历史场景逼真地呈现在观众面前。在遵义，大型长征文化沉浸式演艺《伟大转折》更是将"红色文化＋科技呈现"的创新路径推向了新的高度，

三、数智化手段提高行业效率

在当今信息化社会，社交媒体已逐渐成为人们获取信息、分享生活、制定旅游决策的重要平台。这种趋势下，旅游消费模式也在发生深刻变革，人们不再满足于简单的观光游览，而是追求更具个性化、体验感的旅行方式，这使旅游消费的分级趋势日益明显。为了适应这种变化，贵州省文化和旅游厅积极推动旅行社转变工作模式，从烦琐的日常事务中抽身，将更多的精力和资源投入旅游产品的创新和服务质量的提升上。

以黄果树瀑布景区为例，自2013年起，该景区就开始了智慧化建设的探索之路。经过多年的努力，现在已经构建起"一个中心、四个平台"的智慧旅游应用体系。大数据中心如同景区的"大脑"，通过收集、分析各类数据，为决策提供科学依据；指挥调度平台如同景区的"神经系统"，实时监控景区运营状况，保证游客安全；运营管理平台帮助景区优化资源配置，提高运营效率；智慧营销平台通过精准推送信息，吸引更多的游客；而智慧服务平台则为游客提供便捷的导览、预订等服务，极大地提升了游客的游览体验。这种智慧化的管理方式不仅提升了黄果树瀑布景区的运营效率，也极大地增强了其吸引力。据统计，到2023年，该景区接待的游客数量突破了500万人次，创造了历史最高纪录，充分展示了智慧旅游在推动旅游业发展中的巨大潜力。黄果树瀑布景区的成功实践为我国旅游业的转型升级提供了宝贵的经验。在社交媒体影响日益增强的今天，旅游行业需要不断创新，借助科技力量，提升服务质量，以满足消费者日益增长的个性化、体验化需求，从而在激烈的市场竞争中立于不败之地。

第四节　新质生产力在贵州省旅游发展中的实践路径

一、以资源提质为根本聚焦旅游产业集聚融合化发展路径

在全球旅游业持续繁荣的态势下，贵州的旅游行业亟须推动从传统的观

光地模式向综合旅游目的地的转型，从单一的产业内部循环向多元化的产业融合发展的革新。这一过程需要深入挖掘并充分释放旅游资源的集聚效应价值。

（一）以新质生产力挖掘旅游优势资源集聚价值

依托旅游大数据的挖掘，推动旅游"9+2+2""特意性"资源的提级和业态升级。这里的"9+2+2"指的是贵州九大国家级风景名胜区、两大世界自然遗产和两大国家地质公园。通过深度挖掘这些核心资源的独特性和吸引力，增加旅游经济的密度，吸引更多的游客前来体验。其中，黄果树瀑布的壮观、荔波小七孔的秀美、赤水丹霞的奇特、梵净山的神秘、西江苗寨的民族风情等都是贵州旅游产业的瑰宝。要做强这些旅游集聚区，打造具有市场号召力、产品创新力、模式竞争力、业态引领力的世界级旅游景区。

在推动旅游产业发展的过程中，还要借助智慧交通网络和城市智慧社区的现实条件，构建完善的旅游交通网络和服务体系。以贵阳为旅游枢纽城市，遵义、安顺、铜仁、兴义等为旅游节点城市，打造若干区域文化特色鲜明的旅游休闲街区。这些街区将融合当地的历史文化、自然风光和民俗风情，为游客提供丰富多样的旅游体验。此外，还要加强与其他地区的旅游合作，共同打造具有区域特色的旅游品牌和线路。促进川、渝、黔、滇、湘、桂文旅圈的深度合作，共同建设西南特色民族文化产业带、长江文化产业带。同时，加强与东南亚国家的旅游合作，建设"一带一路"旅游精品线路，推动贵州旅游产业的国际化发展。

贵州旅游产业的规模化和融合化发展是一个系统工程，需要从多个方面入手，深入挖掘旅游资源的集聚价值，推动旅游产业的全面升级和发展。只有这样，才能将贵州打造成为国内外知名的旅游目的地，为游客提供更加丰富、更加优质、更加具有特色的旅游体验。

（二）以新质生产力构建高品质旅游产品体系

贵州要发挥其得天独厚的自然景观资源，不仅要让游客感受到山水的壮

美，更要通过"旅游+"的模式，实现旅游与其他产业的深度融合。例如，"旅游+演艺"可以推出具有贵州特色的民族歌舞表演，让游客在欣赏美景的同时，也能领略到浓厚的民族文化氛围；"旅游+研学"则可以结合贵州丰富的地质、生物资源，开展科普教育活动，让游客在游玩中增长知识；"旅游+酒文化"则可以将贵州独特的酿酒工艺与旅游相结合，让游客在品尝美酒的同时，也能感受到酿酒人的匠心独运。

除了以上提到的业态融合，贵州还应重点打造一些具有地方特色的旅游品牌，如"村 BA"和"村超"等品牌，不仅具有浓厚的乡土气息，还能吸引大量游客前来体验。

为了实现这一目标，贵州还需要加快推进特色资源与特色场景的有机融合。例如，竹屋夜眠、花海休闲、宇宙狂想等度假产品，让游客在享受自然美景的同时，也能感受到身心的放松和愉悦。此外，还应注重文旅产业设施的高级化、业态融合的立体化、生态旅游的深入化，以及产业服务的数字化。通过引进先进的技术和管理经验，提升旅游产业的整体水平；通过多元化的业态融合，丰富旅游产品的内容和形式；通过深入发展生态旅游，保护生态环境的同时实现经济的可持续发展；通过数字化服务，提高旅游产业的效率和便捷性。

（三）以新质生产力营造旅游推介影响力

在当前的旅游经济格局中，围绕客源要素补齐结构性短板，不仅是提升旅游经济影响度的关键，更是实现旅游业可持续发展的必由之路。要坚持优化营商环境，特别是加强川、渝、黔、滇、湘、桂等地区的路线联动与客源互送、品牌共建，利用大数据协同，实现资源共享、信息互通。有效促进区域间的旅游合作，为游客提供更加便捷、丰富的旅游选择。

对标世界级旅游服务质量标准是提升旅游服务品质的重要方向。国际山地旅游联盟提供了一个良好的平台，贵州可以借鉴国际先进经验，提升旅游服务质量和水平。同时，应不断扶持旅游直播业务，利用新媒体的力量，推动旅游企业线上线下业态的深度融合，打造全新的旅游消费体验。

在培育旅游 IP 方面，要深入挖掘和转化具有发展潜力、核心吸引力的旅游 IP。以贵州为例，"山地公园省·多彩贵州风"旅游 IP 已经成为贵州旅游的一张亮丽名片。要继续强化这一 IP 的运营，活化非遗文化资源，延伸旅游产品 IP 产业链，提升旅游产品 IP 价值链。

二、以工具提级为抓手，聚焦数字赋能旅游场景服务创新路径

现代科技构成了现代旅游业繁荣的坚实基石。其深度融合数字化的特点，与旅游业的各项要素相互交织，为未来的旅游消费带来了划时代的变革。这一革命性的影响不仅拓宽了旅游业的边界，更成为推动文化旅游融合发展的新引擎。数字化技术的广泛运用，让旅游体验更加个性化、智能化，满足了消费者日益增长的多元化需求，从而推动了文旅产业向更高质量、更广阔领域的发展。

（一）强化数字技术应用旅游新场景和新空间

为了更深入地推进贵州文旅的数字化、网络化和智能化发展，需要探究一系列先进的技术方法和应用模式。

应努力建设红色文化资源数据库，运用数字技术手段对红色资源进行保存、建设和传播，实现红色资源的全域化、全形态数字整合。对于珍贵的红色文物，可借助高精度的数字化扫描和修复技术，让它们以更加生动、逼真的形式呈现在世人面前。利用虚拟现实（VR）、增强现实（AR）和混合现实（MR）技术，重现长征途中的历史场景，让游客仿佛穿越时空，亲身感受那段波澜壮阔的历史。数字化修复和呈现对红色文化的传承和弘扬，是用数字科技语言向世界讲述长征故事，发展红色创意产业的重要途径。

加快建设数字化乡村旅游和云旅游。通过引入先进的信息化技术和智能化设备，丰富数字化、智慧化、网络化的新时代乡村旅游方式。例如，建立乡村旅游电子商务平台，为游客提供一站式的旅游服务；在乡村景区安装智能导览系统，让游客能够更加便捷地了解景区信息；通过云旅游平台，让游客在家中就能够欣赏到贵州的美丽风光和独特文化。

（二）构建旅游数字化平台与创新管理体系

数字化技术不仅极大地提升了旅游智能设施的建设水平，还显著提高了公共服务的效能。这一变革主要体现在两个方面。

文旅大数据中心与数字平台的建立为旅游业带来了前所未有的便利与效率。平台通过完善的数据采集、集成、挖掘、分析、展示、共享等功能，构建了一个全面、高效、智能的文旅服务、管理和营销平台。

数字化技术在旅游领域引发了深刻的创新，包括在技术范式、商业运作和管理机制上的协同变革。借助数字技术与遥感测绘技术，我们能更全面、精确地掌握各地的文旅资源分布，构建起庞大的文旅资源数据库。这不仅强化了旅游资源的开发能力，也为旅游业的可持续发展构建了稳固的基础。在旅游产业链和供应链的数字化管理中，应用如新型交互技术、精准服务技术、数字化营销工具、消费行为智能分析技术，以及市场与安全的数字化监管机制，极大地提升了旅游产业链的运营效率和精度。这些技术的应用不仅提高了旅游企业的运营效率和服务质量，还推动了行业企业、平台企业和数字技术服务企业之间的协同创新。

三、以能力提升为目标，聚焦旅游高水平品质服务路径

旅游目的地的服务质量被公认为是衡量其核心竞争力的关键标准。强化与优化旅游服务品质是促进旅游业实现质的跨越和持续发展的核心策略，对于构建坚实的旅游业基础至关重要，同时也是完善旅游产业链和提高整体竞争力的必要条件。不断升级服务品质，以更全面地满足游客的多样化需求，增强旅游目的地的吸引力，是推动旅游业蓬勃发展的有效途径。

（一）聚焦创新旅游设施与服务品质提升

在推动旅游业持续繁荣的背景下，深化旅游服务质量提升行动显得尤为重要。此举目的不仅是在推动旅游消费的全面升级，更是为了打造一个更加完善、高效的旅游服务体系。

优化并提升旅游基础公共服务设施。应加强旅游目的地的交通基础设施建设，特别是山地旅游交通设施的互联互通建设，保证游客能够快速便捷地抵达目的地，享受到悠闲自在的游览体验，真正实现"快进慢游"的愿景。为了实现这一目标，可借鉴国内外先进的旅游基础设施建设经验，结合本地实际情况，制定科学合理的建设规划。

优化提升服务的数字化水平。建立与国际接轨的接待服务体系、城市公共服务体系和要素服务网络体系是推动旅游业国际化的重要举措。应加强旅游信息化建设，推进各类旅游信息的网络化、智能感知化，让游客能够随时随地获取最新的旅游资讯，享受更加便捷、智能的旅游服务。在推动旅游服务数字化水平提升的过程中，可利用大数据、云计算等现代信息技术手段，对旅游资源、游客需求等信息进行深度挖掘和分析，为旅游目的地的开发、规划和管理提供科学的数据支持。

旅游业是一个综合性强、涉及面广的行业，需要大量的高素质人才来支撑其持续发展。因此，应加强旅游人才培养和引进工作，提高旅游从业人员的专业素质和服务水平。包括加强旅游教育体系建设，培养更多的旅游专业人才；引进国际旅游人才、开展国际交流合作等，提升我国旅游服务的国际化水平。

（二）发展新质生产力，关键是科技创新，核心是人才支撑

在当今数字化浪潮的推动下，文旅产业正迎来前所未有的发展机遇。为了顺应这一趋势，必须构建数字文旅与旅游技术人才培养平台，为文旅产业的持续发展提供坚实的人才保障。

鼓励有条件的院校增设数字（智慧）文旅专业方向。有助于培养更多具备数字化思维和技能的专业人才，为文旅产业注入新的活力。支持企业与院校共建文旅现代学院、数字文旅实验室及实习基地，为学生提供更多实践机会，让他们在实践中学习和成长。在改革旅游管理人才培养体制方面，强化创新型、复合型、外向型文旅科技跨界人才的培养。意味着不仅要注重学生的专业知识和技能培养，还要关注他们的创新能力、跨界融合能力和国际视野。

　　增强数字文旅科技人才引进和研发活动的力度。提高文旅产业的科技革新能力，吸引一批具有全球视野和创新思维的领军人物。建立企业、学术界和研究机构协同创新的研发团队或创新联盟，通过联合研发、技术转化等手段，促进文旅深度整合的新型技术、产品、业态、服务和模式的持续创新。

　　积极引进头部旅游企业来贵州投资。这些企业通常具备丰富的市场经验、先进的管理理念和强大的资源整合能力，可以充分发挥他们的带动和示范作用，整合旅游产业链供应链，形成政府、平台、企业和服务商共同推动旅游产业转型升级和高质量发展的良好局面。具体来说，政府通过宣传和推广提升贵州旅游形象；平台建立更多渠道吸引游客；企业推出更多具有地方特色的旅游产品；服务商通过提供优质服务赢得良好口碑。这样整个旅游产业链将形成良性循环，推动贵州文旅产业不断向前发展。

第四章　新质生产力推动贵州省旅游产业结构优化

在贵州省旅游产业结构优化的道路上，新质生产力的推动力量愈发显著。新质生产力不仅源于科技的创新，更涵盖了管理模式的革新、文化理念的更新，以及生态环保的升级，它们共同构筑起推动贵州省旅游产业结构优化的强大引擎。未来，贵州省将继续加强科技创新、管理模式革新、文化理念更新和生态环保升级等方面的工作力度，推动旅游产业结构不断向高端化、绿色化、智能化方向发展。

第一节　提升旅游产品设计与创新

一、贵州省民族传统手工艺旅游商品打造

（一）贵州省民族传统手工艺资源现状及特点

近年来，地处我国大西南的贵州，凭借丰富的民族文化和优越的自然资源，旅游业得到突飞猛进的发展[①]。借助政府乡村振兴的政策，在发展旅游业的同时，为贵州省民族传统手工艺搭建了与现代社会衔接的平台，传统手工艺品也以旅游商品的形式打开发展新局面。

---

① 张贺，周樊，苗得庆. 新时代贵州省民族传统手工艺旅游商品打造研究［J］. 沈阳文旅，2024（2）：109-111.

1. 民族传统手工艺资源的种类和分布情况

传统手工艺凝聚着劳动人民对生活的热爱和对艺术的探索，具有较为明显的地域性。贵州省民族传统手工艺大致分为以下几种：绣、染、雕、编、陶、漆、织、金属、服饰、建筑营造、乐器等。贵州传统手工艺地域分布较广，主要集中在少数民族生活的行政区域。在国家公布的五批国家级非物质文化遗产传统技艺类和传统美术类中，贵州共计 43 项，其中，黔东南苗族侗族自治州最为聚集，占总量的 60.4%。

2. 民族传统手工艺在贵州省旅游业中的应用现状

经过长期的传承与发展，贵州已经形成一批具有鲜明地域性和民族性特征的旅游商品系列，种类不断丰富。2022 年初，贵州省旅游产业厅发布《贵州省"十四五"旅游商品发展规划》指出，在贵州 1 361 个重点旅游商品中，旅游工艺品占 21.60%。背靠贵州丰富的民族传统手工艺资源，旅游工艺品已经在旅游商品中具有一定的产业优势，同时拓展了民族传统手工艺的生存空间和发展空间，也意识到仍然存在一些问题和挑战。

（二）旅游商品市场现状及游客需求分析

1. 游客对旅游商品的需求特点和偏好

随着旅游业的发展，贵州省的旅游产品也逐步多元化，游客对贵州省旅游产品的需求也逐步转向体验式旅游。游客更注重商品的文化和历史价值，倾向于购买环保、绿色的旅游商品，既看重商品的质量，也看重商品的口碑。

2. 旅游商品市场存在的问题及挑战

旅游商品价值不同于传统商品的表层使用价值，而是其附加值的延伸，其本质是旅游商品文化价值和情感价值的深嵌。贵州民族传统手工艺的旅游商品品牌建设意识较为薄弱，许多优质的旅游商品由于缺乏有效的品牌推广

和营销策略，无法在市场上获得更广泛的认可和关注。在调研中发现，在贵州省的旅游商品市场上，缺乏地域性和创新性，许多商品同质化现象严重；市面上的与民族手工艺相关的旅游商品质量参差不齐，降低消费欲望；贵州省旅游商品产业缺乏高素质、专业化的人才队伍；贵州省的旅游商品产业链整合不够紧密，各环节之间缺乏有效的协同和合作。

（三）"器以载道"打造贵州省民族传统手工艺旅游商品的关键要素

1. 传统手工艺与现代设计的结合

贵州省传统手工艺作为一种独特的文化现象，以"非遗造物""民族手工艺复兴""手工艺制作新生"等形态重新回到了社会生活，但在现代工业社会中因其手工艺属性边缘化发展。传统手工艺与现代设计的结合，需要了解现代消费者的审美需求和市场趋势，找到传统与现代之间的平衡点，保证在创新设计中不失去传统的核心价值。将贵州省的传统手工艺与其他文化元素结合，符合当今的可持续性与环保理念。将传统手工艺中的情感、故事等元素与现代设计的用户体验相结合，运用现代技术提高传统手工艺的生产效率。在教育体系中培养既有传统手工艺技能，又具备掌握和应用现代设计理念的人才。

2. 商品的包装和品牌形象设计

想要提升贵州省民族传统手工艺旅游商品的市场竞争力，就需要在商品的包装和品牌形象设计上凸显合力。设计上融入传统元素，信息可视化，增加商品的情感价值和文化内涵，使用可回收、生物可降解的材料。通过统一的标志、色彩和字体设计，增强消费者的识别度。设计的要素主要包括色彩、材质、形状与图案、品牌标识与字体，这些要素在设计中相辅相成，共同构成了贵州省传统手工艺与旅游商品的包装和品牌形象设计的基础，对于提升商品的市场竞争力、帮助树立独特的品牌形象、提升商品的附加值、推动贵州传统文化的传承与保护、促进旅游产业的提质发展都起到了重要的作用。

3. 商品的销售渠道和宣传机制

在贵州省民族传统手工艺旅游商品的开发与推广过程中，销售渠道和宣传机制是两个至关重要的要素。它们的有效性直接关系到商品的市场覆盖率和知名度，进而影响旅游商品的销售业绩和传统手工艺旅游品牌的成长。

（1）销售渠道

在文化旅游景区设立实体店销售点；利用电商平台或贵州本土的电商平台，开设贵州传统手工艺与旅游商品的专属店铺；与各地的代理商合作，将贵州传统手工艺与旅游商品引入其销售网络。

（2）宣传机制

结合贵州的旅游资源，通过贵州省文化和旅游厅等政府部门开展推广活动；利用媒体进行定期报道，进行多渠道的宣传推广；结合贵州的民族文化节庆活动，将贵州的传统手工艺体验纳入旅游线路中；与知名旅游博主、网红、明星等进行合作；建立完善的售后服务和客户反馈机制，提高客户满意度。

（四）促进贵州省民族传统手工艺旅游商品的行业发展策略及措施

1. 建立传统手工艺与旅游业的合作机制

为了促进贵州省传统手工艺与旅游业的紧密合作，实现双方的互利共赢，需要建立一个有效的合作机制，需要各方面的共同努力，形成政府引导、企业主体、社会参与的良好格局，以此推动贵州省传统手工艺的保护和传承。通过媒体、学校等公众教育渠道，加强对贵州传统手工艺的宣传教育，提高公众对传统手工艺的认同感和保护意识；鼓励社区和当地居民参与传统手工艺的保护和传承；借力"政府＋企业＋社区＋个人"的发展模式，鼓励非政府组织的参与。

2. 加强传统手工艺的传承和发展

近年来，贵州省政府相关部门开展了很多传统手工艺保护和传承发展的

技能培训。要重视传统手工艺人的培养，保证传统技艺得以传承，并鼓励创新，使传统技艺与现代审美相结合。建立贵州省民族传统手工艺旅游商品的淘汰机制，实行"优胜劣汰"考核机制，对带来负面影响的企业进行整顿，并给予帮助，提升企业品牌形象，为打造贵州省民族传统手工艺旅游商品创造良好氛围。

3. 加强旅游商品的宣传和推广

通过制定全方位、多元化的宣传推广策略，贵州省的民族传统手工艺旅游商品才能够更好地走向市场，走进消费者的生活，从而实现文化传承与经济发展的有机结合。根据贵州省民族传统手工艺旅游商品的发展情况，设定明确的宣传目标、宣传内容，规划长期、中期和短期的宣传时间线，建立与相关部门和合作伙伴的良好沟通与协作。利用社交媒体平台，定期发布关于贵州省民族传统手工艺旅游商品的信息、故事和活动，在热门旅游景区和城市中心的旅游商品店，设立专门的展区和展示架。利用大数据和 AI 技术，进行个性化精准营销推荐，提高转化率。与主流媒体组织专题报道，定期举办新闻发布会，发布关于贵州省民族传统手工艺旅游商品的新品信息、活动信息等。

（五）贵州省民族传统手工艺旅游商品打造的前景和发展方向

1. 商品原材料的可持续性

未来贵州省民族传统手工艺旅游商品的设计将更加注重环保和可持续性。通过选择环保再生的原材料、推广再生利用、增强生产者和消费者的环保意识等举措，建立起一个可持续发展的生产和消费模式，为传统手工艺的未来发展奠定基础。

2. 注重设计和审美的创新

贵州民族传统手工艺品在保持其独特艺术价值和文化内涵的基础上，吸

取现代设计的精髓，使其更加实用，更贴近现代人的生活。贵州省民族传统手工艺旅游商品也将呈现多元化和个性化、跨界合作、数字化和智能化、内涵化。

3. 商品的质量和工艺

随着市场竞争的加剧和消费者对产品品质要求的提高，贵州民族传统手工艺旅游商品的质量将成为核心竞争力。传统手工艺品的质量将会得到进一步提升，注重每一个生产环节的质量控制，保证产品的稳定性和可靠性。将会制定和实施相应的质量标准与认证体系，以保证产品品质。

4. 政府、企业和社会共同打造良好环境

贵州民族传统手工艺旅游商品的发展离不开政府、企业和社会各方的共同努力。政府出台相关政策，扶持民族传统手工艺产业的发展，提供资金支持、税收优惠等政策措施；企业加强品牌建设、营销推广等方面的工作，提高产品的知名度和竞争力；社会各方积极参与手工艺品的保护和传承工作，推动传统手工艺与现代生活的融合。

贵州省民族传统手工艺旅游商品打造研究可以推动相关产业的发展，促进贵州地方经济的繁荣。研究和打造贵州省民族传统手工艺旅游商品，更是增强民族认同感和文化自信，向外界展示贵州民族的独特文化和魅力，增强贵州的民族形象和文化软实力的重要方式，这是一项兼具文化、经济和社会价值的课题，对于贵州省的可持续高质量发展具有重要意义。

二、贵州省传统工艺品传承与发展——以大方漆器为例

贵州省的文旅资源种类繁多且分布广泛，当地特有的民族文化孕育出了独特的传统工艺品，但其传统工艺品缺乏创意元素与品牌故事，难以得到消费者的青睐。优秀的传统民族工艺得不到大力宣传，良好的文旅资源被浪费，民族文化更得不到有效传承发展[①]。于外，在多方优质文旅市场的较量之下，

---

① 王娟媚，刘丽莉. 文旅融合视域下贵州省传统工艺品传承发展研究——以大方漆器为例［J］. 艺术科技，2024（3）：62-64.

贵州省的旅游市场遭到分割，传统工艺品难以突出重围；于内，贵州省特色工艺文化传承发展尚未完全与省内文旅供求关系相互贯通。因此，当前贵州省传统工艺品亟须与文旅融合探寻适宜的传承发展路径。

（一）文旅融合视域下贵州省传统工艺品传承发展的必要性

1. 传统工艺品与文旅市场的转型升级需要融合发展

旅游业从产业属性升级到了文化属性，文旅融合的发展模式被充分运用到了旅游地的文化资源和旅游资源整合之中，文化能赋予传统工艺品独特的民族内涵，而旅游则为传统工艺品和文化提供了传播和发展的渠道。随着现代化进程的加快，国民经济水平不断提高，在时代转型和国民需求升级的环境下，传统工艺品和旅游市场依旧停留在相互学习演化和模仿的阶段，导致文旅产品的问题频出。贵州省传统工艺品要想重获生机，需要依托本地丰富独特的民族文化与旅游资源，并不断发掘和保护重要文化遗产的历史价值、文化和社会功能，实现遗产地生态、文化、社会和经济效益的统一，而将传统工艺品文化融入旅游开发，就是旅游业转型发展的机遇。

2. 传统工艺品本身具备深厚的文化潜力可被融合开发

民族文化是传统文化的重要组成部分，其发展与人们的生活息息相关，对传统工艺类非物质文化遗产的影响巨大。贵州省拥有大方县漆器、仁怀市茅台酒、玉屏县箫笛等传统工艺品。其中，"贵州三宝"之一的大方漆器，是漆器文化的代表，融合了地方文化和水西彝族文化，是贵州省传统工艺品融合文旅传承发展的良好载体。

3. 传统工艺品的传承是民族文化可持续发展的沃土

贵州省传统工艺品的可持续发展，本意为传承发展民族文化并使其成为创收的源泉，可增强当地居民的地域认同感、文化认同度、自豪感，激发贵州省当地居民和旅游者的兴趣，同时促进贵州省传统工艺品销售，带动贵州

省经济发展。于国际而言，民族文化是国家软实力的体现，传统工艺品的传承能够加大民族文化的国际宣传力度，促使中华民族文化走向世界舞台，成为具有国际影响力的主流文化。

（二）贵州省传统工艺品传承发展的 SWOT 分析——以大方漆器为例

1. 贵州省传统工艺品传承发展的优势

丰富的旅游资源为贵州省传统工艺品提供了传承发展渠道。例如，将民族文化与贵州省旅游资源融合，创造出融合了喀斯特地貌特色与古彝文化的织金洞漆画屏风，或以彝族英雄、神话和图腾为基础绘制出鹰虎图腾插花器皿、射日笔筒等联合漆器制品。大方漆器使贵州省丰富的人文旅游资源突破了时间和空间的限制，得以流动起来，实现区域联合发展。民族文化在器物与人的流动中被大众了解，进而得到有效传承。

绿色原生态的民族文旅初印象为贵州省传统工艺品的传承发展提供了契机。过去，贵州省交通闭塞，保留了相对原生态的文化。大方漆器作为绿色旅游产品，以产量多、品质优而名扬海内外，具有漆膜光洁、耐磨损、耐高温、耐腐蚀等特点，其在保留原始古朴风格的同时，符合当下人们的文化消费观念，极具本土文化特色。后疫情时代，旅游者更偏好选择具有鲜明特色和绿色健康的旅游目的地，绿色原生态的贵州省旅游地结合传统工艺品体验学习，能满足旅游者回归自然、放松身心的个性化需求。

2. 贵州省传统工艺品传承发展的劣势

当前，传统工艺传承人的迭代成为难题。传统工艺传承是民族文化和手工技艺延续的保障，但长时间传习和低收入的窘境，是"守艺人"们最难克服的困难。就大方漆器而言，其工艺过程极为复杂且前期投入大，所花费的制作时间成本和人工成本与最后的收益并不对等，因此传承人较少。而生存下来的企业又因运营理念落后只能维持现状，在一定程度上影响了传统工艺品的形象及文旅市场的开拓。除此之外，贵州省传统工艺品缺乏特色，设计

层次低，对文化内涵的挖掘力度不足。如大方漆器虽表现了民间故事，但缺乏有效宣传以及明确的市场定位，没有进行新媒体运营，停留在观赏层面，其在绿色生活领域的实用价值被忽略。贵州省文旅资源虽然丰富，但旅游资源之间的关联性较弱，传统工艺品衍生出的周边旅游产品少、不成熟，未充分利用文化伴生关系设计出复合型的文旅传统工艺品，拘泥于表面的传统工艺品无法开发潜在的人文旅游"五感"市场。

3. 贵州省传统工艺品传承发展的机遇

现今，新媒体成为贵州省传统工艺品传承发展的助推器。随着新媒体的普及，贵州旅游热度逐年攀升，旅游品牌知名度得到有效提升，区域经济发展和产业招商也得到了强有力的支持，实现了社会效益与经济效益双丰收。旅游市场的良好开端奠定了稳开高走、加速回暖的主基调，贵州省形象宣传片也亮相总台，大方县文旅广电局及相关工作人员，充分把握新媒体和疫情放开后的文旅宣传契机，火速对大方旅游业和一系列传统工艺品进行了推广，同时，贵州省的大数据建设更快且更有效地为贵州文化旅游提供了便利，带动贵州省传统工艺品传承发展。民族特色文化元素和传统工艺品是与时俱进的，加快传统工艺品的横向联合发展，从不同角度和更深层次展现贵州省的民族文化特色，有助于增强贵州省传统工艺品的吸引力，打开新的发展局面。民族文化传播是传统工艺品发展的新机遇，因此，大方县在政策的扶持下，打造了"国漆之乡"，又成立了领导小组和漆器协会，就漆器产业的发展与高校建立合作关系，对民间艺术产品进行了收集整理。

4. 贵州省传统工艺品传承发展的威胁

第一，省外特色文旅发展态势良好，挤占了文旅市场为贵州省传统工艺品传承发展带来的空间。第二，旅游者的出行目的地选择受多重因素限制，因贵州传统工艺品而来的旅游者较少。第三，与贵州文旅资源类似的邻省推出了云南风情旅游、童话九寨沟、佛教圣地峨眉山等旅游项目，传统工艺品也得到了一定的发展。目前，贵州省传统工艺品难以提供性价比更高的义旅

产品，也未得到广泛宣传，造成了游客对传统工艺品丧失兴趣和贵州省旅游资源浪费的局面。

其他工艺品的快速更新模仿冲击着贵州省传统工艺品的传承发展。大方漆器是千年沉淀下来的文化遗产，但与其他传统手工艺的传承困境相似，行业规模凋敝且以个人产业为主，在缺少相关产权保护和市场监管的情况下，被大量复制模仿，传承发展受到严重制约。低成本、低售价的机械生产产品更容易被选购，而传统工艺品却积压滞销，这是全国传统工艺品市场面临的威胁。此外，还有很多网红类传统工艺品不断出现，新科技、新潮流、新思想等所形成的新兴产业不断抢夺文旅市场份额。

（三）贵州省传统工艺品可持续发展策略

1. 增加传统工艺品人才储备

应保护和培养相关文化从业者和传统工艺品人才，培养并引入具备文化、经济、旅游、管理等知识的复合型人才，加强与高校之间的联系，为以后的文旅发展增加人才储备。其中，凉山利用"薪火传承计划"设立民族文化课堂，将凉山少数民族"非遗"纳入100所学校的课堂，通过课堂教学和课外活动渠道让青少年更加深入地了解民族传统文化。"非遗"进校园对传统工艺品的传承发展非常重要，有助于传统工艺的未来储备力量培养，此类计划不仅保护了民族"非遗"，更响应了国家积极推动"非遗"融入国民教育体系的号召。

2. 运用大数据技术传播传统工艺品信息

信息互通是传统工艺品"走出去"的必要条件。贵州省应借助大数据建设优势，为传统工艺品推介、数据更新、信息反馈提供功能齐全的综合性公共服务平台，而加强"非遗"传承人保护、开展全省"非遗"保护工作者业务、传承人群研修研习培训是传习传统工艺品的有效方法。同时，需要对有故事内涵的传统工艺品进行合理的包装宣传，积极开展对外文化旅游交流活

动，拓展客源渠道，拉动旅游者的市场消费，不断增强文旅项目的对外影响力，在原有传统资源的基础上开发更具吸引力的传统工艺品。

3. 完善传统工艺品制作与传习体验的基础设施，加强文旅市场建设

贵州省可从食、住、行、游、购、娱六大方面完善文旅基础服务设施。应合理规划旅游体验线路及传统工艺品体验点的引导标识，通过传统工艺品的关联性元素带动周边旅游发展，加入美食测评推荐，并及时更新至相关网站上，引进优质的快捷酒店、连锁酒店入驻，同时扶持特色民宿。完善传统工艺品的文旅市场建设是支撑文旅与传统工艺品深度融合的重要决策，应明确旅游业规范发展方向，提升旅游服务整体水平，避免市场出现恶性竞争，为贵州省旅游业的健康可持续发展奠定坚实基础，进而带动贵州省整体经济发展。

4. 策划以传统工艺品为主题的多彩贵州文化节旅游热点子项目

文化节事活动具有时空限定、资源排他等突出优势，容易转化为地方特色旅游资源。贵州省的文化节事资源非常丰富，应对其进行深入挖掘与合理拓展，策划以传统工艺品为主题的文化节事旅游子项目。例如，将大方漆器与大方火把节结合。大方火把节在每年的 6 月 23—6 月 25 日举办，其间，可将大方漆器作为商贸展品、餐饮器具、祭祀用具等，带动大方漆器文化游。此外，贵州省可利用的文化节事还有黄果树瀑布旅游节、姊妹节、四月八、端午节、爬坡节、洛香芦笙会、苗年等。在固定节时、节地，让游客感受到浓厚的节味和独特的民族风情，能反复巩固游客对传统工艺品的文化印象。

传统工艺品的呈现是"守艺人"与"手艺人"眼里的生活，现代手工艺的发展是把传统的技艺根植于现代生活，进而衍生出饱含文化与情绪的艺术产品。在文化振兴的背景下，需要通过文旅融合的方式，让富含地域文化特色的古老种子开出新的花，让优秀的传统工艺品找到适宜生长的土壤，实现传统工艺品的振兴与传承发展。

第二节　增强旅游体验与互动性

在贵州省这片神奇而多彩的土地上，旅游产业的蓬勃发展正成为推动地方经济的重要力量。随着时代的进步和科技的革新，新质生产力的注入为贵州省的旅游产业注入了前所未有的活力，不仅推动了产业的快速发展，更在深度和广度上极大地增强了旅游体验性和互动性。

一、大数据和云计算助推旅游服务质量升级

在大数据和云计算的引领下，贵州省的旅游产业实现了智能化升级。借助先进的数据分析技术，旅游企业和相关部门能够精准地捕捉游客的需求和偏好，为他们量身定制个性化、精准化的旅游服务。例如，智能导游系统不仅具备强大的导航功能，还能根据游客的兴趣爱好和行程安排，提供丰富多样的旅游路线和详细解说。游客只需轻轻一点，便能轻松领略贵州的自然风光和人文魅力，享受无忧无虑的旅行体验。

二、虚拟现实（VR）和增强现实（AR）技术提供沉浸式旅游体验

虚拟现实（VR）和增强现实（AR）技术的运用，为贵州省的旅游体验增添了独特的魅力。通过佩戴 VR 眼镜，游客仿佛穿越时空，置身于贵州的山水之间，感受大自然的壮丽与神秘。而 AR 技术则能将历史文化和现代科技完美融合，让游客在欣赏美景的同时，深入了解贵州的历史文化、风土人情和民俗特色。这种沉浸式的旅游体验，让游客仿佛置身于一个全新的世界，留下了难忘的回忆。

三、通过主题活动强化游客互动性

在互动性上，贵州省的旅游产业通过举办各种主题活动、文化节庆和互动体验项目，游客能更加深入地参与到旅游活动中来，与当地人民进行亲密

的互动和交流。以苗族的传统节日"苗年"为例,游客能亲身体验苗族的传统文化和民俗风情,与苗族同胞一起欢度佳节;在黄果树瀑布景区,游客能参与漂流、攀岩等户外运动项目,挑战自我、释放激情。

四、推动旅游与其他产业的融合发展

贵州省积极推动旅游与其他产业的融合发展。通过打造"旅游+农业""旅游+文化""旅游+体育"等多元化旅游产品,满足了游客的多样化需求,也促进了当地经济的全面发展。游客能亲身体验农耕文化、品尝农家美食、感受田园风光;领略历史文化的韵味、欣赏传统建筑的魅力;参与徒步、骑行、漂流等户外运动项目,享受大自然的恩赐。

第三节 优化旅游资源配置与效率提升

自新时代起,我国始终坚定地遵循生态优先和绿色发展的策略,利用旅游业作为媒介,能够有力地促进生态环境的经济价值转化,使乡村的"绿水青山"转变为"金山银山"。这不仅美化了农村的生态环境,也富裕了农民,提升了他们的生活水平。目前,贵州省已成功开发了一系列独具特色的乡村旅游项目,如农家乐、民俗活动、农事参与和田园游览等,吸引了众多游客前来参观、休闲和度假。这些自然与生态的财富正在不断地转化为经济和社会的财富,实现了生态产业的可持续发展。

一、保护自然生态,守护绿水青山

贵州省旅游产业的发展,应以保护自然生态为前提。生态旅游理论强调,旅游活动应与当地生态环境相协调,以促进环境保护和社区发展。乡村旅游作为生态旅游的一种形式,应注重对自然生态的保护,避免过度开发对当地环境造成破坏。此外,可持续发展理论也强调经济发展与环境保护的平衡,贵州省旅游产业的发展应遵循这一原则,实现经济效益、社会效益和环境效益的统一。绿水青山是最普惠的民生福祉,是乡村旅游活动的基础资源与自

然场景。

一是牢固树立"增绿即增优势、护林即护财富"的核心理念，积极推广绿色旅游方式，以实现可持续发展的目标。具体举措包括：引导游客采取低碳、环保的出行方式，降低对环境的负面影响；同时，加强绿色旅游产品的开发与推广，以满足游客日益增长的对环保、健康旅游的需求。此外，还应积极开发具有特色化、差异化和多样化的乡村旅游产品，以丰富旅游市场供给。

二是综合运用自然恢复和人工修复两种手段，因地因时制宜、分区分类施策。首先，应充分发挥大自然的自我修复能力，给予大自然足够的休养生息时间和空间；其次，利用新技术新手段，对农村生态系统中的脆弱区和敏感区实施重点监测，保证生态安全。同时，推进山水林田湖草沙一体化保护和修复工作，统筹考虑植被恢复、水域保护、矿山治理、土地整治、截污治污和生物多样性保护等多个方面，以实现生态系统的全面改善。

三是推动生态农业与乡村旅游的融合发展。将生态农业与乡村旅游有机结合，形成以绿色、生态、健康为主题的旅游产品体系。通过展示乡村绿色生态产品、开展农业观光、体验农事活动等方式，吸引游客参与其中，实现农业、旅游业的协同发展。

四是强化环保科技支撑，提升环保水平。加强环保科技研发，推广应用环保技术，提高乡村旅游产业的环保水平。通过绿色建筑、废弃物资源化利用、水资源保护等技术的应用，实现生态保护与经济发展的有机结合。

二、厚植人文底蕴，守望乡情乡愁

贵州省以其独特的自然景观和丰富的人文生态独树一帜。壮观的石灰岩峰林如诗如画，形态各异的溶洞引人入胜，广袤的原野与农家小屋和谐共存，构成了一幅山水田园的美丽画卷。

在推进贵州省旅游产业的可持续发展过程中，我们不仅要注重对这些自然和人文景观的保护，更应挖掘其内在的丰富价值，要保持乡村景观的完整性，尊重其原有的空间形态和环境关系，避免过度开发对自然和人文环境的

破坏。同时，要重视对历史文化遗产的保护，保持其真实性，防止在现代化进程中失去原有的历史痕迹。

三、坚持文旅融合，释放生态价值

第一，挖掘乡村资源，开发彰显本土特色、适应市场需求的旅游产品和服务。深入挖掘贵州省乡村的历史文化、民俗风情、自然景观等资源，建立乡村资源库，为文旅融合提供丰富的素材和灵感。加强对乡村资源的保护和传承，通过修缮历史建筑、整理民俗文化、保护自然景观等方式，留住乡村的根脉。在新时代的背景下，乡村的创造性转化已成为我国乡村振兴战略的重要组成部分。这一转化的核心在于，以"居、游、养、娱"四大要素为导向，深度挖掘乡村的生态资源和文化内涵，将其转化为具有市场竞争力的旅游产品和服务，以此推动乡村经济的多元化和可持续发展。

第二，提升旅游品质，完善主客共享的基础设施和公共服务体系。加强旅游基础设施建设，提升旅游服务水平，为游客提供舒适、便捷的旅游体验，注重旅游产品的创新和差异化，满足游客多样化的需求。为了完善旅游服务功能，将建立一个全面的设施体系，包括信息咨询中心，提供准确的旅游信息；交通集散中心，方便游客的出行；商品销售点，推广和销售当地的特色产品；医疗救助站，保障游客的健康安全；文化宣传和文创展示区，展示乡村的特色文化；以及投诉管理系统，及时处理游客的反馈，不断优化旅游服务。同时，贵州省还将充分利用乡村题材的电影、小说、诗歌、摄影、短视频等艺术形式，挖掘和传播乡村的本土文化。通过培训和鼓励本地居民成为乡村故事的讲述者，开设乡土文化课堂，让游客在互动中感受乡村的魅力，更好地理解和欣赏道法自然、天人合一等深植于中国乡村的生态观念。

第三，促进生态保护与文化传承的融合。文旅融合作为推动乡村可持续发展的重要途径，对于释放生态价值、促进乡村建设具有重要意义。通过实施以上措施，可以有效挖掘乡村资源、提升旅游品质、促进生态保护与文化传承的融合等方面的工作，推动乡村建设和生态价值的释放，同时，政府、企业和社会各界应共同努力、形成合力，为乡村可持续发展贡献力量。

第四节　推动贵州省旅游产业的数字化转型

一、推动数字技术与旅游产业多领域深度融合

数字技术对贵州省旅游产业建设具有重要的促进作用，而贵州省旅游产业与数字技术的多领域深度融合则是推动贵州省旅游产业建设的重要途径。通过加强政策支持、培养人才队伍和强化创新引领等策略和建议的实施，推动贵州省旅游产业与数字技术的深度融合，数字技术以其独特的优势，为贵州省旅游产业建设提供了全新的视角和工具、注入新的活力和动力。贵州省旅游产业建设中数字技术的运用需要专业化的人才支撑，数字技术与贵州省旅游产业的深度融合需要通过具体的文化产品来体现。

一是教育领域，数字技术为贵州省乡村教育提供了丰富的教学资源和手段，促进城乡教育资源的均衡分布。通过在线教育平台，将城市的优质教育资源引入乡村学校，提高乡村学生的学习效果，贵州省旅游产业也可以融入教育内容中，培养学生的乡土情怀和文化自信。

二是旅游领域，旅游是贵州省旅游产业建设的重要载体。数字技术为乡村旅游提供智慧化服务，让游客在游览前就能感受到乡村的魅力。此外，通过大数据分析，能了解游客的需求和偏好，为乡村旅游提供个性化的服务。

三是传媒领域，传媒是贵州省旅游产业传播的重要渠道。数字技术使贵州省旅游产业的传播更加快速、广泛。通过社交媒体平台，能实时分享贵州省旅游产业的动态和成果，吸引更多人的关注和参与，数字技术也能够创新贵州省旅游产业的传播方式，如制作贵州省旅游产业主题的短视频、互动游戏等，以增强贵州省旅游产业的吸引力和感染力。

二、加强数字化基础设施建设

随着信息化时代的到来，数字化技术为贵州省旅游产业建设提供了新的发展机遇。加强乡村数字化基础设施建设，不仅能够提升贵州省旅游产业的

传播效率和影响力，还能够丰富贵州省旅游产业内容，满足乡村居民日益增长的精神文化需求，加强乡村数字化基础设施建设对于贵州省旅游产业建设具有重要意义。

数字化技术能够突破时空限制，让贵州省旅游产业更好地传播出去，提升贵州省旅游产业的知名度和影响力；数字化技术能够丰富贵州省旅游产业内容，为乡村居民提供更加多样化的文化产品和服务；数字化技术能够提升乡村居民的文化素养，增强他们的文化自信和归属感。

（一）提升网络覆盖水平

提升乡村网络覆盖水平是促进农村经济社会发展、实现乡村全面振兴的重要途径。

一是政府出台相关政策，明确乡村数字化基础设施建设的目标、任务和措施，要加大财政投入力度，为乡村数字化基础设施建设提供资金保障。此外，还应建立健全监管机制，保证乡村数字化基础设施建设的顺利进行，加大投入力度，推动农村地区宽带网络、移动互联网等基础设施建设，提高网络覆盖率和网络质量，优化网络布局，实现城乡网络一体化发展，为贵州省旅游产业数字化传播提供坚实的网络基础。

二是建设数字文化平台，建设数字文化平台是乡村数字化基础设施建设的重要内容。应依托现有文化资源，整合各类文化产品和服务，打造集信息发布、文化交流、在线教育等多功能于一体的数字文化平台。通过平台的建设和运营，推动贵州省旅游产业的数字化展示和传播，满足乡村居民多样化的文化需求。

三是推广数字技术应用，推广数字技术应用是提升贵州省旅游产业数字化水平的关键。应积极开展数字化技术应用培训，提高乡村居民的数字素养和应用能力，要鼓励和支持文化企业、文化机构等利用数字化技术开展创新实践，推动贵州省旅游产业的数字化转型升级。技术创新是推动乡村数字化基础设施建设的核心动力。应加强与高校、科研机构等合作，推动数字化技术在贵州省旅游产业建设中的应用研究，关注数字化技术的最新发展动态，及

时引进和推广先进的数字化技术，为乡村数字化基础设施建设提供技术保障。

四是人才保障，加强乡村数字化基础设施建设需要一支高素质的人才队伍。加大对乡村数字化人才的培养力度，通过定向培养、人才引进等方式，为乡村数字化基础设施建设提供人才保障，建立健全激励机制，吸引更多人才投身乡村数字化事业。

（二）推广数字化文化产品和服务

推广数字化文化产品和服务，丰富数字化文化产品供给，满足农民多样化需求。政府和社会组织应加大数字化文化产品的供给力度，如电子书籍、网络视频等，满足农民的多样化需求。优化数字化文化服务体验，提升农民文化获得感。通过优化数字化文化服务体验，如提供个性化推荐、互动式学习等功能，提升农民的文化获得感和满意度。加强数字化文化产品和服务的宣传推广，提高农民认知度。政府和社会组织应加强对数字化文化产品和服务的宣传推广力度，提高农民对数字化文化产品和服务的认知度和使用率，通过政策保障、人才保障和技术保障等措施的落实，可以为乡村数字化基础设施建设提供有力支撑。

随着数字化技术的不断发展和普及应用，贵州省旅游产业建设将迎来更加广阔的发展空间。加强乡村数字化基础设施建设是推动贵州省旅游产业建设的重要举措。通过提升乡村网络覆盖水平、加强乡村信息化人才培养、推广数字化文化产品和服务、构建乡村数字化文化平台等具体措施的实施，可以有效提升贵州省旅游产业建设的整体水平、缩小城乡文化差距、推动乡村全面振兴。

三、积极打造数字人才队伍和文化人才队伍

（一）加强教育培训

1. 乡村数字人才队伍的打造

首先，加强数字技术培训。通过培训，能提高农民的数字技能，使他们

能更好地利用数字技术进行农业生产、经营和生活。同时，还能提高他们的信息素养，增强其对信息的识别、分析和利用能力。

其次，建立乡村数字人才库。通过定期更新人才库，能及时了解人才的动态，为乡村振兴提供有力的人才支持。

最后，引进外部人才。通过招聘具有数字技能和专业背景的人才，可以为乡村注入新的活力，推动乡村数字化转型。

2. 贵州省旅游产业人才队伍的打造

首先，加强文化培训。通过培训，能提高农民的文化素养和艺术鉴赏能力，使他们能够更好地传承和发扬贵州省旅游产业。

其次，建立文化人才库。通过定期更新人才库，能及时了解人才的动态，为乡村振兴提供有力的人才资源。

最后，扶持贵州省旅游产业的发展。能促进乡村经济的发展，提高农民的生活水平。

（二）优化人才结构

针对乡村数字人才队伍和文化人才队伍的年龄结构和知识结构不合理的问题，应优化人才结构，吸引更多的年轻人才加入。

一是引进外部人才，制定优惠政策，通过制定优惠政策，吸引外部文化人才到乡村地区工作和生活，为贵州省旅游产业建设注入新的活力。建立健全人才引进机制，通过公开招聘、项目合作等方式，引进一批高层次、专业化的文化人才，优化贵州省旅游产业人才结构。

二是完善激励机制，建立薪酬激励机制，根据贵州省旅游产业人才的贡献和绩效，建立合理的薪酬激励机制，激发他们的工作热情和创造力。实施荣誉奖励制度，对在贵州省旅游产业建设中作出突出贡献的人才给予荣誉奖励，增强他们的归属感和荣誉感。提供职业发展机会，为贵州省旅游产业人才提供广阔的职业发展空间和晋升机会，鼓励他们在贵州省旅游产业建设中发挥更大的作用。

三是构建文化创新平台，建立文化创新基地，依托乡村地区的文化资源和特色，建立文化创新基地，为贵州省旅游产业人才提供创新实践的平台。推动产学研合作，加强政府、企业、高校等机构的合作，推动产学研深度融合，促进贵州省旅游产业的创新与发展。定期举办各类文化活动，如文化节、艺术展览等，为贵州省旅游产业人才提供展示和交流的机会，激发他们的创新灵感。

（三）促进人才流动

为了打破人才流动的壁垒，促进乡村数字人才队伍和文化人才队伍的交流与合作，应建立人才流动机制。

一是政策引导。政府应制定和完善贵州省旅游产业建设人才流动的政策体系，为人才流动提供制度保障。出台优惠政策，吸引和留住高素质文化人才；建立人才激励机制，激发人才创新创造活力；完善人才评价体系，推动人才评价与使用相结合；加强人才流动服务，优化人才流动环境。

二是产业带动。产业发展是支撑人才流动和贵州省旅游产业建设的物质基础，应大力发展贵州省旅游产业，带动贵州省旅游产业建设和人才流动。优化乡村产业结构，发展具有地方特色的文化产业；培育文化龙头企业，发挥其在人才聚集和产业发展中的引领作用；加强文化产业园区建设，为人才提供创新创业平台；推动文化产业与其他产业融合发展，拓展人才发展空间。

三是文化交流。文化交流是促进人才流动和文化传承的重要手段，应加强乡村与城市之间的文化交流与合作，推动贵州省旅游产业走出去、引进来。搭建文化交流平台，促进城乡文化资源共享；开展文化节庆活动，展示贵州省旅游产业魅力；加强贵州省旅游产业遗产保护与开发，传承和弘扬乡村优秀传统文化；推动贵州省旅游产业与现代科技融合创新，提升贵州省旅游产业的吸引力和影响力。

四、加强网络文化引导

加强乡村网络文化引导，促进贵州省旅游产业健康发展，成为当前贵州

省旅游产业建设的重要课题。

（一）建设乡村网络文化平台

建设乡村网络文化平台，加强乡村网络基础设施建设，提高网络覆盖率和网络速度；搭建乡村网络文化平台，整合贵州省旅游产业资源，提供多样化的文化产品和服务。

第一，明确平台定位和功能。平台应致力于展示贵州省旅游产业的独特魅力，提供丰富的文化产品和服务，满足乡村居民和游客的多样化需求。同时，平台还应具备信息发布、互动交流和在线学习等功能，促进文化交流和知识共享。

第二，整合和优化贵州省旅游产业资源，对贵州省旅游产业进行挖掘和整理，提取具有地方特色的文化元素和故事，打造独特的文化品牌；加强与其他文化机构和企业的合作，共同开发具有市场竞争力的文化产品和服务。

第三，提高贵州省旅游产业的传播效率和影响力。借助互联网的优势，将贵州省旅游产业迅速传播到更广泛的受众群体中，增强贵州省旅游产业的影响力和竞争力。

（二）提高农民网络素养

提高农民网络素养，开展网络素养教育，提高乡村居民的网络技能和信息辨别能力，引导乡村居民正确使用网络，养成健康的网络使用习惯。

第一，推广网络知识普及活动，政府组织开展网络培训班、网络讲座、网络展览等各种形式的网络知识普及活动，向农民普及网络基础知识、信息安全知识和网络道德知识，等等。

第二，鼓励企业参与网络素养教育，企业利用自身的技术和资源优势，开发适合农民的网络素养教育产品和服务，为农民提供网络课程、在线教育平台等更多的学习机会和方式。

第三，主动学习网络知识，农民应树立终身学习的理念，主动学习和

掌握网络基础知识、信息安全知识和网络道德知识，提高自己的网络素养水平。

最后，实践应用提升能力，农民应将所学的网络知识应用到实际生活中去，如利用网络资源进行农业生产、销售等经营活动，通过实践应用不断提升自己的网络应用能力。

（三）加强网络文化引导

加强乡村网络文化引导，建立健全乡村网络信息内容监管机制，加强对网络信息的筛选和过滤，防止不良信息在乡村地区的传播，加大对违法违规行为的打击力度，维护网络空间的清朗。

一是政策引导，政府应制定相关政策，明确乡村网络文化发展的方向和目标，为乡村网络文化引导提供制度保障，加大对乡村网络文化建设的投入力度，提供必要的资金支持和资源保障，加强乡村网络文化引导是推动贵州省旅游产业建设的重要内容，通过政策引导、教育普及、内容建设和平台搭建等多方面的努力，引导乡村居民正确使用网络文化，提高网络素养，促进贵州省旅游产业的健康发展。

二是教育普及，加强乡村网络素养教育，通过开设网络素养课程、举办网络知识讲座等方式，提高乡村居民的网络素养和信息安全意识。推广网络文化知识，组织专家学者深入乡村开展网络文化知识普及活动，引导乡村居民正确认识和使用网络文化。

三是内容建设，打造优质乡村网络文化产品，鼓励和支持创作反映乡村生活、弘扬贵州省旅游产业的网络文化产品，丰富乡村居民的精神文化生活，弘扬传统，丰富村民文化活动。

四是平台搭建，建立乡村网络文化平台，整合现有资源，建立乡村网络文化平台，为乡村居民提供便捷的网络文化服务。加强平台监管，建立健全平台监管机制，对不良信息进行及时清理和处置，维护乡村网络文化的健康发展。

第五节　新质生产力推动贵州旅游新业态、新模式

一、旅游新业态产生的动力机制

在全球经济一体化的背景下，产业发展的规律性趋势愈发明显。旅游业，作为全球经济的重要组成部分，其发展历程同样遵循着这一规律。从最初的探索阶段，到现在的成熟期，我国旅游业已经积累了足够的体量和优势，正站在由量变到质变的临界点上，即将迈入一个全新的发展阶段。

这个转变的驱动力之一是市场需求的持续变化。旅游，从最初的观光游，到现在的体验游、文化游，其核心始终是满足旅游者的需求。随着我国居民收入水平的稳步提升，以及教育水平的提高，旅游者的消费观念和旅游需求也在不断升级。他们不再满足于传统的旅游产品，而是寻求更个性化、更深度的旅游体验，这就催生了如民宿旅游、文化旅游、生态旅游等新型业态的出现。

政府的积极推动为旅游新业态的繁荣创造了良好的政策环境。政府认识到旅游业在推动地方经济发展、创造就业、促进文化交流等方面的重要作用，因此，不断出台政策，提供资金支持，优化管理机制，鼓励旅游业的创新和升级，以提升其在全球市场的竞争力。

企业家的创新精神是旅游新业态的催化剂。在激烈的市场竞争中，旅游业的企业家们敢于挑战现状、勇于尝试新的商业模式，他们通过不断地创新，创造出如虚拟现实旅游、智能旅游等新型业态，为旅游业注入了源源不断的活力。

二、贵州发展旅游新业态的意义

贵州正以前所未有的决心和智慧，探索旅游产业的新型发展路径，以期在全国旅游产业转型升级的大潮中，凭借其独特的后发优势，实现从后发到赶超的华丽蜕变。这一战略的实施主要体现在业态优化、市场拓展和组织创

新三大核心领域。

优化和提升业态结构。对现有旅游资源深度挖掘和创新利用，以丰富多样的旅游产品满足游客日益多元化的需求，构建立体多元的旅游业态体系。同时，通过科学的规划和布局，促进省内各地区旅游业的均衡发展，实现旅游六要素——行、游、住、食、购、娱的深度融合，打造高品质的旅游产业链。

大力拓展旅游市场。定制旅游、体验式旅游、智慧旅游等旅游新业态更贴近现代旅游者追求个性化、差异化和深度体验的需求，有助于贵州巩固其在传统旅游市场的地位，同时通过精准的市场定位和细分，瞄准消费能力强、品位高、购买频繁的商务旅游、亲子旅游、老年旅游等高端旅游市场，以实现市场的深度开发和广度拓展。

创新组织管理结构。这需要政府部门转变观念，创新管理机制，从过去的行政主导转变为服务导向，为旅游业的发展提供更为宽松和有利的政策环境。同时，新业态的发展将催生一批具有规模优势、创新能力和市场竞争力的大型旅游企业，通过企业间的整合和重组，打破原有的市场格局，提高行业的集中度和整体实力，从而改变当前旅游企业"散、小、弱、差"的局面，推动贵州旅游业向现代化、专业化、品牌化的方向迈进。

三、贵州旅游新业态的发展路径

在探索旅游新业态的发展路径中，贵州省以其独特的地理、文化及资源背景，提出了六种策略，旨在推动旅游业的创新与升级，以满足日益多元化和个性化的市场需求（如图 4-1 所示）。

（一）产业融合发展

旅游产业的内部整合，如酒店、餐饮、交通等行业的交叉融合，以及旅游与其他第三产业的交织，如文化、娱乐、体育等，甚至与第一产业（农业）和第二产业（制造业）的深度融合，都将孕育出新的旅游产品和服务。这种跨界的融合创新，将为旅游市场带来更丰富多元的体验，拓宽了产业发展的边界。

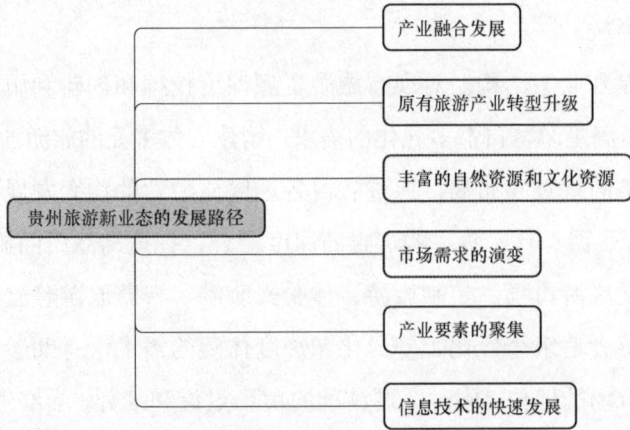

图 4-1　贵州旅游新业态的发展路径

（二）原有旅游产业的转型升级

面对消费者需求的不断变化，贵州需要对传统的观光游、民俗游等业态进行创新升级，如发展深度体验游、文化教育游等，以满足游客对个性化、高品质旅游体验的追求，提升旅游业的核心竞争力。

（三）丰富的自然资源和文化资源

通过科学规划和合理开发，如生态旅游、乡村旅游、文化遗产旅游等，可以将资源优势转化为经济优势，同时实现旅游与保护的和谐共生，实现可持续发展。

（四）市场需求的演变

贵州应密切关注国内外旅游市场的动态，及时捕捉消费者的新需求、新趋势，如健康旅游、科技旅游、定制旅游等，以市场为导向，创新旅游产品和服务，提升旅游业的市场适应性和竞争力。

（五）产业要素的聚集

通过打造旅游产业集群，如旅游小镇、度假区、主题公园等，可以吸引多元化的产业要素，如资本、人才、信息等，形成协同效应，提高旅游业的

经济效益和社会效益。

（六）信息技术的快速发展

互联网、大数据、人工智能等技术的应用，可以推动旅游业的数字化、智能化转型，如智慧旅游、在线旅游、虚拟现实旅游等，提升旅游服务的便捷性、个性化，为游客创造更丰富、更便捷的旅游体验。

四、未来贵州应重点发展的旅游新业态

基于贵州的实际情况和旅游业的未来走向，应着重发展体验式民族村落旅游、白酒文化之旅、改良版红色旅游等新型旅游业态，以实现产业升级。同时，应关注分时度假、主题酒店、山地户外运动、自驾旅游、综合性旅游区、众包旅游咨询服务及网络游戏旅游等全新形态的旅游业态，以拓宽旅游业的创新发展路径。其中，体验式民族村落旅游、白酒文化之旅、改良版红色旅游被视为升级转型的关键领域，而其余项目则代表了旅游业态的创新前沿（如图4-2所示）。

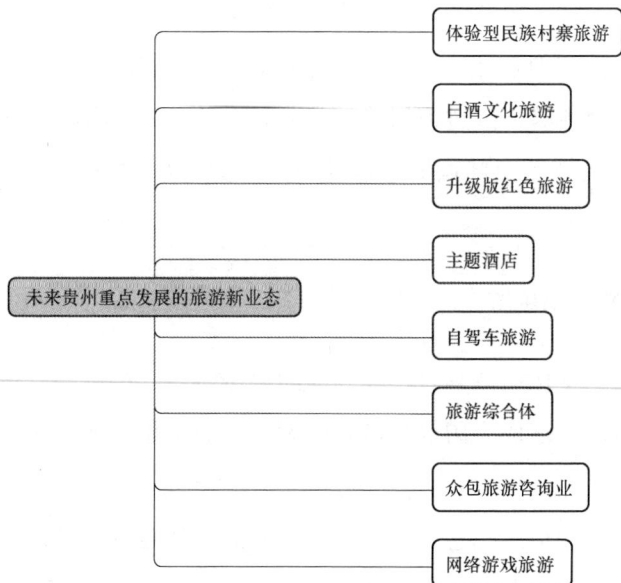

图 4-2　未来贵州应重点发展的旅游新业态

（一）体验型民族村寨旅游

民族村寨旅游以其浓郁的地域文化与原始的自然风光，为全球旅行者提供了一种别样的旅游体验。它以少数民族的乡村社区为舞台，以异质文化与自然景观为吸引点，满足人们探索新奇、追求原始纯净、寻求乐趣和增长知识的内心需求。在中国的西南部，贵州的民族村寨以其如诗如画的自然景色和淳朴独特的民族文化，吸引了无数国内外游客的目光。西江千户苗寨的壮观、肇兴侗寨的和谐、朗德上寨的古朴，都是这一领域的璀璨明珠，它们在省内外乃至全国的旅游版图上占据了重要地位。

贵州的民族村寨旅游，作为该地区旅游业的重要支柱，对推动民族地区政治、经济、文化的发展起到了不可忽视的作用。经过多年发展，民族村寨的基础设施更加完善，品牌影响力逐步提升，为贵州的旅游业注入了新的活力。但快速的发展也带来了过度商业化、文化同质化、环境压力增大等很多问题，这些问题制约了民族村寨旅游的可持续发展。

面对挑战，贵州的民族村寨旅游需要寻求转型升级，走内涵式发展道路。应深入挖掘和保护各民族的传统文化，避免单一的商业化模式，保持文化的多样性和独特性；加强环境保护，实现旅游业与生态的和谐共生；提升旅游服务质量和游客体验，通过创新旅游产品和活动，增强游客的参与感和互动性，使游客在欣赏美景的同时，能够更深入地理解和感受少数民族的文化内涵。

（二）白酒文化旅游

贵州的白酒文化旅游具有得天独厚的自然条件、深厚的文化底蕴以及精湛的酿造技艺，逐渐成为国内外游客探索中国酒文化、体验传统工艺与现代旅游融合的新热点。

贵州的白酒酿造历史悠久，尤其是茅台酒，其独特的酿造工艺被列入国家级非物质文化遗产名录。从原料的选择、酒曲的制作、发酵、蒸馏到陈酿，每一步都休现了中国传统文化的精髓。游客在参观过程中能亲眼见证这些古

老技艺的展示，还能深入了解其背后的历史故事和文化内涵。

目前，贵州的白酒文化旅游以茅台酒为核心，但也在积极推广如习酒、青酒、董酒、金沙回沙酒等其他知名白酒品牌的文化旅游项目，以展示各自品牌的独特魅力，并通过建设白酒博物馆、文化体验中心、工业旅游线路等方式，让游客全方位、多角度地体验贵州白酒文化的博大精深。

（三）升级版红色旅游

红色旅游是一种简单的旅游活动，更是一种历史传承、精神洗礼和文化体验。红色旅游以革命纪念地、纪念物为核心，通过组织接待旅游者进行参观游览，让人们在领略自然风光的同时，学习革命历史知识，接受革命传统教育，以振奋精神、放松身心、增加阅历。

贵州在中国共产党的历史上留下了浓墨重彩的一笔。在历史的洪流中，遵义会议犹如一盏明灯，照亮了革命的前行之路，这次会议挽救了党、挽救了红军、挽救了革命，成为中国共产党历史上生死攸关的转折点。而"四渡赤水出奇兵"更是毛泽东军事思想的生动体现，被毛泽东本人评为一生中战争的得意之作。

在升级版红色旅游中，我们更加注重游客的参与感和体验感。通过增设互动环节、模拟场景等方式，让游客更加深入地了解革命历史、感受革命精神。在遵义会议纪念馆内，游客能观看模拟会议场景的表演，感受当年会议的紧张氛围；在红军长征路上，游客能穿上红军服、背上背包，亲身体验长征的艰辛与不易。此外，贵州省还积极挖掘红色旅游资源的文化内涵，丰富红色旅游的文化内涵。在遵义市内，建设了红军长征文化广场、红军长征纪念馆等文化设施，展示了红军长征的历史背景、战略意义和文化价值；在长征路上，设置了红军长征主题雕塑、红军长征标语墙等文化景观，让游客在欣赏自然风光的同时，感受红军长征的壮丽史诗。

（四）主题酒店

在旅游业日益繁荣的今天，旅游者的住宿需求已经从基本的"住得下"

转变为"住得好"和"住得有特色"。目前，贵州的住宿业主要以高档酒店、经济型酒店、民俗旅馆和民居旅馆为主。高档酒店虽然在数量上相对较少，且主要集中在贵阳市，这种分布不均的现象在一定程度上限制了游客的流动性和旅游体验的丰富性。经济型酒店则凭借其便利性和性价比，成为旅游住宿业的中坚力量，但同时也面临着同质化严重的问题。

民俗旅馆和民居旅馆作为体现地方文化特色的重要载体，其规模在逐渐扩大。然而，由于缺乏有效的管理和规范，许多民俗旅馆和民居旅馆的卫生条件和设施水平参差不齐，难以满足游客对高品质住宿体验的追求。因此，提升这些非标准住宿设施的服务质量和特色化发展，是贵州住宿业亟待解决的问题。

为了构建更加合理的住宿业格局，贵州应优化酒店的地域分布，鼓励在旅游资源丰富的地区建设更多高档酒店，以提升旅游服务的可达性和便利性；推动经济型酒店的创新升级，通过引入更多元化的主题和特色服务，提升其在市场中的竞争力；对于民俗旅馆和民居旅馆，应加强规范管理，提升卫生条件，同时挖掘和展示地方文化，打造独特的住宿体验。

（五）自驾车旅游

随着我国旅游业的飞速崛起，人们的旅游需求日益多元化，对旅游体验的追求也愈发独特，这使得传统的旅游模式逐渐失去吸引力。在这样的背景下，自驾车旅游以其休闲、自由、个性化的特性，犹如一股清流，受到了广大旅游爱好者的热烈追捧。中国旅游研究院的数据显示，截至2019年，我国私家车保有量已超过2亿辆，而公路总里程也突破了500万公里，这为自驾车旅游的兴起提供了坚实的基础。

尽管自驾车旅游的潜力巨大，但其发展仍面临一些挑战。主要问题在于，我国的自驾车旅游配套设施尚不完善，如公共信息服务平台的缺失、旅游服务设施的不足等，这些都给自驾车游客带来了诸多不便，限制了自驾车旅游的进一步发展。因此，如何打造一个安全、便捷、舒适的自驾车旅游环境，成为政府、企业和学术界共同关注的焦点。

在此背景下，借鉴欧美等发达国家的经验，汽车营地作为一种创新的旅游服务模式，开始在我国崭露头角。汽车营地是集停车、住宿、休闲、娱乐、汽车服务等多种功能于一体的综合性服务设施，它能够满足自驾车游客在旅行过程中的多元化需求，为他们提供全方位的服务保障。

近年来，贵州的自驾车旅游市场发展迅速，吸引了大量游客。但由于汽车营地等基础设施的不足，也出现了旅游服务质量参差不齐、游客体验感下降等问题，这在一定程度上制约了贵州自驾车旅游市场的可持续发展。因此，贵州应抓住机遇，大力发展汽车营地建设，以丰富旅游产品种类，吸引更多的自驾游客源，提升贵州旅游的知名度和影响力。

（六）旅游综合体

随着中国经济的稳步增长，我国居民的人均收入逐年攀升，假期制度的改革也日益完善，这些因素共同催生了国内旅游市场的繁荣。人们的出游频次大幅度增加，旅游消费水平也呈现出显著的提升，从过去的偶尔出游，到现在更加频繁地探索国内外的风景名胜。在这一过程中，游客的旅游经验不断丰富，对旅游体验的需求也日益多元化，不再满足于简单的观光游，而是更加倾向于寻求休闲、娱乐和度假的深度体验。

这种变化趋势促使我国旅游业的发展模式进行创新与转型。传统的旅游开发模式主要侧重于单一的观光功能，而如今，旅游开发更加注重综合功能的整合，力求在满足游客多元化需求的同时，实现旅游产业的规模效应和范围经济。旅游项目开始融入文化、体育、健康等多种元素，打造集观光、休闲、娱乐、学习于一体的旅游目的地，以提升旅游目的地的吸引力和游客的停留时间。

在此背景下，政府对旅游业的重视程度也日益提高，认识到旅游业在推动经济增长、促进就业、保护文化资源和改善生态环境等方面的重要作用。因此，政府在政策层面给予了旅游业更多的支持，包括提供财政补贴、优化审批流程、改善基础设施等，以促进大型综合旅游项目的开发。

这种新型的旅游业态——旅游综合体应运而生。旅游综合体是旅游业发

展到一定阶段的产物，它将旅游、商业、文化、娱乐等多种功能融为一体，为游客提供全方位、高品质的旅游体验。如海南的三亚国际旅游岛、上海的迪士尼度假区等，都是旅游综合体的成功案例，它们不仅吸引了大量的游客，也对当地经济的多元化发展起到了积极的推动作用。

（七）众包旅游咨询业

在当今全球旅游业的激烈竞争中，创新与创意已成为推动行业发展的关键动力。区域旅游咨询业作为旅游业的重要组成部分，其发展水平直接影响着一个地区旅游业的繁荣程度。以贵州为例，其丰富的自然景观和独特的民族文化吸引了无数国内外游客，然而，当地的旅游咨询服务却显得相对滞后，无法充分满足游客日益增长的多元化需求，这制约了贵州旅游业的进一步发展。

在这种背景下，引入众包模式到旅游咨询业中非常重要。众包是通过网络平台将工作任务分发给非特定的大众群体，利用大众的智慧和力量来解决问题或创造价值。在旅游咨询业中，众包模式能够打破地域限制，汇集全球各地的旅游爱好者和专家的智慧，为游客提供更丰富、更个性化的旅游信息和建议。

具体来说，发展众包旅游咨询业，具有以下优势。首先，众包模式能提高信息的全面性和实时性。游客能够在平台上分享自己的旅行经验，提供最新的景点开放时间、交通状况等旅游资讯，帮助其他游客作出更好的旅行决策。其次，众包模式能够激发旅游服务的创新性。通过大众的参与，能产生特色旅游线路、主题旅行活动等新颖的旅游产品和服务。最后，众包模式还能降低运营成本。相比于传统的旅游咨询服务，众包模式能利用志愿者或兼职人员的力量，减少人力资源的投入。

贵州如果能成功地构建一个众包旅游咨询平台，将有助于提升贵州旅游业的知名度和吸引力。根据中国旅游研究院的数据，2019 年，贵州接待国内外游客超过 10 亿人次，旅游总收入超过 1.2 万亿元。如果能够通过众包模式优化旅游咨询服务，进一步提升游客的满意度和停留时间，那么贵州旅游业

的经济效益将有巨大的提升空间。

（八）网络游戏旅游

随着科技的飞速发展，产业融合已成为全球经济的重要特征，旅游业也不例外。网络游戏业与旅游业的结合源于二者在满足人们精神文化需求上的共通性。网络游戏以其丰富的虚拟世界和高度的互动性，吸引了大量的年轻用户，而旅游业则以其真实的地理环境和深厚的文化底蕴，吸引了各个年龄段的游客。网络游戏的虚拟体验与旅游业的实地探索相结合能创造出网络游戏主题公园、虚拟现实旅游体验等全新的旅游形态，这些都能为消费者提供更加多元化、沉浸式的旅游体验。

第五章　新质生产力提升贵州省旅游服务品质

　　新质生产力的崛起为贵州省的旅游服务品质注入了强大的活力。在原有的基础上，贵州省正积极利用新技术、新方法和新思维，推动旅游服务的全面升级。通过收集和分析游客的出行习惯、消费偏好等信息，旅游平台能够精准推送符合游客需求的旅游线路、酒店住宿和特色美食。提高了游客的满意度，促进了贵州省旅游资源的合理利用。智能导游系统能够为游客提供实时讲解、路线规划和紧急求助等服务，让游客在享受美景的同时感受到科技带来的便利和舒适。同时，智能客服系统能够 24 小时在线解答游客的问题，为游客提供更加及时、专业的服务。此外，贵州省还积极推动绿色旅游的发展，通过生态修复、环境保护等措施，提升旅游景区的环境质量。加强旅游从业人员的培训和教育，增强他们的专业素养和服务意识，保证游客在贵州省能够享受到高品质的旅游服务。

第一节　提高旅游从业人员素质与技能

　　乡村旅游近年来正以势不可挡的态势迅猛发展，成为许多久居城市、厌倦喧嚣生活的人们的心头好。他们渴望逃离尘嚣，探寻那些尚未被过度开发、依然保持着原生态风貌的地方。那里，山清水秀，空气清新，田园风光如诗如画，未经刻意雕琢，自然之美更是许多人工景点所无法比拟的。

　　在现代都市的快节奏生活中，人们承受着巨大的生存压力，物质与精神的双重负担时常让他们感到压抑与疲惫。当压力积累到一定程度，急需一个

释放的出口。此时，回归田园，体验那份桃花源般的宁静与悠闲，便成了许多人旅游的首选。

　　然而，乡村旅游在迅猛发展的同时，也暴露出了诸多管理上的问题。环境脏乱差、服务意识不足、缺乏合理规划、住宿餐饮条件参差不齐等，这些都成为制约乡村旅游进一步发展的因素。管理的好坏，归根结底在于人的因素。因此，我们必须从乡村旅游从业人员的培训入手，全面提升他们的综合素质，保证乡村旅游能够在保持原生态之美的同时，为游客提供更加优质、舒适的旅游体验。

一、贵州旅游管理者要加强学习

　　乡村旅游，作为近年来备受瞩目的旅游形式，其独特的风情、原生态的环境和深厚的文化底蕴吸引了大量游客。然而，尽管乡村旅游已经发展了多年，但在管理方面，我们不难发现其步伐并未与迅猛的发展速度相匹配，存在着诸多管理漏洞和亟待完善之处。

　　这一现状的根源，很大程度上在于政府部门对乡村旅游管理的重视程度不足。长期以来，政府并未独立设立专门的"乡村旅游管理机构"，而是将其业务简单地划归到文化和旅游局或旅游发展委员会等下属部门，由某个科室分管，导致了对乡村旅游管理的忽视，缺乏统一规划和有效监管，影响了乡村旅游的健康发展。

　　在这种背景下，乡村旅游管理者自然也难以引起足够的重视。他们在管理、发展、规划等方面，只能摸着石头过河，在不断探索中前进，影响了乡村旅游的品质和形象，制约了其可持续发展。

　　为了改善这一现状，需要从多个方面提升乡村旅游管理的水平。首先，乡村旅游的管理者应深化政治学习，全面理解并掌握党和政府的方针政策，特别是关于当地乡村旅游发展的重要政策和行动。其次，乡村旅游管理者还应加强自身的业务学习，熟练掌握发展乡村旅游的全过程，了解旅游业的基本知识、市场趋势和营销策略以及乡村旅游的特色和优势。同时，还应具备项目管理、团队管理、危机应对等相关的管理技能和经验，有助于管理者更

好地把握乡村旅游的发展方向，提高管理效率和服务质量。此外，还可以借鉴一些成功的乡村旅游管理经验和案例，一些地区通过引入专业的管理团队、制定详细的发展规划、加强营销推广等措施，成功打造了独具特色的乡村旅游品牌，这些经验和案例的借鉴为我们的乡村旅游管理提供了有益的启示和参考。

二、着力培训一批素质良好的导游

在旅游业的蓬勃发展中，导游的角色日益凸显，尤其对于那些新兴的旅游景点而言，他们更需要一批拥有高素质、高能力的导游队伍来带领游客领略其独特的魅力。这些导游不仅要有深厚的文化底蕴，还需要有出色的口才和综合能力，因为他们的形象，无疑会成为游客对一个景点最直接、最生动的感知。

想象一下，当游客们踏入一个陌生的地方，首先接触到的便是导游。导游的言谈举止，甚至每一个细微的表情，都会成为游客对这个地方的第一印象。如果导游满口下流话、脏话，会让游客对这个地方产生负面印象。相反，如果导游温文尔雅、举止得体，那么游客对这个地方的好感度自然会大增。导游的责任远不止于此。在介绍某个景区或景点时，他们不仅是信息的传递者，更是文化的传播者。但有些导游在介绍时，存在出现"夸大其词"或"自卑心理作祟"的情况。前者会让游客觉得虚假，后者会让游客觉得这个地方缺乏魅力。只有客观、公正、真实、有情感地推荐这个景区，才能真正打动游客的心，激发他们游览的兴致。

要成为一名优秀的导游，光有口才还不够，他们必须具备较高的综合素质。

首先，具备过硬的旅游政策、旅游法规、旅游地理、旅游文化等方面的知识。只有掌握了这些基础知识，他们才能在游客面前游刃有余，回答游客的各类问题。

其次，根据自己所服务的景点类型进行有针对性的培训。比如，从事乡村旅游的导游就需要结合乡村的自然地理、人文习俗、风土典故等实际情况

进行深入的学习和了解。只有这样，他们在向游客介绍时才能将乡村的美丽风光和独特文化生动地展现出来。

最后，具备高情商和高执行力。高情商表明他们能够敏锐地感知游客的需求和情绪变化，从而及时调整自己的服务方式和内容；高执行力表明他们能够迅速、准确地完成游客的各类要求，为游客提供贴心、周到的服务。

三、着力培训乡村旅游宾馆服务员

在当今日益繁荣的乡村旅游市场中，宾馆作为乡村旅游体验的重要一环，其服务质量和舒适度直接影响着游客的整体感受。因此，对于乡村旅游的宾馆来说，仅仅提供一个床铺供游客休息已远远不能满足现代游客的需求。相反，需要在温馨、细致的服务上倾注更多的心血，让每一位游客都能感受到温暖与舒适。

在乡村旅游的背景下，温馨不仅是一个形容词，更是一种情感的传递。为了营造这种氛围，宾馆可以从多个方面入手。在房间设计上，采用温馨的色彩搭配和舒适的家具布局，让游客一进入房间就能感受到家的温暖。此外，宾馆还应该提供一些贴心的服务，如为游客准备一杯热茶或热牛奶，让他们在寒冷的夜晚感受到家的温暖。

当然，除了房间设计和服务外，宾馆还应该从其他方面提升游客的温馨感受。在餐厅提供地道的乡村美食，让游客在品尝美食的同时，也能感受到乡村的淳朴和热情。此外，宾馆还应组织一些亲子活动或文化体验活动，让游客在轻松愉快的氛围中感受乡村的美好。

在乡村旅游的宾馆中，细致服务不仅体现在日常的管理和维护上，更体现在对游客需求的关注和满足上。宾馆应提前了解游客的入住需求和喜好，为他们提供个性化的服务，如为喜欢安静的游客安排远离喧嚣的房间，为喜欢户外活动的游客提供便捷的户外装备等。

此外，宾馆还要注重服务的细节，从入住时的欢迎饮料、到房间内的日用品配备、再到退房时的礼品赠送等，每一个细节都能让游客感受到宾馆的用心和关怀。只有做到细致入微的服务，才能真正赢得游客的心。

四、着力培训乡村旅游餐饮工作人员

餐饮，作为旅游体验中不可或缺的一环，其品质的好坏直接关系景区的整体旅游水平。在传统观念中，餐饮往往被视为简单的食物供应，只需为游客提供一桌饭菜即可。但这种观念在如今的社会背景下显得尤为过时。随着人们生活水平的迅速提升，游客对餐饮的要求已经发生了翻天覆地的变化，他们追求的不仅是满足口腹之欲，更是对美食的享受和体验。

为了提升景区餐饮的品质，需要从多个方面着手进行培训和改进。

首先，着力发掘和培养一批有潜质的乡村厨师。乡村美食具有丰富的地域文化和独特的风味，但传统的烹饪方式过于粗糙，难以适应现代游客的口味。因此，需要引导这些乡村厨师接受先进的烹饪理念，学习现代烹饪技巧，将乡村美食与现代餐饮完美结合，创造出既保留传统风味又符合现代审美的美食佳肴。

其次，对餐饮服务人员进行全面的培训。他们不仅要具备基本的餐饮服务技能，更要深入了解游客的饮食需求和喜好。他们应该懂得如何根据游客的口味和喜好推荐菜品，为游客的美食爱好建言献策。同时，还应该具备敏锐的味觉和嗅觉，能够及时发现菜品中的问题并进行调整，保证每一道菜都能让游客满意。

在培训过程中，还可以引入一些成功的案例和经验，如其他景区在提升餐饮品质方面的做法和成果。这些案例不仅为我们提供借鉴和参考，还能够激发我们的创新思维和灵感。此外，还应结合游客对景区餐饮的满意度调查、游客对美食的偏好分析等一些统计数据，以帮助我们更准确地把握游客的需求和喜好，从而制定出更加符合市场需求的餐饮策略。

五、着力培训乡村旅游文化和形象大使

随着乡村旅游的蓬勃发展，我们不难发现，当旅游发展到一定阶段时，单纯的自然风光已不足以满足游客的深层次需求。此时，乡村旅游必须寻求更高的档次和规模，而这背后，文化的支撑显得尤为重要。文化，作为一种

无形的力量，它既能植根于当地的民风、民俗、民情之中，为乡村注入独特的魅力，同时也需要借助各种载体来深入挖掘和释放其内涵。

贵州孕育了丰富多彩的文化。其中，夜郎文化、少数民族文化、酒文化、红色文化等都是贵州独有的文化瑰宝。这些文化不仅是贵州人民的骄傲，更是推动乡村旅游向更高层次发展的有力支撑。以黔东南西江苗寨为例，这里是苗族同胞的聚居地，有着深厚的苗族文化底蕴。在这里，游客可以亲身感受到苗族同胞的淳朴民风，领略到他们独特的民族风情。苗寨内，苗族祖先遗传下来的生活习俗得以完整保留，苗族银饰、苗族刺绣、苗族歌舞等都是苗族文化的生动体现。

除了苗族文化，贵州的酒文化也值得一提。贵州是中国的白酒之乡，茅台酒更是享誉全球。在乡村旅游中，游客可以参观酒厂、了解酿酒工艺、品味美酒佳酿。这种融合了文化与旅游的全新体验让游客在欣赏美景的同时，也能感受到贵州独特的文化魅力。此外，红色文化也是贵州的一大特色。在革命战争年代，贵州是红军长征的重要途经地之一，留下了许多珍贵的红色历史遗迹。这些遗迹见证了红军长征的艰辛历程，也传承了革命先烈的崇高精神。在乡村旅游中，游客可以参观这些红色景点，了解革命历史，感受红色文化的熏陶。

第二节　完善旅游服务设施与配套

一、贵州云端旅游平台"司南行"的构建

当前，全球经济复苏的道路充满荆棘，但值得欣慰的是，我国旅游行业以惊人的速度迅速复苏，国内旅游市场正展现出"稳健起步、高歌猛进、持续升温"的喜人态势，旅游经济正处于迈向卓越的关键节点。为了保证旅游产业的蓬勃发展和持续竞争力，我们亟须依托大数据的强大支撑，对传统旅游模式进行深刻的革新与升级。在这方面，贵州作为全国知名的大数据产业高地和风景如画的旅游胜地，肩负着引领创新旅游发展的重任。贵州应当充

分利用其独特的优势，发挥领头羊的示范作用，构建一个前沿的"云旅游"平台。这个平台不仅将结合大数据、云计算等先进技术，为游客提供更加便捷、个性化的旅游服务，更将成为贵州旅游的宣传窗口，助力贵州旅游经济实现质的飞跃。通过这一创新举措，我们期待贵州能够在旅游产业的转型升级中，书写新的辉煌篇章。

（一）贵州云端旅游平台构建优势

1. 依托良好的发展政策

在 2020 年的岁末之际，贵州省委、省人民政府着眼于新时代的旅游发展趋势，正式印发了《关于推动旅游业高质量发展　加快旅游产业化建设多彩贵州旅游强省的意见》（以下简称《意见》）。这一重要文件提出了提高旅游服务质量的宏观目标，详细规划了实施路径。其中特别强调"互联网＋旅游"的融合创新及"大数据＋全域智慧旅游"的持续推进。通过这一战略部署，贵州省实现了"智慧旅游"与"满意旅游"的双向提升，为游客提供更为便捷、高效、舒适的旅游体验。在《意见》中，贵州省委、省人民政府明确指出，要提高旅游服务质量，需要在硬件设施上下功夫，更需要在服务细节上用心。比如，加强旅游从业人员的培训，增强他们的专业素养和服务意识；完善旅游信息服务平台，提供更为全面、准确的旅游信息；加强旅游安全保障，保证游客的人身安全和财产安全。

随着互联网技术的不断发展，旅游业也迎来了新的发展机遇。贵州省通过加强互联网技术在旅游业的应用，推动旅游产业的数字化、智能化升级。比如，建设旅游大数据中心，对游客的出行、消费等数据进行收集和分析，为旅游企业提供更为精准的市场定位和营销策略；推广电子门票、在线预订等服务，提高游客的出行效率和体验；利用虚拟现实、增强现实等技术，为游客提供更加丰富多彩的旅游体验。

在持续推进"大数据＋全域智慧旅游"建设上，贵州省通过整合各类旅游资源，构建全域旅游数据库，实现了旅游信息的共享和互通。借助大数据

技术，对旅游市场进行精准分析，为旅游企业提供更为科学的市场预测和决策支持。此外，贵州省还加强了对旅游产业的监管和管理，保证旅游市场的健康有序发展。

2022 年，在国务院印发的《关于支持贵州在新时代西部大开发上闯新路的意见》（国发〔2022〕2 号）中，再次强调了"促进文化产业和旅游产业繁荣发展"的重要性。这一政策的出台为贵州省旅游产业的发展提供了更为广阔的空间和更为有力的支持。

2023 年，贵州省文化和旅游厅积极响应国家政策，发布一系列旅游招商项目，目的是吸引更多的投资者参与到贵州省旅游产业的建设中。通过构建全省高质量发展体系，贵州省将进一步推动旅游产业的转型升级和提质增效，为游客提供更加优质、多样化的旅游产品和服务。

2. 平台功能自主灵活

传统的旅游模式常受制于时间、天气和景点信息的更新速度，这使得游客在选择满意的旅游路线时效率不高。而原始的云旅游，尽管允许人们在家中浏览世界，却因缺乏身临其境的体验而容易引发视觉疲劳。然而，创新的云旅游方式提供了一种解决方案，它结合了两者的优点：既保留了云旅游的便捷性，又通过云平台的精准信息服务，让游客能够实时了解旅游地的天气状况、最新通知和游客数量，从而自主、灵活地决定旅游的地点和时间。这种模式不仅提升了旅游的效率，也丰富了旅游的体验，使游客即使在家中也能享受到身临其境的旅行乐趣。

3. 平台旅游方式选择多样化

对于游客来说，选择合适的出行方式确实是一个挑战。传统的旅行方式，如跟团游和自由行，虽然各有其特点，但往往存在一定的局限性。跟团游会缺乏个性化体验，而自由行需要游客自己规划行程，会面临信息不足和成本控制的问题。随着经济的发展和居民收入的提高，人们对旅行的质量和体验有了更高的期待。创新的云旅游平台正是基于这样的背景下产生的，它通过

以下几个方面来满足游客的需求。

①个性化推荐：利用大数据和人工智能技术，分析游客的偏好和行为模式，提供个性化的旅游推荐，帮助游客快速找到符合自己兴趣的旅游路线和活动。

②成本效益分析：收集和分析各种旅游产品和服务的价格信息，帮助游客进行成本效益分析，找到性价比最高的旅游方案。

③实时信息更新：提供天气状况、交通状况、景点人流等实时的旅游信息，帮助游客作出更加合理的出行决策。

④智能行程规划：根据游客的时间、预算和兴趣，自动生成或优化旅游行程，节省游客的规划时间。

⑤社交互动功能：具备社交功能，游客能够分享自己的旅行经历，获取他人的推荐和建议，增加旅行的互动性和趣味性。

⑥增值服务：提供在线预订、电子导游、实时翻译等一系列增值服务，进一步提升游客的旅行体验。

⑦安全保障：游客能够头时接收到安全预警和紧急救援信息，提高旅行的安全性。

⑧环境友好：鼓励可持续旅游，提供环保旅游选项，帮助游客在享受旅行的同时，减少对环境的影响。

4. 平台宣传方式全面

互联网的普及和受众群体的不断扩大，已经深刻改变了人们获取信息和进行社交的方式。在这样的背景下，创新云旅游平台的出现满足了人们对网络依赖的需求，为旅游行业带来了新的发展机遇。

①增强互动性：通过社交媒体集成，允许用户分享自己的旅行故事、照片和视频，增加了平台的互动性和社区感，也为其他用户提供了灵感和信息。

②虚拟现实体验：利用虚拟现实（VR）技术，云旅游平台能提供沉浸式的旅游体验，让用户体验到仿佛身临其境的感觉，即使在家中也能探索世界。

③ 个性化定制服务：根据用户的偏好、历史行为和反馈，提供个性化的旅游建议和定制服务，满足不同用户的需求。

④ 智能推荐系统：通过机器学习算法，云旅游平台能分析用户数据，智能推荐旅游目的地、活动和产品，提高用户的选择效率。

⑤ 多语言支持：提供多语言界面和内容，吸引不同国家和地区的用户。

⑥ 实时数据分析：实时收集和分析用户行为数据，帮助旅游企业和服务提供商更好地了解市场需求，优化产品和服务。

⑦ 用户反馈机制：通过在线调查、评论系统和用户反馈，收集用户满意度和改进建议，不断优化用户体验。

⑧ 旅游安全与健康：提供旅游安全信息和健康指南，帮助用户在旅行中保持安全和健康。

⑨ 促进地方经济发展：宣传地方文化和特色旅游产品，云旅游平台有助于提升地方旅游品牌的知名度，吸引更多游客，促进地方经济发展。

⑩ 环境保护意识：推广可持续旅游的概念，鼓励用户选择环保的旅游方式，减少对环境的影响。

⑪ 教育与文化交流：通过传播文化知识，促进不同文化之间的理解和尊重。

⑫ 合作伙伴关系：与旅游企业、地方政府和非政府组织建立合作伙伴关系，共同推广旅游目的地和文化活动。

（二）贵州云端旅游平台"司南行"的构建

1. "司南行"平台定位

"司南行"平台，立足于大数据的丰富资源，为贵州的旅游业注入了智能化和信息化的新动力。它不仅是一个旅游信息的聚合地，更是一个多维度服务的提供者，涵盖了智慧旅游和云旅游的前沿概念。通过与各类服务的融合，"司南行"为游客打造了一个全方位的旅游生态系统。该平台精心整合了贵州

的旅游资讯，提供了景点介绍、文化背景、当地特色等一系列详尽的旅游信息。同时，"司南行"还为游客精心策划了多样化的旅游内容，无论是自然探索、文化体验还是休闲度假都能满足不同游客的个性化需求。在出游方式上，"司南行"推崇便捷性，利用智能算法为游客推荐最优的旅游路线和活动安排，保证每位游客都能享受到轻松愉快的旅程。此外，平台还提供了在线预订、实时客服、个性化推荐等高效的旅游服务，保证游客在旅行过程中的每一个需求都能得到及时响应和满足。

2. "司南行"平台的支撑系统

云旅游平台构建是建立在互联网、大数据基础上的，通过云计算技术进行信息采集、信息储存、信息分析和信息应用（如图 5-1 所示）。

（1）信息采集系统

利用先进的大数据系统能全面采集用户的基本信息。交通运输信息如航班、火车、汽车等交通工具的实时动态；景区资源信息如各景点的地理位置、开放时间、特色活动等；酒店商铺的详细信息如房间类型、价格、优惠政策、店铺特色商品等。为了保证信息的真实性和完整性，引入 DPS（数据处理系统）进行筛选。DPS 利用算法模型对海量数据进行清洗、去重、补缺，保证最终提供给用户的是全面有效的信息。同时，DPS 还对用户的出行轨迹、消费习惯等流动信息进行追踪，为后续的个性化服务提供数据支持。

（2）信息储存系统

经过数据采集和筛选后，将这些数据储存到高性能的数据库中。这些数据库具有强大的扩展性和稳定性，能支持大规模数据的存储和查询。为了方便用户查找和使用，将数据进行分类整合，并分配到各应用板块，如酒店预订、景区导览、交通查询等。这样，用户只需通过平台即可快速获取所需信息，实现平台与景区服务互联，酒店和店铺数据共享。

（3）信息分析系统

利用多种技术手段，如 GPS（全球定位系统）、专题地理信息系统（Thematic GIS）、区域地理信息系统（Regional GIS）、地理信息系统工具（GIS

```
                                    ┌─────────────┐
                                 ┌──│ 游客基本信息 │
                                 │  └─────────────┘
                                 │  ┌─────────────┐
                                 ├──│ 陪游人员具体 │
                                 │  │     信息     │
                  ┌──────────┐   │  └─────────────┘
               ┌──│ 信息采集系统 │──┤  ┌─────────────┐
               │  └──────────┘   ├──│ 客运服务具体 │
               │                 │  │     信息     │
               │                 │  └─────────────┘
               │                 │  ┌─────────────┐
               │                 ├──│ 景区资源控制 │
               │                 │  │     系统     │
               │                 │  └─────────────┘
               │                 │  ┌─────────────┐
               │                 └──│ 景区出入系统 │
               │                    └─────────────┘
```

信息采集系统
- 游客基本信息
- 陪游人员具体信息
- 客运服务具体信息
- 景区资源控制系统
- 景区出入系统

信息储存系统
- 游客信息数据库
- 陪游人员信息数据库
- 客运服务资源数据库
- 酒店入住信息数据库
- 店铺营业信息数据库

信息分析系统
- GIS系统
- GPS系统
- 信息分析中心

"司南行平台构建系统"

信息应用系统
- 平台管理端
  - 用户流量监测
  - 定位监控管理
  - 商户服务管理
- 景区商户端
  - 景区
  - 酒店
  - 客运服务等
- 游客用户端
  - 旅游
  - 消费
  - 社交

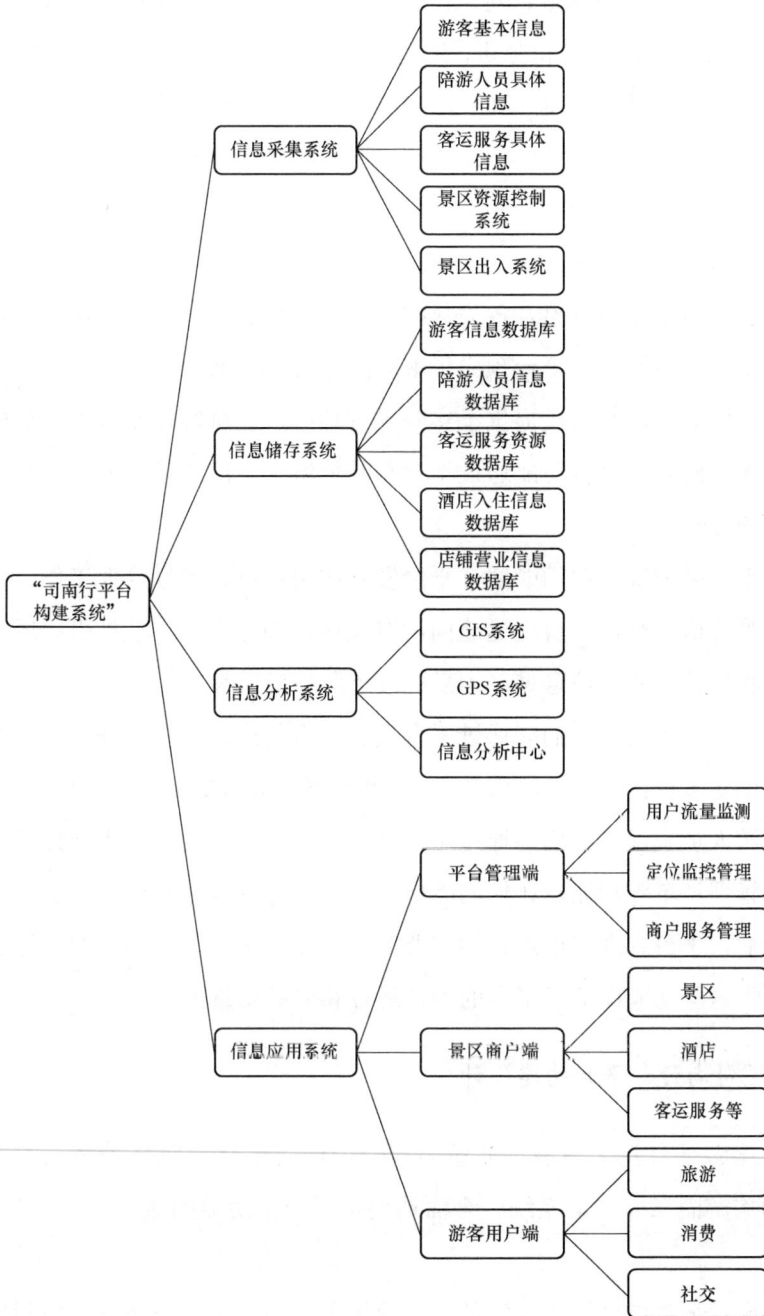

图 5-1 "云旅游"平台系统构建

Tools）以及云计算技术等，对景区内的天气、停车点、车流量、人流量等实时更新的信息进行获取和分析。通过 GPS 和 GIS 技术，实时监控景区内的游客分布情况，为游客推荐合适的游览路线，避免人流拥堵。同时，根据历史数据和实时数据预测未来一段时间内的游客流量，为景区管理提供决策支持。

（4）信息应用系统

信息应用系统通过整合各类数据和服务，形成了一个可视化的平台。对于游客来说，他们通过平台预先了解旅游路线、购票、订酒店、购买商品、预订陪游服务等。平台还提供了实时导览功能，让游客在景区内能够轻松找到目的地。此外，游客还能通过平台与其他游客交流心得、分享照片等来增加旅游的趣味性。

对于景区来说，他们能通过平台发布相关消息、做好管理工作。当景区内发生紧急情况时，平台能迅速向游客发送通知并提供疏散指引。同时，平台还能收集游客的反馈意见，为景区改进服务提供参考。

对于商家来说，他们能通过平台卖货、宣传产品。平台提供了优惠券、会员制度等多种营销工具和服务支持，帮助商家吸引更多客户并提高销售额。对于陪游人员来说，他们能通过平台获得收入。平台为陪游人员提供了在线接单、管理订单等功能，让他们能更加便捷地提供服务并获得报酬。

最后，平台管理可以进行用户监测、工作人员定位管理、商户服务管理监控等。这些功能保证了平台的稳定运行和服务质量。

3. "司南行"平台构建设计

云旅游平台几乎覆盖了旅游中需要的所有信息，包括景区动态主页、服务和旅游圈三方面，系统、全面地展示了当下所需的旅游服务（如图 5-2 所示）。

司南行平台提供了便捷的线上浏览服务，融合了停车服务、应急服务及多元化的"吃、住、行、购"服务，创新性地推出了陪游服务和旅游圈功能，极大地提升了游客的旅游体验。

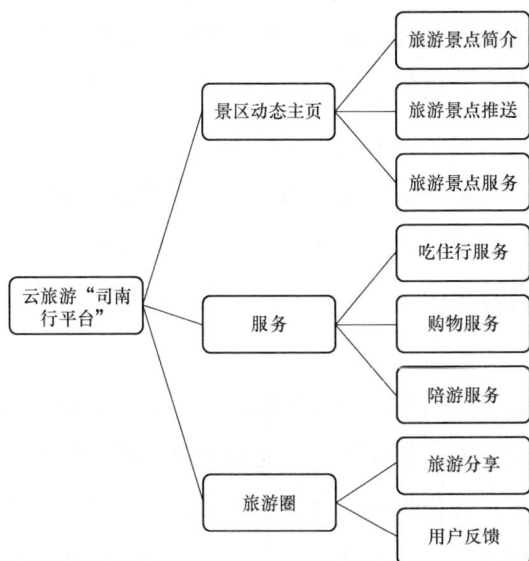

图 5-2　"司南行"平台构建

　　司南行平台通过线上浏览服务，为游客提供了一个全面且直观的旅游信息窗口。游客在出发前能登录平台，详细了解目的地的文化风俗、特色景点及景区内的客流量情况。利用先进的 VR 技术，平台拍摄了景区全景，使游客仿佛置身其中，提前规划好旅游路线和项目。这种沉浸式的体验不仅减少了游客在景区内的迷茫感，还使他们的旅行更加高效和有趣。

　　停车服务方面，司南行平台与景区管理部门紧密合作，通过大数据技术记录当日景区车辆的进出情况，实时更新停车地、停车收费情况和线上车位预约信息。在假期等车流量较大的时段，平台能帮助游客迅速找到停车点，并联系景区车辆进行接送，有效解决了停车难的问题。

　　应急服务方面，司南行平台将游客的安全放在首位。平台详细标记了景区内的紧急消防装置，保证游客在紧急情况下能够迅速找到并使用。同时，还配备了紧急报警功能，游客只需简单操作即可向平台发出求助信号，平台将立即启动应急响应机制，最大限度地保障游客的生命安全。

　　在"吃、住、行、购"服务方面，司南行平台与客运部门、酒店及景区商家进行深度合作。通过严格的筛选和监管机制，平台保证信息的真实性和可靠性，防止恶意涨价和虚假宣传的发生。游客能在平台上预订酒店、餐饮

和特产，享受便捷的一站式服务。同时，平台还提供了丰富的旅游攻略和优惠活动信息，使游客的旅行更加经济实惠。

陪游服务是司南行平台的另一大特色。平台推出直播陪游和"滴滴"陪游两种服务模式。直播陪游允许主播在旅游过程中通过平台向粉丝分享旅游景点和地区文化，吸引了大量线上游客的关注和参与。而"滴滴"陪游则满足了游客在旅游过程中的个性化需求，游客能根据自身喜好选择导游和服务方式。

司南行平台的旅游圈功能为游客提供了一个分享和交流的平台。游客能在旅游圈中分享自己的旅行经历、感受和建议，吸引更多志同道合的旅友加入。同时，根据用户评价收集反馈信息和建议，对景区、酒店和服务人员进行监督和改进，形成了一个良性循环的生态系统。这种社交化的旅游体验不仅增强了游客之间的互动和联系，还为景区和商家提供了宝贵的市场数据和用户反馈。

（三）贵州云端旅游平台"司南行"预期应用价值

1. 创新模式，深度挖掘贵州旅游的社会价值

在贵州这片充满魅力的土地上，创新的旅游平台正以其独特的模式，为游客带来前所未有的旅游体验，同时也在深度挖掘和创造着社会价值。

首先，这一旅游平台通过整合贵州全省的旅游信息，实现了信息的集中化、标准化和可视化。游客只需在平台上轻松点击，便能一站式解决旅游中的"信息差"问题，无论是交通、住宿、景点还是美食，都能得到全面而准确的信息推荐。此外，平台还利用大数据分析，为游客推荐更符合个人兴趣和需求的旅游线路和活动，让每一位游客都能获得量身定制的旅游体验。

其次，平台的旅游选择方式极具创新。直播陪游功能让线上游客仿佛身临其境，在主播导游的引领下，对贵州的壮丽山水、人文风情进行立体、真实的观赏。游客可以实时提问、互动，甚至参与投票决定游览路线，极大地增强了旅游的趣味性和互动性。同时，景区也借助直播的方式，向全国乃至

全球的游客展示了自己的独特魅力，实现了更广泛、更有效的宣传。

再者，这一创新的旅游平台在促进就业和带动其他行业发展方面也发挥了重要作用。通过为高校毕业生等年轻人提供就业机会，平台缓解了贵州省内的就业压力，为年轻人提供了一个施展才华、实现梦想的舞台。同时，平台的运营和发展还带动了旅游、交通、餐饮、住宿等相关产业的蓬勃发展，形成了一个良性的产业生态圈。

此外，平台还积极助力贵州创新发展民族特色文化产业。在平台上，游客能欣赏到苗族蜡染、刺绣、银饰和布依族土布制作、扎染等精湛的手工艺技艺，并购买到这些精美的文创产品。这不仅为传统手工艺的传承和发展提供了新的途径，也为游客带来了独特的购物体验和文化享受。

2. 产业融合，全面提升贵州旅游的经济价值

除了创新旅游模式外，平台通过与景区、客运服务、酒店、餐馆、店铺等多产业的紧密合作，实现产业的深度融合和协同发展。这种"一条链"式的服务模式让游客在旅游过程中享受到更加便捷、舒适、丰富的服务体验。无论是交通出行、住宿餐饮还是购物娱乐都能得到全方位地满足和保障。

同时这种多元化的服务模式也极大地提升了贵州旅游的经济价值。通过整合各种资源和服务提高游客的满意度和忠诚度从而吸引更多的游客前来旅游消费。这不仅为贵州旅游业带来了可观的收入也为其他相关产业带来了更多的商业机会和发展空间。

二、尧龙山地学旅游科普研学基地共建共治共享

尧龙山地学旅游科普研学基地（以下简称"基地"），在尧龙山镇党委政府的精心筹划与贵州省地质调查院的公益助力下，得以在尧龙山镇尧龙山村这块丰饶的土地上落地生根。该基地充分挖掘了当地的地质文化资源，并通过尧龙山镇政府的牵线搭桥，巧妙利用了当地一家房地产开发商废弃的约4 000平方米房产，实现了资源的有效利用。在尧龙山村合作社、尧龙中学、尧龙山村民以及社会各界热心人士的慷慨捐助与积极参与下，这一集地学旅

游研学、农耕文化研学、红色文化于一体的综合性实践教育基地得以顺利建设。

2019 年 9 月 30 日，这一历史性时刻终于到来。在遵义旅投公司、桐梓县委、县政府、县教育局、县交通局以及桐梓县各乡镇中小学教师代表的共同见证下，基地成立仪式隆重举行。基地的策划与规划工作由贵州省地质调查院主导，彰显了其专业与远见。成立后，基地交由尧龙中学进行日常管理，随后又由尧龙山镇文旅中心接手，以保证其长期稳定发展。

在建设之初，尧龙山镇政府就将其定位为"尧龙山村合作社＋房地产企业 ＋村民共建共治共享"的创新模式，意在打造一个集多方力量于一体的综合性教育基地。而尧龙中学的加入，不仅为基地的管理注入了新的活力，也为其提供了源源不断的教育资源和人才支持。

（一）尧龙山镇总体概况

尧龙山镇是镶嵌在贵州省桐梓县北部的一颗璀璨明珠，与重庆市綦江区毗邻，自古以来便享有"黔北门户""川黔锁钥"的美誉。这里的尧龙山主峰巍峨耸立，海拔高达 1 795 米，作为大娄山山脉中段的重要组成部分，它如同一位威武的守护者，屹立在尧龙山镇的怀抱中。

尧龙山镇下辖 11 个行政村，总面积约 127 平方千米，拥有耕地面积约 1 096 万平方米、良田面积约 966 万平方米的广袤土地，总人口近 3 万，是一个充满生机与活力的地方。这里地理位置优越，是重庆沿兰海高速、210 国道进入贵州的首个乡镇，距离重庆市区仅 150 千米，距离桐梓县城也仅有 69 千米。这一得天独厚的区位条件使尧龙山镇成了连接渝黔两地的重要桥梁。

尧龙山镇地理位置优越，气候宜人、资源丰富。这里山清水秀，空气清新，全镇平均海拔约 1 100 米，全年平均气温为 10～15 摄氏度，森林覆盖率高达 73% 以上。这里夏无酷暑，冬无严寒，四季如春，是一个天然的避暑胜地和休闲度假的好去处。

尧龙山镇拥有丰富的旅游资源，境内有知名的韩家店世界级剖面，这里保存着大量的奥陶系、志留系古生物化石群，为地质学家提供了宝贵的研究

资料。此外，这里还有奇异的喀斯特孤峰、云上梯田等自然生态景观，让人流连忘返。除了自然景观外，尧龙山镇还拥有丰富的人文景观，如尧龙山千年古刹瑞峰寺、历史悠久的贵州省北界界碑、箭头垭村红军烈士墓、虹关古战场等，这些景点不仅见证了尧龙山镇的悠久历史和文化底蕴，也吸引了众多游客前来观光游览。

尧龙山镇积极推动旅游业的发展，目前已成为国家 3A 级旅游景区。这里拥有中高档乡村旅馆 145 家，床位 7 000 余张，各种级别的特色餐馆几十家，为游客提供了舒适的住宿和美食体验。此外，这里还修建了 10 余千米的健身步道，供游客户外活动和健身锻炼。每年，尧龙山镇都会接待游客 5 万余人次，旅游综合收入达到 2 000 万余元，为当地经济的发展注入了新的活力。

除了旅游业外，尧龙山镇还注重公共基础设施的建设。这里拥有尧龙山镇医院、尧龙山镇中小学、中国石化尧龙山镇加油站等完善的公共设施，为当地居民和游客提供了便捷的服务。同时，尧龙山镇还具有良好的研学基地建设条件，为中小学生提供了丰富的实践机会和教育资源。

（二）共建共治共享是基地的本质要求

1. 共建是推进融合的客观要求

在贵州乡村旅游的基地建设中，融合成为不可或缺的核心要素。这一融合并非简单的组合，而是需要与政府、企业、村民、运营单位等各方力量进行深入而精准地协调与配合。正如实践所展现的，共建共治共享的路径强调了多方联合主体的关键作用，各方参与单位凭借各自的优势互补，共同为基地建设贡献力量。

这条路径充分发挥了村民在生产环节的经营优势。他们凭借对本土资源和文化的深厚理解，以及长期积累的生产技能，为乡村旅游基地注入了浓厚的乡土气息和人文底蕴。与此同时，政府的角色也至关重要。政府通过制定和实施相关政策，引导村民和企业有序参与基地建设，保证各项工作的有序进行。在政策引导方面，政府不仅注重提升村民的组织化、专业化与社会化

程度，还着重健全资本下乡的规制。这种规制包括对资本进入乡村旅游市场的规范和引导，也包括对村民和企业行为的激励、约束与监督。政府通过这一系列的政策措施有效抑制了资本张力风险，保障了乡村旅游市场的健康有序发展。在这个过程中，新型农业经营主体发挥了不可替代的作用。他们借助技术、资金、品牌和市场等方面的优势，为乡村旅游基地的建设和运营提供了强大的支持。通过生产规模化与服务规模化，这些经营主体提升了基地的规模报酬，通过基地的结构调整、产业链延伸和融合发展，为贵州乡村旅游产业带来了更高的附加值。

以茶叶和玫瑰花产业为例，学生在这里亲身体验采茶、炮制茶叶的过程，感受传统制茶技艺的魅力。同时，他们还能在工人师傅的指导下，亲手采摘玫瑰花并制作玫瑰香皂等手工艺品。

2. 共治是共享的重要保障

尧龙山镇的尧龙山村，一度以其得天独厚的区位和生态优势，吸引了来自四面八方的艺术家们驻足。他们在此安家落户，将艺术的种子播撒在这片土地上，使得这个原本宁静的小山村焕发出勃勃生机，成为贵州乡村旅游的一颗璀璨明珠。然而，随着艺术家们的涌入，一些问题也逐渐浮现。

由于缺乏有效的治理主体，村民们开始私搭乱建，环境秩序逐渐混乱。同时，面对日益增长的游客和艺术家，一些村民开始肆意涨租，导致了租户外迁，原本兴旺的乡村旅游市场逐渐萧条。这一切都让人们不禁深思：如何在共享发展成果的同时，实现有效的治理和共治？

共治强调融入多元力量，通过结构性力量的整合，将政府、市场和社会联结成一个"共同体"。在这个共同体中，各方力量在民主协商和权力制衡的原则下进行充分的商讨和合作，共同为尧龙山村的未来发展出谋划策。

在共治的过程中，首先要界定各投资方的责、权、利益界线。各方需要明确自己的角色和定位，承担起相应的责任和义务。同时也要尊重彼此的利益诉求，避免因为利益冲突而损害整体利益。通过协商和谈判，各方可以达成共识，形成一个互利共赢的局面。

其次，共治需要调和各主体的利益矛盾。在尧龙山村的发展过程中，政府、市场和社会等各方力量都有着自己的利益诉求，如果不能妥善处理这些矛盾，会导致整个发展进程的受阻。因此，共治需要注重各方利益的平衡和协调，通过沟通、协商和妥协等方式找到一个各方都能接受的解决方案。

最后，共治需要发挥各方的资源优势。在尧龙山村的发展过程中，政府发挥政策支持和引导的作用；市场发挥资源配置和竞争机制的作用；社会发挥监督和参与的作用。通过各方的共同努力和协作，最大限度地发挥各自的优势和潜力，共同推动尧龙山村的发展。

在共治的过程中，也需要借鉴一些成功的案例和经验，如一些乡村旅游胜地通过建立村民合作社、引入专业运营商等方式，实现村民与政府、市场的共赢。

3. 共享是基地发展的重要抓手

在推动基地建设的伟大征程中，共享发展成了我们的重要抓手。这一理念体现了社会主义的优越性，更是我们实现共同富裕的必由之路。为了真正落实共享发展，我们必须精心处理好村合作社、企业与村民之间的利益关系，确保各方都能从中受益，从而激发企业的积极性，促进基地的共同建设，实现真正的相互促进、共同发展。

首先，需要明确的是，村合作社、企业与村民是基地建设的三大主体，他们之间的利益关系紧密相连，相互影响。村合作社作为连接企业与村民的桥梁，既要保障村民的利益，又要促进企业的发展。企业则是基地建设的动力源泉，只有企业积极投入，才能推动基地的快速发展。而村民则是基地建设的最终受益者，他们的生活水平提升，才是建设基地的最终目的。

为了实现这一目的，需要遵循共建共治共享的原则。这一原则不仅强调了共同富裕的终极目标，更强调了渐进共享的过程。共享发展不可能是一蹴而就的，它会经历一个从低层次到高层次、从不均衡到均衡的过程。在这个过程中，我们需要根据各方的实际贡献和能力差异，合理分配基地建设成果。

具体来说，我们要充分考虑村合作社在基地建设中的协调作用，给予其

应有的权益保障，鼓励企业积极投入，通过政策扶持、税收优惠等方式，激发其参与基地建设的热情。村民要关注他们的实际需求，保证他们能够从基地建设中获得实实在在的利益。此外，还需要特别关注老弱病残等弱势群体。他们由于自身条件的限制，往往无法从基地建设中获得与其他人相同的收益。

只有这样，我们才能真正激发企业的积极性，促进基地的共同建设，实现共同富裕的终极目标。同时，我们也要关注弱势群体的需求，保证他们能够共享基地建设的成果。这是一个漫长而艰辛的过程，但只要我们齐心协力、共同奋斗，就一定能够实现我们的目标。

（三）基地的共建共治共享路径探究

构建一个高效且富有成效的贵州乡村旅游社会治理体系，不仅是乡村振兴的基石，更是保证乡村产业蓬勃发展、生态环境优美宜居、人民生活富足安康的重要保障。这一体系的建立，将为乡村经济的振兴提供稳固的支撑，推动贵州乡村旅游走向更加辉煌的未来。

1. 共建方面

在推动乡村发展的道路上，我们深知文化知识学习、技能教育培训、还权赋能等方式的重要性。这些手段不仅能够有效提升村民的地质文化水平，更能唤醒他们参与基地建设的主体意识，进而适应市场经济要求，构建一种新型集体经济组织形式，助力集体经济的持续壮大。

尧龙山村拥有丰富的自然资源和深厚的文化底蕴。一方面，可以依托其优质的土地资源，开发口感香醇的尧龙香米、历史悠久的尧龙古茶、风味独特的尧龙豆腐乳和尧龙香肠等一系列具有地方特色的富硒锌、绿色有机农业产品。这些特色产品不仅能满足市场需求，还能带动村民的增收致富。在这一过程中，鼓励村民发挥自己的主体性和创造性，通过技能培训、知识讲座、现场指导等方式，提高他们的综合素质和专业技能。同时也要注重引导村民树立正确的发展观、生态观和文化观，让他们真正成为乡村发展的参与者和受益者。

2. 共治方面

在当今社会，构建一个包含村民权利保障机制、政府权力约束机制和资本张力规制机制的综合性治理体系是解决现实问题、实现共同治理的重要途径。

首先，我们需要健全村民权利保障机制。这一机制的核心在于保证村民在关乎切身利益的重要事项上拥有知情权、决策权、监督权和收益权。具体来说，通过定期召开村民大会，让村民了解村庄的发展规划、项目进展和资金使用情况，增强他们的知情权。同时，对于村庄的土地流转、产业发展等重大决策，应充分听取村民的意见和建议，保证他们的决策权得到充分体现。此外，建立健全的村民监督机制，让村民对村庄的公共事务进行监督，防止权力滥用和腐败现象的发生。最后，通过合理的收益分配机制，保证村民能够分享到村庄发展的成果，增强他们的获得感和幸福感。

在提升村民组织化程度方面，可以借鉴一些成功的乡村治理模式。例如，成立村民理事会、产业发展协会等组织，将村民组织起来，共同参与村庄的公共事务管理。这些组织能为村民提供信息交流、资源共享和互助合作的平台，提升他们的凝聚力和向心力。同时，通过组织化的方式，还能提高村民对外部负面冲击的韧性，使他们有能力"自治"和自行维护权益。

另一方面，我们需要明确引入资本的重要性。资本是推动乡村经济发展的重要力量，它能为乡村提供资金、技术和市场等资源，促进乡村产业的升级和转型。但引入资本也面临一定的风险和挑战。如果不引入资本，基地后期发展可能会面临要素流失、村民主体缺位、内生能力不足的难题。这是因为乡村地区的资源有限，如果没有外部资本的支持，很难实现经济的快速发展。而引入资本则会出现利益失衡、地质环境承压等风险。因此，在引入资本的过程中我们需要建立健全的规制机制，保证资本的有序流动和合理利用。

3. 共享方面

在推动乡村经济多元化和可持续发展的道路上，土地收益共享机制、产业收益共享机制和地质（生态）收益共享机制构成了坚实的基石。首先，让

我们深入了解这些机制是如何相辅相成的。

土地收益共享机制是保证农民土地权益的关键。为此，应建立严格的资本下乡共建基地的准入机制。这一机制不仅要求资本方妥善安置村民，更要通过建立利益联结机制，引导村民融入现代农业体系，扶持他们提升文化素质与人力资本价值。这样的准入条件保证了资本与村民的互利共赢，同时也为乡村经济的持续发展奠定了坚实基础。

以尧龙山村为例，其基地建设得到了全体村民的广泛关注与大力支持。在项目建设过程中，镇村各级干部不辞辛劳、跋山涉水进行线路踏勘和项目现场考察。几乎每户村民都积极参与建设施工，他们出谋划策、投工投劳、不计报酬，用勤劳的双手打造了一个又一个美丽的景观节点。特别是在修建尧龙山上瑞峰寺的旅游步行道时，村民们更是展现了他们的智慧与力量。他们就地取材，从本村石材厂运来石材后，再用人工一块一块搬运上山。这不仅降低了建设成本，还保护了地质生态环境。

总之，尧龙山镇敏锐地把握了贵州乡村旅游振兴的时代契机，秉持着"以地质为基础、以文化为灵魂、以融合为核心、以惠民为根本"的核心理念，着力打造贵州乡村旅游的地质科普研学基地。在这一进程中，通过深入探索共建共治共享的新模式，尧龙山镇致力于解决乡村旅游发展中普遍存在的要素流失、村民参与度低、内生发展动力不足等挑战。这一做法旨在构建"共治保障共享、共享促进共建"的良性互动循环，为实现乡村旅游的可持续发展和共同富裕目标奠定了坚实的基础。

第三节　强化旅游安全与风险管理

一、贵州省山地旅游安全保障体系构建思路

在构建山地旅游安全保障体系的道路上，需以保证山地旅游参与者的安全，以及行业的健康、可持续发展为首要目标。当前，贵州正抢抓创建山地民族特色旅游强省的重大战略机遇，这一机遇不仅为贵州的旅游产业带来了

前所未有的发展动力，也对新的安全保障体系提出了更高的要求。

在体系构建中，要特别强调政府监管和企业/景区安全责任的落实。政府应加大对山地旅游安全监管的投入，建立健全相关的法规和政策，为旅游企业和景区提供明确的指导和规范。同时，企业/景区也要承担自身的安全责任，完善内部管理，保证旅游活动的安全进行。

在政策法规体系方面，需进一步完善山地旅游的政策法规，加强信息化建设，构建一个全面、系统、高效的山地旅游综合政策法规体系，包括旅游安全、旅游服务、旅游环境等多个方面，为山地旅游的发展提供全方位的保障。同时，加强山地旅游安全教育培训体系建设。通过定期开展安全教育培训，提高旅游从业人员和游客的安全意识，使他们能够更好地应对各种突发情况，保证旅游活动的安全进行。

在构建贵州山地旅游安全综合保障体系的过程中，要以贵州山地旅游安全管理体系、安全现场救援体系和安全保险体系为核心。这些体系应相互协调、互为补充，形成一个全面、有效的安全保障网络。其中，安全管理体系负责全面监控旅游活动的安全状况，及时发现并处理各种安全隐患；安全现场救援体系负责在发生安全事故时，迅速组织救援力量进行救援；安全保险体系为游客提供全面的保险保障，减轻游客因安全事故而产生的经济损失。此外，还要加强山地旅游应急管理体系建设，提高应对突发事件的能力，如建立健全应急预案、加强应急演练、完善应急设施等，保证在发生突发事件时，能够迅速、有效地进行应对，最大限度地减少损失。

要推进科技旅游综合保障体系建设。运用现代信息技术和科技手段，提高旅游安全管理的智能化、信息化水平。利用无人机进行空中巡查，及时发现并处理各种安全隐患；利用大数据技术对旅游活动进行实时监控和分析，为安全管理提供科学依据。

二、贵州山地旅游安全保障体系构建

（一）贵州山地旅游安全教育培训体系

贵州山地旅游资源丰富吸引了大量游客前来探索。但随着山地旅游业的

蓬勃发展，旅游安全问题也日益凸显。为了有效应对这一挑战，贵州建立了一套专门针对山地旅游安全的教育培训体系，这不仅考虑了人的因素，而且涉及了山地旅游管理、从业人员、参与者的全面培训，目的是提高整个山地旅游行业的安全水平。

由于工作性质的特殊性，山地旅游从业人员经常需要操作复杂的设备，参与如攀岩、徒步穿越等高风险的旅游活动。这些活动中的任何微小失误，都会引发严重的安全事故，对游客的生命安全构成威胁。因此，对从业人员进行深入、全面的安全教育培训显得尤为重要。新入职的员工和转岗的员工，他们对新的工作环境和设备操作不熟悉，这就需要通过系统化的培训来提升他们的专业知识和技能。安全教育培训不仅包括技术操作的指导，还包括对潜在风险的识别和应对策略，以增强他们的安全意识。他们需要了解如何在恶劣天气条件下安全操作设备，或者在遇到突发情况时如何迅速做出正确的判断和反应。为了保证培训的质量，旅游企业或景区应加大在安全教育培训上的资金投入，引入专业的培训机构和先进的教学设备，提供实践操作的机会，使从业人员能够在模拟环境中熟悉和掌握安全操作技能。同时，需要定期地复训和考核，保证员工的安全知识和技能始终保持在最佳状态。此外，决策层和管理层的从业人员起着关键作用，他们的决策和管理能力直接影响到整个企业的安全管理水平。因此，建立科学合理的安全教育和培训制度，对这些人员进行高级别的安全培训，提升他们的风险评估和应急处理能力是构建高效安全管理体系的关键环节。

开展对山地旅游参与者的安全教育培训。这些参与者可能缺乏山地旅游的经验和技能，对潜在的风险缺乏认识。因此，增强他们的安全意识、教授他们相应的山地旅游项目或户外知识技能、应急逃生技能是至关重要的。为此，贵州的山地旅游组织或组织者采取微信微博、公众号等多种方式，加强对山地旅游参与者的事前安全应急救援知识教育培训，帮助参与者更好地应对突发情况，提高整个山地旅游行业的安全水平。

增强从业人员的责任意识和经验水平。在山地旅游中，每一个从业人员都应该对自己的工作负责，对游客的安全负责。因此，加强责任意识的培训

是必不可少的。同时，通过积累经验和分享案例，能帮助从业人员更好地应对各种突发情况，提高应对突发事件的能力。

推广和使用特定的山地专业装备。装备能帮助从业人员更好地完成工作任务，还能提高整个山地旅游行业的安全水平。同时，企业/景区还定期组织应急救援救治演练培训，使从业人员通过演练掌握应急知识，提高应对突发事件的能力。

（二）贵州山地旅游安全管理体系

在深入剖析山地旅游企业的安全风险管理时，我们不得不提到一系列的法律法规，如《中华人民共和国安全生产法》《中华人民共和国旅游法》及《旅游安全管理办法》等，这些法规为我们明确了山地旅游企业/景区在安全风险预警提示中的主体责任。这种主体责任的明确，不仅是一纸法律文件的表述，更是对每一位游客生命安全的庄严承诺，是保证山地旅游可持续发展的基石。

首先，加强对企业经营者的安全宣传，这是实施安全风险管理的基础。在宣传过程中，我们不仅要保证山地旅游企业（景区）在安全教育培训和安全宣传方面的资金投入，更要关注人才、设施、物资、技术方法等全方位的投入。通过定期的安全培训，让从业人员深入了解旅游安全知识，掌握应对突发事件的基本技能；同时，通过引入先进的旅游安全管理系统，实现对旅游全过程的实时监控和预警。只有当这些要素都充分投入并有效运行时，我们才能为游客提供一个安全、舒适、愉快的旅游环境。

其次，健全与完善山地旅游企业及景区的安全管理制度。制定详尽的安全操作规程、应急预案、安全责任制度等，保证在突发事件发生时能够迅速、有效地应对。同时，建立健全山地旅游企业/景区的安全生产责任制，将安全责任落实到人，形成人人关心安全、人人参与安全的良好氛围。

（三）贵州山地旅游安全现场救援处置体系

贵州省山地旅游安全救援体系的核心在于安全救援指挥中心和专业救援队伍。具体而言，在全省范围内建立山地旅游安全总救援指挥中心，组建一

支集水上、滑雪、漂流、攀岩和户外探险等多元化救援技能于一体的专业救援队伍，他们需要具备专业的救援技能，具备高度的责任心和使命感，保证在紧急情况下能够迅速响应，有效救援。

各企业/景区内也需要建立医疗点，配置相应的医护人员和医疗物资，为山地旅游参与者和景区工作人员提供及时的医疗救护。医疗点要具备基本的医疗设施，具备应对各种突发状况的能力，保证在关键时刻能够为游客提供及时有效的医疗救助。

面对山地旅游安全事故，坚持"以人为本，生命至上"的原则。一旦发生安全事故，要立即启动应急预案，迅速控制现场，全力抢救受困人员。对于有生命体征的人员，要优先进行救治，防止发生二次事故。充分考虑现场的安全隐患，采取风险研判和有关防护措施，保证救援人员的安全。

坚持"安全第一、预防为主"的原则。在旅游活动开始前对游客进行安全教育，普及科学健身知识和安全自救技能。同时，各景区也要加强安全管理，完善安全设施，保证游客在游览过程中的安全。

（四）贵州山地旅游安全保险系统

为了全面发挥保险资金在风险转移和事中事后保障方面的作用，必须深化贵州山地旅游企业与保险公司之间的合作。

进一步完善贵州省山地旅游企业/景区的保险种类。除了传统的意外伤害保险和医疗保险外，还应针对山地旅游的特殊性推出山地旅游参保安全保险、山地旅游灾害补偿专项保险产品等。保险产品的设计应充分考虑山地旅游过程中的各种风险，如滑坡、泥石流、迷路等，确保游客在遭遇意外时得到及时救助。

建立保险机构与协会、山地旅游企业（景区）、俱乐部及救援组织、参保人共赢的旅游保险协同发展模式，实现保险资源的优化配置，提高保险服务的效率和质量。例如，保险公司与山地旅游企业合作，共同开发适合山地旅游的保险产品，通过协会和俱乐部的推广提高游客的参保率。救援组织可以在事故发生时提供及时的救援服务，降低事故损失。

政府改革和完善法律制度。积极构建涵盖多元主体、多层次的保险法律制度和法规体系，应对山地旅游可能带来的各种风险。与保险公司建立紧密的协作关系，通过政策引导形成协同合作的保险市场环境，整合并优化山地旅游保险资源。制定有利于山地旅游发展的政策扶持措施，如税收优惠、财政补贴等，鼓励保险公司开发和推广针对山地旅游的保险产品。通过政策引导促进保险公司之间的竞争与合作，形成公平、开放的市场环境，满足不同游客和旅游企业的保险需求。设立专项基金，应对山地旅游中的意外事故，提高对高风险项目的保险保障水平，降低事故对游客和企业的影响。

加强宣传教育工作，提高公众对山地旅游保险的认识。利用媒体、网络、旅游咨询服务等普及保险知识，解释保险产品的覆盖范围、理赔流程等，让游客充分认识到保险在保障自身安全和权益方面的重要性。同时，应关注游客在旅游全过程中的各种需求，提供包括餐饮、住宿、购物等在内的全方位保险服务，打造安全、安心的山地旅游环境。

持续开发潜力巨大的山地旅游保险产品。包括创新保险产品设计、提高保险产品的灵活性和个性化程度。整合保险产品保险和理赔条例，建立更加高效便捷的山地旅游保险服务体系。有助于提高山地旅游事故预防和事故理赔服务的质量，为游客提供更加全面、优质的保险保障。

（五）贵州山地旅游安全法规体系

在国家和贵州山地旅游安全保障体系的大背景下，深入研究相关的旅游安全政策、法律法规和规章，根据贵州山地旅游安全的独特情况和迫切需求，逐步构建并完善一系列具有科学依据和法律保障的政策法规体系。这一体系的建立为贵州山地旅游的安全保障提供了坚实的理论支撑，更为实际操作提供了明确的指导原则。

贵州独特的地形地貌为山地旅游提供了得天独厚的条件。随着山地旅游的蓬勃发展，安全问题也逐渐浮出水面。贵州山地旅游安全隐患繁多，既有自然因素如地质灾害、气候变化等，也有人为因素如游客行为不当、旅游设施管理不善等。不安定因素严重威胁着游客的生命财产安全，从多个角度采

取措施来应对各种突发事件尤为迫切。

完善与贵州山地旅游相关的法律法规。例如,《贵州省山地旅游参与者行为规范》,明确游客在旅游过程中应遵守的行为准则,减少因游客行为不当而引发的安全事故。《贵州省山地旅游行业规范》对旅游企业的经营管理、服务质量等方面提出了明确要求,确保旅游市场规范有序。《贵州山地旅游发展状况》和《贵州省山地旅游安全风险评估》对贵州山地旅游的现状和未来趋势进行了深入分析,为制定科学合理的旅游安全政策提供了重要参考。《贵州省山地安全事故应急管理办法》《贵州山地旅游安全事故责任追究与事故赔偿》等为应对旅游安全事故提供了明确的应急机制和责任追究体系。

在完善法律法规的同时,加强了贵州山地旅游安全的监管力度。成立了由政府、贵州山地旅游管理部门、交通部门、医院、市场安监部门、工商局、应急办等相关部门组成的旅游安全委员会,形成了一个跨部门、跨行业的协同监管机制。这一机制不仅能够统筹安排旅游安全工作,还能够及时发现和解决旅游安全中存在的问题。进一步明确了各企业/景区山地旅游安全责任清单和权力清单,确保责任到人、权力明确。这些举措的实施提升了贵州山地旅游安全监管的效率和水平,为游客的安全提供了更加坚实的保障。

第四节　提升旅游服务满意度与口碑

一、优化贵州乡村旅游公共文化服务质量

着力创建"社会力量参与公共文化服务"模式,打造中国式现代化贵州乡村旅游文化样板,为贵州建设文化强省提供基层文化探索……回望贵州乡镇基层公共文化事业走过的路,无论是文化矩阵打造、文化网络健全还是文化传承创新,关键都在人,基层文化人才队伍是繁荣发展贵州乡村旅游文化的重要基础力量,应着眼于人才引进、挖掘,围绕文化发展生力军建设,不断破除思维定式,创新思路,多措并举,探索文化人才发展治理新路径,为新时代贵州乡村旅游公共文化服务高质量发展打开新空间。

（一）升级公共文化服务阵地

公共文化服务阵地是满足人民群众精神文化需求的重要场所，也是展示和传播优秀文化的重要平台。随着社会的快速发展和人民生活水平的不断提高，公众对文化服务的需求日益增长，对公共文化服务阵地的要求也越来越高。

第一，加强基础设施建设。加大投入力度，政府应加大对公共文化服务阵地基础设施建设的投入力度，确保阵地建设的资金需求得到满足，同时，鼓励社会资本参与文化设施建设，形成多元化的投入机制。优化布局规划，根据地区人口分布、文化需求等因素，科学规划公共文化服务阵地的布局和数量，确保每个地区都有相应的文化设施，满足公众的基本文化需求，提升设施水平，对现有文化设施进行改造升级，更新陈旧设备，提高设施的使用效率和舒适度，同时，注重环保和节能，推动绿色文化建设。

第二，丰富文化活动内容。创新活动形式，鼓励开展形式多样、内容丰富的文化活动，如文艺演出、展览展示、讲座培训等，同时，结合地方特色和文化传统，打造具有地方特色的文化品牌；拓展活动领域，将文化活动拓展到各个领域，如教育、科技等。通过跨界合作，实现资源共享和优势互补，提高文化活动的吸引力和影响力。提高活动质量，加强对文化活动内容的策划和组织，确保活动的专业性和高水平，同时，建立活动评估机制，对活动效果进行定期评估和改进。

升级公共文化服务阵地是满足人民群众日益增长的文化需求的重要举措，通过加强基础设施建设、丰富文化活动内容、提高服务质量、加强人才队伍建设等措施的实施，有力推动公共文化服务阵地的升级和发展，同时，政府、社会各界共同努力，形成合力，为阵地升级工作提供有力保障和支持。

（二）创新实施文化惠民工程

文化惠民工程作为贵州乡村旅游文化振兴的重要抓手，其实施效果直接关系到贵州乡村旅游文化的繁荣与发展。加强顶层设计，完善政策体系。为推动文化惠民工程的深入实施，各级政府应加强对文化惠民工程的顶层设计，

制定全面、系统的政策体系，制定文化惠民工程发展规划，明确总体目标、重点任务和保障措施，出台针对性强的政策措施，如加大财政投入、优化税收政策等，鼓励社会资本参与文化惠民工程建设，建立跨部门协调机制，强化资源整合，提高资源利用效率，建立统一的文化资源管理平台，实现文化资源的共享与互通，推动跨部门、跨地区的文化资源整合，形成合力推进文化惠民工程，鼓励社会资本参与文化资源整合，拓宽资金来源渠道，提高资源利用效率，创新服务方式，提升服务质量。为提高文化惠民工程的服务质量和水平，各级政府应创新服务方式，满足人民群众多样化的文化需求，推动公共文化设施向社会免费开放，提高公共文化设施的利用率，开展丰富多彩的文化活动，如文艺演出、展览展示等，丰富人民群众的精神文化生活，利用现代信息技术手段，如互联网、移动终端等，拓展文化服务渠道和方式，建立文化服务反馈机制，及时了解群众需求，不断改进和优化服务方式。

第一，整合优质资源，丰富文化活动内容。要丰富贵州乡村旅游文化活动内容，满足贵州乡村旅游居民的多样化需求。可以通过组织各类文化活动，如文艺演出、文化讲座、展览展示等，丰富贵州乡村旅游居民的精神文化生活。同时，要鼓励和支持贵州乡村旅游居民自发组织文化活动，激发其参与文化活动的热情和创造力。打造"壮族三月三嘉年华"文化活动品牌，持续开展"蒲公英志愿者进基层""送戏进万村""百场文艺下基层""镇文艺调演""全民歌手大赛""四季村晚"等文化活动。例如桂林龙胜山歌，龙胜是苗、瑶、侗、壮、汉等民族的集中居住地，有"万山环峙、五水分流"之称，有"九山半水半分田"之说，有"梯田叠翠、满眼葱绿"之韵，是旅游避暑的好去处。龙胜不仅有崇山万叠、峭壁千寻、河谷幽深、森林茂密的美丽自然风光，还有那七彩衣装、长发飘洒、吊楼栉比、风情独特的民族风俗，更有那悦耳动听、风味十足、质朴原声、余音绕梁的民族山歌。龙胜山歌是一种当地的原生态文化，在龙胜有"无歌不成席、无歌不成宴"之说，每逢佳节或集会庆典，龙胜都会沉浸在歌的海洋里，朋友聚会高潮之时都会以山歌助兴，一曲曲山歌娓娓道来，会使你心旷神怡，激情澎湃，情绪高涨，醉梦他乡；真正有"山歌好比春江水，不怕险滩弯又多嘞弯又多"的感受。龙胜县山歌

协会致力于传承和发展传统山歌文化，不断发展壮大山歌协会会员，踊跃组织策划各具特色的文化活动，龙胜的山歌种类众多，内容广泛，寓教于乐，寓学于趣，既通俗易懂又高雅趣味、既节奏舒缓又旋律优美、既朗朗上口又情真意切，表现出了一种特别纯真性情的自然抒发的音乐体验，成了赞美新时代、讴歌新风尚的重要途径。

第二，丰富贵州乡村旅游文化产品供给，加强对贵州乡村旅游文化市场的引导和扶持，鼓励文化企业开发适合农民群众消费的文化产品。同时，深入挖掘贵州乡村旅游文化资源，推广具有地方特色的文化产品和服务，满足农民群众多样化的文化需求。瑶族是一个古老的民族，长鼓舞是瑶族人民在生产实践和日常生活中创造出来的、最具代表性的民族传统活动，在瑶族的各个地区都有流传，最早为祭盘王时所跳。长鼓有大小两种，大长鼓俗称"黄泥鼓"。长鼓舞作为瑶族传统歌舞的典型代表，也是间接地表现了当地少数民族的风土人情和文化传承，有着一定的学术研究力和不可否认的重要价值。瑶族长鼓舞不仅具有宝贵的价值，它对艺术学、民俗学、瑶学、民族文化史等研究领域都具有重要的研究价值，所以瑶族长鼓舞在再创造性上具有较高的独特性。这笔宝贵的精神遗产，也是人类文明史上重要的文化宝藏。在时代的不断演变下，瑶族人民的社会、经济、文化发生了翻天覆地的变化，长鼓舞的表现形式也愈加丰富多彩，且越来越富有生活气息，常跳于如建筑奠基、生产、丰收、祭祀、乔迁等时。瑶族长鼓舞的传承一直是以民间传承为主，历经无数岁月到如今现代社会仍然富有生命力，在瑶族聚居地区学校教学中将长鼓舞有机融入教学中，将长鼓舞涉及范围拓宽，让长鼓舞能够发展的可能性做到最大化。

（三）加大文化遗产传承力度

贵州乡村旅游振兴旨在实现贵州农村经济、文化、生态等多方面的振兴。作为贵州乡村旅游文化的重要组成部分，文化遗产承载着丰富的历史信息和民族智慧，是贵州乡村旅游振兴不可或缺的文化资源。随着现代化进程的加快，贵州乡村旅游文化遗产的传承面临诸多挑战，加大文化遗产传承力度，

深挖文化内涵，对推动贵州乡村旅游振兴具有重要意义。

贵州乡村旅游振兴要经济繁荣、生态宜居、文化兴盛。作为贵州乡村旅游文化的核心，文化遗产的传承与保护直接关系贵州乡村旅游文化的繁荣与发展。加大文化遗产传承力度，弘扬贵州乡村旅游优秀传统文化，增强文化自信，为贵州乡村旅游经济发展提供新的增长点，推动贵州乡村旅游产业多元化发展。文化遗产的传承有助于提升贵州乡村旅游的吸引力，促进贵州乡村旅游业的发展，带动贵州乡村旅游整体振兴。

第一，强化文化遗产保护与传承意识。通过宣传教育、举办文化活动等方式，提高贵州乡村旅游居民对文化遗产保护与传承的认识和重视程度。研究和挖掘贵州乡村旅游文化遗产，揭示其历史价值和文化内涵，增强贵州乡村旅游居民的文化自信和文化自觉。建立多元化传承体系，针对传承人才短缺的问题，建立多元化的传承体系。一方面，通过设立奖学金、提供培训等方式，吸引和培养更多的年轻人参与贵州乡村旅游文化遗产的传承工作。另一方面，利用现代科技手段，如数字化技术、虚拟现实等，创新传承方式，拓宽传承渠道，使贵州乡村旅游文化遗产的传承更加生动、有趣、易于接受。完善政策保障体系，政府应加大对贵州乡村旅游文化遗产传承的政策支持力度，制定和完善相关法规和政策，为贵州乡村旅游文化遗产的传承提供有力的制度保障。同时，加大对贵州乡村旅游文化遗产保护的资金投入，设立专项资金用于支持贵州乡村旅游文化遗产的传承与保护工作。此外，还应加强与社会各界的合作与交流，引导更多的社会力量参与贵州乡村旅游文化遗产的传承与保护工作。

第二，深挖文化内涵，加大非物质文化遗产传承保护力度。加强文物保护利用和文化遗产保护传承，让文物"转"起来、"智"起来、"动"起来。

第三，挖掘贵州乡村旅游文化资源，丰富传承内容。鼓励和支持传承人创新传承方式，将传统技艺、民俗活动等与现代元素相结合，创作出更具时代特色的贵州乡村旅游文化产品，加强与旅游、教育等行业的融合，拓展贵州乡村旅游文化遗产的传承途径和市场空间。

第四，推动文化产业发展，增强传承活力。制定贵州乡村旅游文化产业

发展规划，引导和支持贵州乡村旅游文化产业健康发展，鼓励企业参与贵州乡村旅游文化遗产的传承和开发，推动贵州乡村旅游文化产业与市场化、产业化相结合。加强贵州乡村旅游文化品牌建设，提升贵州乡村旅游文化产业的竞争力和影响力。

二、提升贵州乡村旅游公共文化服务效能

在乡村振兴战略中，贵州乡村旅游公共文化服务扮演着至关重要的角色。提高乡村旅游公共文化服务的效率是全面振兴贵州乡村旅游的核心策略，它能满足当地居民日益增长的文化需求，为乡村旅游的振兴提供坚实的基础。乡村旅游公共文化服务有助于提升贵州乡村旅游居民的文化素养，推动贵州的乡村旅游及经济社会的全面发展，其深远影响不容忽视。

（一）顶层设计，高位推进

一是政策引领与规划布局，省委、省政府在贵州乡村旅游文化建设中发挥了政策引领和规划布局的重要作用。通过制定一系列相关政策，明确了贵州乡村旅游文化建设的目标、任务和措施。同时，结合贵州实际，合理规划贵州乡村旅游文化建设的空间布局，确保各项资源得到有效利用。

二是资金投入与资源整合，省委、市政府加大对贵州乡村旅游文化建设的资金投入，通过财政拨款、社会资本等多渠道筹集资金。同时，注重资源整合，将文化、教育、旅游等资源有效融合，形成合力，推动贵州乡村旅游文化建设的深入开展。

三是文化传承与创新，省委、省政府高度重视贵州乡村旅游文化的传承与创新工作。通过挖掘和整理地方文化资源，保护非物质文化遗产，推动贵州乡村旅游文化的传承发展，同时，鼓励文化创新，支持贵州乡村旅游文化产品与服务的开发，满足人民群众日益增长的文化需求。

（二）夯基点，阵地建设精准发力

做好科学布局，做细资源整合。加强基础设施建设，加大对阵地的投入

力度，完善设施设备，提高服务质量，丰富服务内容，根据农民的需求，增加特色服务项目，提高服务质量。加强对贵州乡村旅游公共文化服务的管理和指导，提高服务质量和管理水平，加强宣传推广，利用各种媒体和渠道，加大宣传推广力度，提高贵州乡村旅游公共文化服务的影响力。立长效机制，建立健全贵州乡村旅游公共文化服务的长效机制，确保阵地建设的长期稳定发展。夯基点，加强阵地建设是提升贵州乡村旅游公共文化服务效能的关键。通过加强基础设施建设、丰富服务内容、提高服务质量和管理水平、加强宣传推广和建立长效机制等措施，可以有效地提高贵州乡村旅游公共文化服务的效能，满足农民日益增长的文化需求，促进贵州乡村旅游振兴战略的实施。

挖掘特色，促进产业融合发展。深入挖掘贵州乡村旅游文化特色，加强对贵州乡村旅游文化的研究和整理，挖掘各民族、各地区的文化特色，形成独特的文化品牌。发展贵州乡村旅游，依托丰富的贵州乡村旅游文化资源，打造具有民族特色和地域风情的贵州乡村旅游景点，提升贵州乡村旅游的品质和影响力。促进农业与文化创意产业的融合。在农业生产中融入文化元素，发展观光农业、体验农业等新型农业业态；同时，开发具有地方特色的文化创意产品，满足游客的多元化需求。强化政策支持，制定和完善相关政策，为贵州乡村旅游文化建设与产业融合发展提供有力保障。包括资金扶持、税收优惠、项目支持等方面，为贵州乡村旅游文化建设与产业融合发展创造良好环境。

因地制宜，走贵州乡村旅游善治之路。结合贵州乡村旅游自然环境和资源条件，发展具有地方特色的文化产业和文化旅游。挖掘贵州乡村旅游的自然景观、历史遗迹、民俗文化等资源，打造具有吸引力的文化旅游品牌，吸引游客观光旅游，带动贵州乡村旅游经济发展。加大对贵州乡村旅游文化建设的投入力度，加强贵州乡村旅游文化设施建设，提高贵州乡村旅游文化活动的质量和水平。挖掘和传承贵州乡村旅游优秀传统文化，推动贵州乡村旅游文化的创新和发展。

加强贵州乡村旅游文化人才的培养和引进，建立健全贵州乡村旅游文化人才库。开展培训、交流等提高贵州乡村旅游文化人才的专业素质和创新能

力，为贵州乡村旅游文化建设提供有力的人才保障。

创新贵州乡村旅游文化产品和服务。鼓励贵州乡村旅游文化企业和个人创新文化产品和服务，开发具有地方特色的文化产品和服务，加强对贵州乡村旅游文化产品和服务的宣传推广，提高市场知名度和影响力。

完善贵州乡村旅游文化治理体系。建立健全贵州乡村旅游文化治理机构和文化治理制度，明确各级政府和文化部门在贵州乡村旅游文化建设中的职责和任务。加强贵州乡村旅游文化市场监管，打击违法违规行为，维护贵州乡村旅游文化市场的健康有序发展。

走乡村旅游善治之路，完善贵州乡村旅游文化治理体系、加强贵州乡村旅游文化市场监管、创新贵州乡村旅游文化产品和服务等可以有效推动贵州乡村旅游文化振兴，实现贵州乡村旅游经济、社会、文化的协调发展。未来，应继续深化对贵州乡村旅游文化振兴的研究和实践，探索更多有效的路径和方法，为实现贵州乡村旅游全面振兴贡献智慧和力量。

（三）抓重点，文化服务开拓创新

1. 确立服务持续性机制

强化贵州乡村旅游的公共文化服务体系，提升文化供应能力和效率。建设贵州乡村旅游图书馆、文化活动室等以提供多元化的文化产品和服务。注重文化资源的共享与整合，扩大服务覆盖面，增强实效性。发展乡村旅游文化产业，利用贵州独特的乡村旅游文化资源发展文化创意、文化旅游等产业，塑造具有地方特色的文化品牌。通过政策扶持和市场引导，确保贵州乡村旅游文化产业的健康发展，为经济注入新的活力。

2. 创新文化服务模式

创新文化服务模式，提供个性化和多样化的文化服务。例如，借助文化下乡活动、文化志愿者项目等将高质量的文化资源引入乡村旅游，满足居民的文化需求。

3. 推动文化与科技的融合创新

科技在文化创新中起着重要作用，在贵州乡村旅游文化建设中应充分利用现代科技推动文化创新。建设数字文化平台、推广智能文化设备，提升服务的智能化和便捷性，增强居民文化满足感。

4. 加强文化人才队伍建设

推进贵州乡村旅游文化建设的关键是加强文化人才队伍建设。培养一支熟悉文化、擅长经营、懂得管理的文化人才队伍，为文化建设提供坚实的人力支持。

贵州乡村旅游文化建设是一项长期任务，需要全社会的共同参与。未来，应继续在政策支持、资金投入等方面加大工作力度，为贵州乡村旅游文化建设创造更优的环境和条件。

（四）创亮点，非遗传承的提档升级

贵州乡村旅游文化建设与非遗传承是相辅相成、相互促进的关系。一方面，贵州乡村旅游文化建设为非遗传承提供了良好的社会环境和发展空间；另一方面，非遗传承是贵州乡村旅游文化建设的重要内容，为贵州乡村旅游文化建设提供了丰富的文化资源。将非遗传承融入贵州乡村旅游文化建设中可以更好地发挥非遗的文化价值，提高贵州乡村旅游文化的吸引力和影响力。加强贵州乡村旅游文化建设有助于保护和传承民族优秀传统文化，提升贵州乡村旅游文化内涵，激发贵州乡村旅游发展活力，促进贵州乡村旅游经济社会全面发展。通过创新亮点，进一步推动贵州乡村旅游文化与旅游、教育等产业的深度融合，实现贵州乡村旅游文化的经济价值和社会效益双赢。

1. 挖掘贵州乡村旅游文化资源

贵州拥有丰富的乡村旅游文化资源，如传统村落、民族风情、农耕文化等，在乡村旅游文化建设中注重挖掘这些资源，利用开发乡村旅游线路、建

设乡村旅游景区等将乡村旅游文化资源优势转化为经济优势，促进乡村旅游业的发展。

（1）加大非遗保护力度

贵州拥有丰富的非物质文化遗产资源，如壮族歌圩、瑶族盘王节等。在贵州乡村旅游文化建设中应加大非遗保护力度，制定非遗保护政策，建立非遗保护名录等，确保非遗资源的完整性和传承性。加大对非遗传承人的扶持力度，提高他们的社会地位和经济待遇，激发他们传承非遗的热情和积极性。

（2）推动非遗与现代生活相融合

为了让非遗更好地融入现代生活，应注重推动非遗与现代科技、设计等领域的融合。例如，开发非遗文化创意产品、举办非遗展览，让非遗资源以更加时尚、实用的形式呈现在公众面前。鼓励非遗传承人创新传承方式和方法，将非遗技艺与现代生活需求相结合，推动非遗在现代社会中焕发新活力。

（3）构建非遗传承体系

为了构建完善的非遗传承体系，贵州注重从多个层面进行布局。首先，在教育领域推动非遗进校园、进课堂，通过开设非遗课程、举办非遗研学活动等方式，培养青少年的非遗保护意识和传承能力；其次，在社会层面建立非遗传承基地、传习所等机构，为非遗传承人提供学习和交流的平台；最后，在政策层面加大对非遗传承的扶持力度，如设立非遗保护专项资金、制定非遗传承优惠政策等，为非遗传承提供有力保障。

2. 创新贵州乡村旅游文化活动形式

注重创新文化活动形式，举办民族文化节、农民丰收节等具有贵州地方特色的节日活动，吸引游客参与，增强贵州乡村旅游文化的吸引力和影响力。利用现代科技手段如互联网、移动终端等打造线上线下相结合的贵州乡村旅游文化活动平台，拓宽文化活动的参与渠道和覆盖面。加大对农村文化设施的投入，建设一批具有地方特色的文化活动场所，如文化广场、农家书屋等，为农民提供丰富的文化活动场所；开展形式多样的文化活动，如农民书画展、农民音乐节等，提高农民的文化素养和审美水平，增强农民的文化自信；鼓

励农民发展文化产业，如农家乐、手工艺品等，提高农民的收入水平，促进农村经济发展。

（五）创优服务，提升效能

随着贵州乡村旅游振兴战略的深入实施，贵州乡村旅游文化建设在提升贵州乡村旅游整体形象和增强贵州乡村旅游社会凝聚力方面发挥着越来越重要的作用。

1. 创优服务

创优服务是指在贵州乡村旅游文化建设过程中创新服务模式、优化服务流程、提高服务质量等，为游客提供优质、便捷的文化服务。创优服务可以满足村民日益增长的文化需求，提升贵州乡村旅游文化建设的整体质量和水平，增强贵州乡村旅游文化的吸引力和影响力。

2. 提升效能

提升效能是指在贵州乡村旅游文化建设过程中提高工作效率、增强工作效果、降低工作成本等，实现贵州乡村旅游文化建设资源的优化配置和高效利用。提升效能可以提高贵州乡村旅游文化建设的工作效率和效果，降低文化建设的成本，实现贵州乡村旅游文化建设的可持续发展。

加强群众文化活动品牌建设，按照"乡乡参与、村村参与、全民参与"的原则，充分发挥地域文化资源优势，依托传统节日、重大庆典，扎实组织广场舞大赛、青年歌手大赛、民间艺术大赛、群众合唱大赛等文化系列大赛活动，开展全民艺术普及，拓展群众文化参与度。精心打造了渠首欢歌广场文化活动、民间艺术大赛等具有广泛影响力的县级公共文化服务品牌，美食文化节、赏花节、文化艺术节、农民丰收节等各具特色的乡镇级公共文化服务品牌。县文化馆、博物馆、图书馆充分利用馆内阵地，举办了历史文化主题展览、传统节日主题系列宣传活动、非遗项目展、广场文艺演出、戏曲专

场演出、少儿红色故事会、少儿诵读活动、庆元宵戏曲曲艺文艺演出、广场舞蹈培训、"我们的节日——端午节"主题活动、"小小讲解员"志愿服务宣传活动、壮族文物图片展、讲解技能大比武活动，并组织举办了线上读书活动、文物展览、书画摄影展览活动等内容丰富的文化活动，真正做到了"闭馆不闭网"，同时，在县城区中心文化广场、公园等文体广场，组织开展了"文化和自然遗产日"画展、"非遗"节目展演、国际档案日文物图片巡展、便民夜市市场宣传演出活动，让先进文化牢牢占领意识形态主阵地。

（六）激活资源，融合发展

贵州乡村旅游文化资源具有多样性、独特性和丰富性等特点。贵州拥有多个少数民族，每个民族都有自己独特的语言、服饰、节庆、习俗等，形成了绚丽多彩的民族文化景观；少数民族保留了大量的传统手工艺技艺，技艺精湛、历史悠久的手工艺品是贵州乡村旅游文化的重要载体；民间艺术形式多样，反映了贵州乡村旅游生活的真实面貌和乡民的情感世界；传统建筑风格独特，是贵州乡村旅游文化的物质载体。

1. 加强文化遗产保护

贵州乡村旅游文化遗产包括传统建筑、历史遗址、非物质文化遗产等，加强文化遗产保护是激活贵州乡村旅游文化资源的首要任务，建立健全贵州乡村旅游文化遗产保护机制，制定保护规划和政策措施，加强文化遗产的认定、登记和保护工作。加大资金投入，改善保护设施，提高保护水平，确保贵州乡村旅游文化遗产得到有效保护和传承。

2. 挖掘文化特色

挖掘贵州乡村旅游文化特色，深入调研贵州乡村旅游文化资源，梳理贵州乡村旅游文化的历史脉络和特色内涵，挖掘贵州乡村旅游文化的独特性和价值。举办文化活动、建设文化展示馆、推广贵州乡村旅游文化产品等，展示贵州乡村旅游文化的魅力，提高贵州乡村旅游文化的知名度和影响力。

3. 培育贵州乡村旅游文化人才

贵州乡村旅游文化人才是贵州乡村旅游文化建设的重要力量，通过培训、交流、合作等方式，提高贵州乡村旅游文化人才的素质和能力，为贵州乡村旅游文化建设提供有力的人才保障。

4. 以文化平台为依托，更好满足群众网络文化需求

把公共文化服务与旅游（民宿）试点村打造有机结合，在各个乡镇（街道）建成文化合作社，每个文化合作社有标识牌、有场地、有社长、有文艺团队、有发展目标、有管理制度、有工作规范程序、有详细活动记录等，并鼓励社员积极发挥特长，在数字文化平台发布合规、高质量的文化特色作品，进一步提高线上活跃度，推进贵州乡村旅游文化合作社建设提档升级。

坚持以文塑旅、以旅彰文。文化为旅游提供了丰富的内涵，也为旅游目的地赋予了独特的魅力。旅游作为文化传播的重要载体，对于弘扬和传承文化具有重要意义。文化与旅游之间存在着密切的联系，文化是旅游的灵魂，旅游是文化的载体。文化可以塑造旅游目的地的形象，提升旅游吸引力。独特的文化元素和内涵可以使旅游目的地具有差异化竞争优势，吸引游客前来体验。旅游可以促进文化的传承与弘扬。游客通过旅游活动可以亲身感受当地的文化魅力，加深对文化的理解和认同，有助于文化的传承和弘扬。

结合市场需求和贵州乡村旅游居民的文化需求，开发具有地方特色的文化产品和服务，通过发展贵州乡村旅游、文化创意产业等文化产业形式，为贵州乡村旅游地区提供丰富的文化产品和服务。加强对具有地方特色的贵州乡村旅游文化品牌的宣传和推广，通过举办文化节庆活动、开展文化交流合作等方式，提高具有地方特色的贵州乡村旅游文化品牌的知名度和影响力。为推进贵州乡村旅游文化建设，应深入挖掘贵州乡村旅游文化资源，传承中华优秀传统文化，加强贵州乡村旅游公共文化服务体系建设，提升贵州乡村旅游文化软实力，同时，结合贵州地域特色，打造具有地方特色的贵州乡村旅游文化品牌，为贵州乡村旅游文化建设的持续发展提供有力保障。

第六章　新质生产力促进贵州省 旅游经济可持续发展

贵州省，以"山地公园省"之美誉闻名遐迩，正在铿锵有力地深化其旅游生态与人文内涵，矢志不渝地推动旅游业的卓越发展。在这片土地上，旅游业的繁盛已成为引领各产业腾飞的强大引擎。贵州将旅游产业化列为全省发展战略的核心要点，全力以赴将其塑造为全球瞩目的旅游胜地。从宏伟的远景规划到精细的实施策略，"世界级"这一闪耀的标签，无不彰显着贵州推动旅游业高质量发展的坚如磐石的决心。在这一波澜壮阔的发展浪潮中，贵州深入挖掘了全域旅游资源的无限潜力，将这片土地上的文化底蕴、文化魅力与文化气息巧妙地融入壮丽的山川之中，向世界展现了一幅宛如画卷般的新贵州——它如画如诗，绚烂多彩，充满了无限的魅力与生机。

第一节　推动旅游产业的绿色化、低碳化转型

乡村旅游是指在乡村地区开展的旅游活动，其内容与乡村自然环境、田园生活、农业活动等密切相关。在 2017 年 10 月 18 日召开的第十九届全国人民代表大会中，提出的乡村振兴战略，赋予了乡村旅游新的发展契机和更艰难的使命担当。乡村生态旅游是促进农村经济发展和生态保护的重要途径。

乡村生态旅游开发规划以生态优先、以人为本、可持续发展、乡土文化保护、依托本地人力资源的特色开发等为原则。乡村生态旅游以乡村自然环境、农业活动和乡村文化为依托，通过开展各种生态旅游活动满足游客对自然文化和农业体验等方面的需求，促进农村经济发展和生态保护。在发展乡

村旅游的过程中，旅游地的生态文化与生态环境之间存在着一种互动效应。随着时间的推进，被越来越多的学者关注，寻求两者之间的互动效应，是推进乡村旅游的必然要求。

乡村发展的生态旅游业和乡村形成的传统生态文化以及乡村生态环境之间存在着相互作用的效应，因此，挖掘和传承特有的乡村生态文化，不仅有利于保护乡村的自然环境、坚固乡村的生态环境建设，也能将其融入乡村旅游业的发展，形成传统生态文化与乡村生态环境的互动机制。

由于乡村旅游地的生态文化与生态环境的持续互动作用，使得当地的人们对于自己生存环境有更加深厚的保护意识，因此，要全面保护乡村旅游地的生态文化和环境，促进旅游经济的发展，维护其社会功能，通过对旅游地各个级别的村进行生态教育、制定健全的村规民约、发展旅游业经济产业链，使得生态文化得以传承。将生态文化提升为民族的生态意识，从而确保乡村旅游的生态文化传统和生态环境的可持续发展，建立真正的生态旅游。

一、因子承续，打造乡风文明高地

基于我国乡村经济发展和生态环境现状，生态旅游地的生态文化保护传承任务显得尤其重要和紧迫。生态文化的延续与人有着密切的关系，在生态文化的建设与传承中，一是注重生态文化传统的教育，提高村民的文化自觉、民族自信心和文化自豪感；二是正确引导外来游客保护尊重古村落文化，加强村民的传承意识和决心；三是生态旅游开发过程中要确保村落生态文化原真性，以保护性原则发展为前提，以可持续发展为根基。将历史传承下来的生态文化发扬光大，在正确的引导下，使村寨文化保持原有特色又世代相承。生态文化得到保护传承的同时，又能走向可持续发展道路，促进村落生态旅游业的发展，带动乡村经济发展，打造乡风民俗特色文明高地。

二、健全措施，保护生态富足

我国最早的乡村旅游起源于农民自发打造的"农家乐"，自 20 世纪国家提倡以来，乡村旅游的发展速度与日俱增，但是由于经营者缺乏生态经营的

觉悟，过度追求经济效益，导致生态环境问题逐渐产生。越来越多的游客涌入乡村旅游的行列之中，加大了乡村生态环境的挑战，而其中不乏生态环境意识较弱的群众，从而加深了对乡村生态环境的破坏。从现实看，发挥村民的主体优势，政府的主导地位，制定村规民约及法规条例保护生态文化，改善生态环境是最直接、最有效的办法（如图 6-1 所示）。

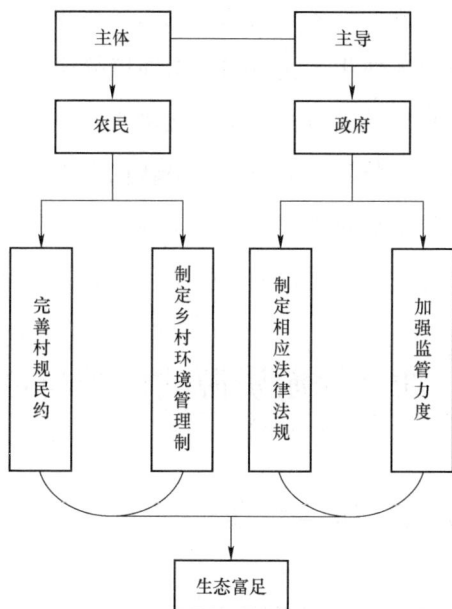

```
        ┌──────┐          ┌──────┐
        │ 主体 │──────────│ 主导 │
        └──────┘          └──────┘
            ↓                 ↓
        ┌──────┐          ┌──────┐
        │ 农民 │          │ 政府 │
        └──────┘          └──────┘
         ↓     ↓           ↓     ↓
    ┌────┐ ┌────┐      ┌────┐ ┌────┐
    │完善│ │制定│      │制定│ │加强│
    │村规│ │乡村│      │相应│ │监管│
    │民约│ │环境│      │法律│ │力度│
    │    │ │管理│      │法规│ │    │
    │    │ │制  │      │    │ │    │
    └────┘ └────┘      └────┘ └────┘
            └───┬───┘   └───┬───┘
                └─────┬─────┘
                  ┌──────┐
                  │生态富足│
                  └──────┘
```

图 6-1　保护机制

结合现实情况，对有关生态文化传承，生态环境保护的村规民约、法规条例进行不断完善。例如，贵州省的一些村寨为维系稳定、保护生态，制定了村规民约，其中包括对古树名木的保护措施，对违反保护措施的行为，制定了处罚标准，除此之外，对村民生活垃圾的处理方式也进行了规定。村规民约及法规条例是从立法角度使生态环境的保护具有权威性，需要严格根据村规民约、法规条例执法，通过加大执法力度，使乡村生态保护的工作最大程度上获得实效。对于随意堆放或者排放污染物的问题，建立并完善乡村环境管理制度，从根本上减少并杜绝此类现象的发生，加大监管力度，对违反排放制度、破坏生态环境的行为处以罚款。

三、优化模式，发展特色经济

近年来，在我国大力推进乡村振兴战略实施过程中，各地政府纷纷开展农村地区旅游业和传统村落文化保护工作。与此同时，旅游开发活动对当地农村地区的资源环境带来了冲击。在乡村旅游业的发展过程中，推动了乡村经济发展与传统文化传承，但乡村生态文化和生态环境之间的互动效应的问题还待研究。通过对妥乐村生态文化与生态环境的现状及二者之间关系进行调查研究，发现生态环境的建设需要生态文化的支撑，生态文化的传承同样需要生态环境作为载体，将生态的竞争优势转化为旅游经济的优势，达到互动平衡、可持续的发展。通过加强村民生态教育、加强村规民约的建设、健全乡村旅游地的生态保护措施、发展乡村特色经济，使互补效应永续发展。

第二节　加强旅游资源的保护与合理利用

一、贵州旅游资源保护与合理利用的措施

（一）挖掘文化内涵，打造主题旅游产业

近年来，贵州省开始探索精品文化旅游线路的打造，包括研学人文游、文化体验游、红色文化游等。红色文化是弘扬社会主义核心价值观、爱国精神、民族精神，加强青少年思想政治教育的重要基地。2023 年 6 月，贵州省文化和旅游厅发布的 30 条主题特色旅游线路中涉及红色、生态、非遗、历史、科普五大主题。贵州荔波县的荔波大小七孔景区凭借"地球上最后一颗绿宝石"的荣誉，打造出了贵州省首批旅游的产业发展区域，如荔波茂兰当地的黎明关古战场、茂兰红军烈士墓等；在茂兰的旅游路线推荐中，将红色路线单独作为一条路线，吸引了很多到茂兰进行夏令营、红色教育的研学团队。发展少数民族地区的红色文化，需要深入挖掘史料，在保护革命历史文化遗产的基础上进行管理和利用。少数民族地区的红色旅游产业开展还需要提升

当地居民的历史文化修养，对党史国史要有深刻的认识，培养能讲好红色故事的导游人才，能够借助互联网平台、将当地的资源系统性整合好，设计好，对外宣传好，打造革命传统教育、爱国主义教育与休闲旅游的融合，将观光路线、沿途美食、住宿推荐、购物推荐、娱乐活动推荐融入精品文化旅游线路中来，构建特色主题旅游产业链。

（二）打造地域特色 IP，做好品牌形象建设

通过发展旅游业，结合贵州实际打造地域特色 IP，树立品牌和增强竞争力，避免商业化、舞台化。景区就在村寨里，随处可见挑着竹节的寨民，炊烟袅袅的民居，饮食和芦笙舞、铜鼓舞、板凳舞等民族表演活动都由当地的村民本色出演。少数民族村寨在开发旅游资源中，深挖民族历史文化，将艺术品创作、培训、销售作为附加产业发展，让当地的留守妇女、老人有事做，能就业，还能保护和发展好非遗文化。另外，整合贵州省十二大特色农业优势产业，以"旅游 + 农业"打造具有地域特色的农产品，让农产品走出贵州，增强各地游客品牌印象，促进贵州的旅游发展。地域旅游资源协同文化、环境、特色产业打造品牌景区，打造温馨的游客服务中心，让游客有更多获得感；增加地区少数民族文化体验。

（三）加大宣传力度，提高受众认可度

建设智能数字化系统，打造 Wi-Fi 全覆盖，实施电子门票、智慧停车、安全预警、疫情防控等方便游客的智能设备，提升游客体验满意度，也提升景区的游客接纳能力，在旅游旺季保障安全和效率。一是举办各种旅游活动吸引游客。利用节假日举办大型文旅活动，如"魅力新黔东南"网络嘉年华活动、"多彩贵州"民族文化旅游节、"侗乡之旅·美丽贵州"等活动，吸引游客前来参加，如"2019 多彩贵州文化旅游周"开幕式暨大型歌舞《从千年走到万年》展演、2020 首届中国·凯里森林音乐季·2019 凯里森林音乐会、黔东南州第七届汽车越野拉力赛暨 2020 首届凯里国际山地汽车越野赛等。二是与各类平台合作，扩大知名度。在抖音上开通了"黔东南乡村旅游"话题，

邀请黔东南州的旅游达人上传和推广相关视频；在各大网络平台上建立账号，以美食、美景等内容为主宣传黔东南州的乡村旅游；与大型旅行机构合作开展"黔东南州旅游资源及产品推广活动"；与腾讯、新浪、今日头条、优酷、爱奇艺等平台合作开设"黔东南州旅游"频道；与抖音、快手、火山小视频等短视频平台合作推广黔东南的乡村旅游。三是提升知名度。借助抖音这一新兴平台，让更多人了解黔东南的乡村旅游，如抖音"最美乡村旅行家"之《侗乡之旅》系列短视频中的"黎平""雷山""榕江"等地都是黔东南的代表性乡村景点。

（四）激发乡村旅游新业态，推动产业深度融合

随着人们对生活质量需求的提高，健康管理成为人们非常重视的方面，老年人对美好居住环境的渴望变为可以实现的需求，"旅游＋康养"概念兴起，根据老年人出游的特点，调整交通路线、住宿环境、饮食搭配，将原本对老年人不友好的旅游产业打造成长期服务的康养项目，不仅增添了老年人的幸福感，也打破旅游业因季节原因区分经营"淡季""旺季"的常态。贵州凯里从江县打造贵州侗乡生态康养公园，以养身、养心、养灵、静思、静享等为主题，将少数民族文化与康养主题结合；贵州剑河温泉城，贵州剑河仰阿莎温泉小镇，将苗族"苗疆圣水"的传说故事融入温泉景区的打造，结合温泉养生概念，专门推出老年康养项目，老年人可以办理年卡，季卡消费更优惠，增加旅游消费的次数。

贵州省内苗族、侗族、布依族等传承少数民族历史文化中的如独竹漂、射弩、抛绣球、打铜鼓、跳竹杠、舞狮子等种类繁多的传统体育项目。贵州少数民族的手工技艺、饮食特产等小商品都是独具当地特色的。

（五）建设全省统一的信息平台，监测信息平台服务质量

打造专属于少数民族村寨项目的旅游信息共享平台，提供旅游相关资源和游客信息数据。现有的旅游信息平台多数由旅游信息服务商提供，整合国内外的旅游资源，其中以国家主流的 A 类旅游景区为主，缺少对地方少数民

族旅游资源的深度挖掘。2020 年，基于疫情防控要求，贵州省本土的信息平台开始运营并为公众使用，可以实现景区预约、购买门票、查看攻略、购买农产品等功能，但总体而言，微信小程序平台在操作上和信息提供方面较之国内大型的旅游 App 还有欠缺，页面信息不能突出重点，搜索功能不够完善，很多与旅游相关的信息缺乏，少数民族村寨的旅游目的地没有单独列出来，在众多的 A 类景区中吸引力不强，专属少数民族村寨项目的旅游平台可以在吃、住、行、娱等信息上更多关注民族村寨的文化特色；不仅提供相关酒店、景区、商场、餐饮、交通路线的查询信息，也作为旅游目的地文化、特色产品的宣传途径。鼓励游客进行旅行攻略、旅行美照、旅行日志的分享，以游客亲身体验的信息吸引更多游客关注旅游目的地。民族村寨分布的地区大多公共交通不能达到，只能依靠自驾，路线的规划建议尤其重要，整合旅游服务预订、交通服务、景区服务、酒店服务等，带动旅游目的地沿途相关产业发展。提供民族地区特产购买与邮寄服务，让电子商务彻底服务贵州乡村的产品推广，助力乡村振兴。平台能够通过获取的数据进行数据分析来充分了解市场需求，掌握市场动态，灵活调整旅游产品的供给，完善服务；通过分析游客的消费行为和兴趣方向，打造各产业品牌产品，进行精准营销。平台通过收集和监测到的游客反馈的信息，比如，路线规划、交通便捷、旅游配套服务产业的质量问题，便于协同平衡发展各产业，真正实现以旅游产业为领头羊，带动区域其他产业更好更快发展的目的。

（六）关注居民诉求、兼顾保护与发展

少数民族村寨的发展需要关注当地村民的诉求。当地的居民不仅是旅游目的地的经营者和受益者，也是民族文化的传承者和建设者。应尊重当地的社会文化，挖掘特色，瞄准当地居民生活条件的提高和文化传承的保护，也需要向居民开展文化宣传教育，提升居民的文化素质和服务技能，使他们有动力也有能力参与到景区的建设管理中来。提高少数民族地区农民的文化自信心，充分调动和发挥他们保护自身文化的积极性和自觉性，政府或开发商要合理激发居民的参与动力，通过减税免税、财政补贴等优惠政策，使居民

能够自主开发和管理民宿、餐饮等，实现家门口就能"讨生活"的就业愿景。

贵州省少数民族风情浓郁，民族村寨高达 12 000 余个，可谓"一山不同族、十里不同俗"。既满足人民日益增长的对美好生活向往的追求，又为保护和发展民族特色村寨与传统村落，需要积极探索"民族特色村镇＋生态＋民族文化＋旅游＋N"少数民族村寨旅游发展新模式，坚持"一村一品、一村一景、一村一韵"，培育以旅游 IP 为核心发展的新业态，利用抖音等短视频宣传推广少数民族村寨与传统村落，构建少数民族村寨旅游发展新格局。

二、贵州省旅游资源开发与利用案例分析——以从江县农业旅游资源为例

随着社会经济的快速发展和人们生活水平的显著提高，越来越多的人开始追求更高层次的精神文化生活，尤其是休闲旅游方面的需求日益增长。传统的旅游目的地由于长期的开发和利用，已经接近饱和状态，无法满足人们对旅游体验多样化和个性化的需求。在这种背景下，人们开始寻求与自然环境和农业活动更为贴近的旅游目的地，以期获得更加真实和丰富的旅游体验。这种趋势逐渐成为一种新的旅游潮流。

农业旅游，作为一种新兴的旅游形式，自 1973 年美国学者罗斯福·泰勒（Roosevelt Taylor）首次提出这一概念以来，便逐渐受到广泛关注。农业旅游是指在农村地区开展的一系列旅游活动，游客可以亲身体验和参观农场、农田、村庄等，深入了解农业生产的过程、环境、农村的自然风光和乡土风情。这种旅游形式不仅为游客提供了亲近自然、体验乡村生活的机会，同时也成为一种促进农村经济发展、保护和传承农村文化的重要途径。通过农业旅游，农村地区可以获得经济收益，同时也有助于实现可持续发展。

从江县，作为拥有丰富农业旅游资源的地方，不仅拥有悠久的农耕文化和传统农业技艺，还拥有优质的农产品资源和多样的农业文化。这些条件为从江县发展农业旅游提供了得天独厚的优势。然而，尽管从江县在农业旅游方面已经取得了一定的成效，但仍面临着农业旅游资源开发和利用不充分等问题。这些问题亟待解决，以充分发挥从江县农业旅游的潜力。

下面在概述从江县农业旅游资源特点的基础上，深入分析从江县农业旅游发展的现状和面临的现实困境。通过研究，提出相应的对策和建议，以期推动从江县农业旅游资源的开发与利用，进而促进乡村振兴和实现从江县农业与旅游业的可持续发展。

（一）从江县农业旅游资源概述

1. 自然资源

从江县位于贵州省的东南部地区，与广西壮族自治区毗邻，西部与荔波县和榕江县接壤，北部与黎平县相邻。它坐落在都柳江的中游地带，因其地理位置的重要性，被誉为"黔南的门户和桂北的要津"。从江县的交通区位优势十分明显，是贵州省"南下两广、东进两湖"的重要桥头堡。这里不仅是沿海地区进入贵州的第一站，也是多彩贵州的首府，更是大健康示范的第一区。

从江县总面积约为 3 244 平方千米，总人口大约为 39 万人。在这个人口构成中，少数民族人口占据了全县总人口的 95%。尽管民族众多，但各族人民之间相处得非常和睦，共同创造了丰富多彩的原生态民族文化。当地的气候属于亚热带季风气候，气候温和、四季分明、雨水充沛、阳光充足。境内江河湖泊资源丰富，为当地居民提供了丰富的水资源。

从江县的地势较高，自然山水景观绮丽多姿。地形主要以山地和丘陵为主，拥有丰富的矿物资源。独特的地埋位置和气候条件使得从江县成为农业发展的理想之地，农业旅游资源十分丰富。这里的自然环境和生态条件得到了良好的保护，使其成为贵州省乃至全国旅游景点数量最多、资源类型最全、原生性最强、保存最为完整的县份之一。专家们对从江县的旅游资源给予了高度评价，认为其具有极高的旅游开发价值。

2. 农业资源

从江县的农业旅游资源主要分布在广袤的农村地区，这些地方拥有得天

独厚的自然美景和良好的生态环境。游客们可以在这里与大自然亲密接触，享受远离城市喧嚣的宁静与休闲。在这里，游客们可以尽情欣赏大自然的壮丽景色，摆脱繁忙的城市生活，感受到一种宁静和惬意的氛围。

从江县的农业旅游资源融合了丰富的农耕文化、美丽的农田景观以及质朴的乡村生活等多种元素。这些资源不仅能让游客们深入了解农业的历史和传统农耕技术，还能让他们亲身体验乡村文化的独特魅力。游客们可以参与农田劳作，亲手采摘新鲜的农产品，与各种动物亲密接触，从而加深对自然环境的认知，体验到旅游的乐趣。

此外，农业旅游的发展还能推动农业产业结构的调整，为当地农民提供更多的就业机会，帮助他们增加收入，从而促进农村经济的发展。从江县的农业资源与农业文化的结合，为游客们提供了一个亲近自然、体验乡村生活的机会，带来了丰富多彩的互动体验，非常适合休闲度假。因此，农业旅游成为了从江县一种独特而富有魅力的旅游形式。

3. 文化资源

从江县，这个位于中国西南部的美丽地方，孕育了丰富多彩的民俗文化，这些文化为来自四面八方的游客提供了独一无二的旅游体验。作为中国众多少数民族的发祥地之一，从江县不仅保留了苗族、侗族等民族的传统民俗，还让这些文化得以传承和发扬光大。在这里，游客们有机会亲身参与苗族和侗族人民的传统节庆活动，感受这些民族的欢乐与热情。

从江县的农村民俗和传统节日构成了其独特的文化遗产，成为乡村旅游中不可或缺的重要资源。无论是苗族的芦笙节、侗族的侗年，还是其他各民族的特色节日，都以其独特的魅力吸引着游客。这些节日时间各异，各具特色，充分展现了从江县各民族的丰富多样性和浓郁的民族色彩。

这些民俗文化与从江县深厚的农耕文化相辅相成，共同构成了一个和谐共生的文化生态。游客们在这里不仅可以欣赏到壮丽的自然风光，如青山绿水、梯田花海，还能够深入了解少数民族独特的文化和生活方式。通过与当地居民的互动，游客们可以亲身体验到苗族的刺绣、侗族的建筑艺术，以及

各民族的美食和手工艺品，从而获得一次难忘的文化之旅。

（二）从江县农业旅游发展现状

1. 农旅融合发展

农业旅游是一种将农业生产与旅游观光相结合的新型旅游形式，近年来在全球范围内迅速崛起并获得了广泛的关注。这种旅游形式让人们在欣赏自然风光的同时，还能深入了解和体验农业生产的全过程，从而达到寓教于乐的效果。在众多农业旅游的典范中，位于中国贵州省的从江县以其独特的地理环境和气候条件，成功保留了具有千年历史的稻鱼鸭农耕循环系统，这一系统不仅具有深厚的历史文化底蕴，还体现了人与自然和谐共生的理念。

2011 年 6 月，在中国科学院相关专家的大力支持下，"贵州从江侗乡稻鱼鸭系统"被联合国粮农组织正式列为全球重要农业文化遗产保护试点之一。这标志着从江县的古老农耕方式不仅得到了国际认可，还成为了我国继其他三个地区之后的第四个全球重要农业文化遗产地。这一荣誉的获得，使得从江县的农耕文化得以在世界舞台上展示其独特的魅力，其完整的循环体系不仅让世人惊叹，也为全球农业的可持续发展提供了宝贵的借鉴和启示。

随着"全球重要农业文化遗产地"这一品牌的影响力日益扩大，从江县积极抓住这一机遇，大力发展农业旅游产业。当地政府依托从江香禾糯、从江田鱼、从江香猪、从江椪柑等特色农产品，以及丰富的农耕文化、梯田景观、传统村落和民俗文化资源，大力发展休闲农业。通过将农业生产、食品加工、民俗文化旅游与农业观光旅游有机结合，从江县成功实现了多产业的融合发展，为当地经济注入了新的活力和动力。

如今，从江县的农业旅游已经成为一道亮丽的风景线，吸引着越来越多的国内外游客前来体验和探索。游客们不仅可以在这里欣赏到美丽的梯田风光，还可以亲手参与农耕活动，品尝到地道的农家美食，深入了解从江独特的农耕文化和传统村落的风土人情。通过这种形式，从江县不仅保护和传承了古老的农耕文化，还为当地居民带来了实实在在的经济收益，实现了文化

传承与经济发展的双赢局面。

2. 旅游基础设施现状

无论是传统的吃、住、行、游、购、娱六大旅游要素，还是新兴的商、养、学、闲、情、奇旅游新业态，都对旅游地的基础设施提出了更高的要求。近年来，从江县在道路交通建设方面取得了显著的进展，已经基本形成了以县城为中心，以中心镇为重点，其他乡镇为节点，以县道、乡道、村道为网络的公路网络体系。截至 2022 年，全县公路里程已经达到 3 608 千米，其中包括 1 个高铁站、55.6 千米的高速公路、3 个高速出站口、166.6 千米的国道、252.1 千米的省道、581.4 千米的县道以及 609.5 千米的乡道。从江县的景区导览设施整体上还较为简单，主要包括标识牌、导览图册、导览牌以及部分景区提供的讲解服务。然而，标识牌和导览牌的设置较为分散，有时不够清晰，导致游客在景区内游览时感到不太方便。从江县的公共服务设施也相对基础，主要包括厕所、休息区和垃圾处理设施，这些设施的质量还有待进一步提高。此外，在食宿方面，从江县拥有不同规模的餐馆、农家乐和小吃摊，这些餐饮场所主要聚集在县城和旅游景点周边，为游客提供了丰富的选择。游客在这里可以品尝到当地的特色美食和传统民族美食。从江县的住宿设施也相对简单，主要以农家乐、民宿和一些小型宾馆为主，这些住宿设施大致分布在县城和旅游景点附近。尽管数量不多，但整体上干净整洁，能够满足游客的基本需求。截至 2022 年，全县有乡村旅游经营户（农家乐）44 家、乡村旅游客栈 32 家、星级饭店 2 家、旅行社 7 家。总体而言，从江县的旅游基础设施还处于初级阶段，虽然已经取得了一定的进展，但仍然存在一定的改进空间，正在逐步完善中。

3. 旅游产品开发现状

从江县的农业旅游产品种类繁多，涵盖了农事体验互动、农业观光、乡村旅游活动、农产品购买等多个方面。游客们有机会深入当地农户的家中，或是直接走进田间地头，亲身参与各种农事体验互动活动。在这里，他们可

以体验到真正的乡村生活，品尝到地道的农家饭菜，参与到各种农耕活动中，比如插秧、收割、捉鱼、捡田螺、采摘水果等。通过这些活动，游客们能够更加深入地了解当地农业文化和传统的农耕方式。

农业观光旅游产品在从江县也十分丰富。游客们可以参观当地的农田、果园和茶园，欣赏到各种特色农业景观，例如农田画、梯田和有机农场等。特别是那些延绵数里、宏伟壮阔的加榜梯田，作为全球重要农业文化遗产地，更是成为了吸引游客的独特景点。这些景观不仅令人叹为观止，还能让游客们领略到农业的美丽与魅力。

此外，从江县的乡村旅游活动也是丰富多彩。游客们可以参加各种传统的节日庆祝活动、欣赏农村民俗表演、参与制作传统手工艺品，甚至学习制作农家食品等。这些活动不仅让游客们体验到乡村文化的独特魅力，还能让他们更加深入地了解当地的传统习俗和生活方式。

在农产品购买方面，从江县同样提供了丰富的选择。游客们可以购买并品尝当地的农产品和特色土特产，如从江香禾糯、从江椪柑、从江香猪、从江油茶、从江百香果等。这些产品不仅美味可口，还具有浓郁的地方特色，深受游客们的喜爱。

4. 政府支持农业旅游的政策及措施

为了充分挖掘和激发农业旅游的巨大潜力，推动经济的持续增长、乡村振兴战略的深入实施，各级政府部门纷纷制订并颁布了一系列具有指导性和操作性的规划、意见和纲要。这些文件旨在为旅游投资提供支持，同时促进旅游消费的质量提升。例如，《全国乡村产业发展规划（2020—2025年）》和《国民旅游休闲发展纲要（2022—2030年）》等重要文件，为农业旅游的发展提供了明确的方向和政策支持。特别是国务院发布的《关于支持贵州在新时代西部大开发上闯新路的意见》（国发〔2022〕2号）、贵州省人民政府出台的《关于支持黔东南自治州"黎从榕"打造对接融入粤港澳大湾区"桥头堡"的实施意见》（黔府发〔2022〕7号），这两个文件为从江县的旅游业发展带来了前所未有的新机遇。这些政策的出台，不仅为当地旅游业注入了新的活

力，还为实现区域经济的协调发展提供了有力保障。通过这些政策的实施，从江县有望在农业旅游领域取得突破性进展，进一步推动乡村振兴和经济增长。

（三）从江县农业旅游发展面临的现实困境

1. 基础设施不完善

从江县的基础设施建设，包括交通、电力和水利等方面，相对较为薄弱，这种情况在一定程度上对当地农业旅游的发展构成了阻碍。具体来说，从江县的外部交通主要依赖于贵广高铁和厦蓉高速，而缺乏机场这一重要的交通设施。此外，现有的道路等级标准较低，这给游客的通行带来了一定的困扰。尤其是对于粤港澳大湾区等主要客源市场的游客来说，他们到达从江的时间相对较长，这在一定程度上影响了游客的出行意愿。

在县内交通方面，厦蓉高速从江东出口和高铁站距离县城大约 30 千米，自驾大约需要半个小时。然而，县内各景区之间的公路等级和通行能力较低，弯道较多，这使得游客在游览过程中可能会遇到一些不便。更令人遗憾的是，目前从江县缺乏旅游环线通道，各景点之间没有旅游快速通道，也没有形成内部交通环线。这种情况严重影响了游客的旅游体验和游览效果，使得游客在游览过程中难以顺畅地从一个景点转移到另一个景点，从而降低了整体的旅游满意度。

为了促进从江县农业旅游的发展，加强基础设施建设显得尤为重要。只有通过改善交通、电力和水利等基础设施，才能更好地吸引游客，提升游客的旅游体验，从而推动当地经济的发展。

2. 经济基础相对薄弱

从江县作为一个经济总量相对较小的地区，其发展进程显得较为滞后。这个位于黔东南苗族侗族自治州的县份，主要以农业经济作为其经济发展的核心。尽管在黔东南州的 16 个市县中，从江县的经济指标表现尚可，排名相

对靠前，但与州府凯里市相比，其经济差距依然显著。更令人关注的是，在与同为黔东南州的黎平县和榕江县的比较中，从江县的排名处于末位。

目前，从江县薄弱的经济基础成为制约当地旅游业发展的主要因素。由于缺乏强大的经济支持和物质保障，从江县在旅游基础设施的开发建设、旅游景区的宣传促销方面受到了极大的限制。这不仅影响了旅游业的快速发展，也使得从江县在吸引游客和投资方面面临诸多挑战。尽管如此，从江县依然拥有丰富的自然资源和独特的民族文化，这些潜在的优势若能得到有效的挖掘和利用，或许能在未来为当地经济的发展注入新的活力。

3. 旅游产品创新不足

从江地区的农业旅游发展起步相对较晚，相较于其他地区，其发展速度较为缓慢。在农业旅游产业链方面，存在一些严重的问题，如孤链、断链等现象。这些问题导致了旅游过程中各个环节的分离，包括餐饮、住宿、娱乐和购物等方面，缺乏有效的协作机制。各村寨的旅游产品形式较为单一，供给的旅游产品在品种、数量与品质上存在明显的局限性。此外，包装设计缺乏新意，体验式、参与式的旅游产品尚未进行深度开发，这使得游客的消费意愿难以被激发，从而无法实现旅游经济效益的最大化。

目前，从江地区的农业旅游主要以传统的农家乐、农田观光和农产品购物为主，缺乏独特性和创新性的旅游产品。这种单一的旅游产品供给方式，使得游客的需求难以得到充分满足，从而削弱了农业旅游的吸引力和竞争力。为了提升农业旅游的发展水平，需要对现有的旅游产品进行创新和多样化开发，加强产业链的协作机制，提升旅游产品的品质和包装设计，以满足游客多样化的需求，从而推动农业旅游经济效益和社会效益的提升。

（四）从江县农业旅游资源开发与利用对策

1. 整合和规划资源

规划工作为发展提供了重要的指导依据，是推动发展的先决条件。为了

充分发挥从江县的潜力，我们必须对其农业旅游资源进行全面而深入的调研和评估。这包括对当地的自然风景、人文文化、农田景观等各种资源进行细致的识别和整合。通过这些工作，我们可以制定出科学合理的资源规划和开发方案，确保各类资源得到最有效的利用。

在制订规划和开发方案的过程中，我们需要根据不同资源的特色、市场需求进行合理布局和组合。这样，我们才能打造出具有独特魅力的旅游产品，满足游客多样化的需求。同时，积极开展农业旅游的市场推广和宣传工作也是至关重要的。通过有效的推广和宣传，我们可以提高从江县农业旅游的知名度，吸引更多游客前来体验和消费，从而带动当地经济的发展。

2. 提升产品品质

为了丰富农业旅游产品的内容和形式，提升其品质，我们可以采取多种措施。首先，通过开展丰富多彩的农事体验活动，让游客亲身参与农业生产的各个环节，从播种、耕作到收获，让游客体验到真正的农耕生活。其次，组织农村文化展示活动，让游客深入了解农村的历史、风俗和传统，感受乡土文化的魅力。此外，还可以邀请传统乡土匠人展示他们的手工艺品制作过程，并进行展销活动，让游客欣赏到独具匠心的手工艺品，增加互动体验。

同时，举办农耕文化节和农产品展销会等活动，展示农业的多样性和农产品的丰富性。通过这些活动，游客不仅可以购买到新鲜、优质的农产品，还可以了解到农产品的生产过程和背后的故事。这样，我们就能打造出一系列优质的旅游产品，树立独具特色的旅游品牌。最终，通过构建一个完整的农业旅游产品体系，吸引更多游客前来体验和参与。这不仅能够促进当地农业的发展，还能带动相关产业的繁荣，实现经济效益和社会效益的双赢。

3. 加强基础设施建设

加大对从江县农业旅游基础设施的建设力度，这包括但不限于道路、住宿、餐饮、卫生等各个方面。通过改善交通、网络、水电等基础设施条件，可以显著增强农业旅游的便利性和吸引力。具体来说，我们需要开发农村多

功能公共设施，例如建设更多的停车场、厕所、休闲广场等，以提供良好的接待服务。同时，提升基础设施的质量，为游客提供更便捷和舒适的旅游体验。

随着人们对于乡村休闲和生态旅游需求的不断增长，从江县已经成为一个具有独特农业景观和文化魅力的旅游目的地。它具备开发利用的巨大价值，同时也具有吸引游客及投资的巨大潜力。通过发展农业旅游，我们可以将农耕文化展示给游客，让更多人了解传统的农耕文化、乡村生活方式。这不仅有助于推动农耕文化的保护和传承，还能促进农村和城市之间的交流与互动。

农业旅游的发展将丰富从江县的旅游产品，平衡旅游业的空间布局，推动农业和旅游业的高质量发展。通过打造更多具有特色的农业旅游项目，可以吸引更多的游客前来体验，从而带动当地经济的发展。同时，农业旅游还可以为当地居民提供更多的就业机会，改善他们的生活水平。通过这些措施，可以实现旅游业与农业的有机结合，推动从江县的可持续发展。

第三节　促进旅游与文化的深度融合

一、贵州文化旅游产业发展

文化旅游产业已经成为现代经济体系中不可或缺的一部分，它不仅为地方经济增长提供了强大的动力，还促进了社会的全面发展。在中国的西南地区，贵州省以其多民族聚居的特点，孕育了丰富多彩的民族文化与传统习俗。这些独特的文化资源，加上贵州壮丽的自然景观，使得该地区具备了发展文化旅游产业的巨大潜力和独特优势。

然而，在追求高质量发展的过程中，贵州文化旅游产业面临着一系列挑战和问题。例如，基础设施建设的不足、旅游服务的不完善、文化资源的保护与开发之间的矛盾等，这些问题都亟待解决。因此，深入研究和探讨如何实现贵州文化旅游产业的高质量发展，不仅具有重要的理论意义，更具有现实的指导价值。通过科学规划和有效管理，贵州完全有可能将自身丰富的文

化旅游资源转化为经济发展的新动力，从而推动地方经济的繁荣和社会的全面进步。

（一）贵州文化旅游产业发展的机遇和优势

贵州在发展文化旅游产业方面，面临着三个主要的机遇。

首先，随着城乡居民文化和旅游消费需求的不断升级，贵州迎来了新的发展契机。随着贵州经济的迅猛发展以及居民收入水平的显著提高，人们对文化和旅游的需求逐渐变得更加多样化和高端化。人们不再满足于传统的旅游方式，而是热衷于追求更高品质的旅游体验。他们愿意为独特的文化景点、传统节庆和民俗活动支付更高的费用，以获得更加丰富和独特的旅游体验。

其次，新一轮科技革命和产业创新的浪潮为贵州文化旅游产业带来了新的发展机遇。贵州可以充分利用互联网、大数据、人工智能等数字化和智能化技术，提升旅游服务质量，创新旅游产品。通过这些先进技术的应用，贵州能够为游客提供更加个性化和定制化的旅游体验。例如，利用大数据分析游客的喜好和需求，为他们量身定制旅游路线和活动，从而提升游客的满意度和忠诚度。

最后，国家实施西部大开发等重大战略。贵州作为西部大开发战略的重要组成部分，得到了国家在基础设施建设、旅游扶贫、区域协调发展等方面的政策支持和资金投入。这些政策和资金的投入为贵州文化旅游产业带来了巨大的发展机遇。通过国家的支持，贵州可以进一步完善基础设施建设，提升旅游接待能力，吸引更多投资和游客流量，从而促进贵州旅游业的繁荣和发展。

贵州在发展文化旅游产业方面具备四大显著优势。

首先，贵州的旅游资源极为丰富多样。这里不仅有黄果树瀑布、荔波小七孔、赤水丹霞以及壮丽的喀斯特地貌等令人叹为观止的自然景观，还有黔东南苗族侗族自治州、贵阳青岩古镇等充满浓郁地方特色的人文景观。这些自然和人文景观共同构成了贵州文化旅游产业的坚实基础，吸引了无数游客前来观光，赢得了广泛赞誉。

其次，贵州的文化资源同样丰富多彩。作为中国少数民族聚居的重要地区之一，贵州孕育了多样的民族文化。各少数民族保留了独特的传统习俗、手工艺品、民族音乐和舞蹈等文化元素。例如，苗族的芦笙、侗族的歌舞、布依族的民居建筑等，都成为吸引游客的文化符号。这些丰富的文化遗产为贵州文化旅游产业提供了宝贵的资源，游客在这里可以深入体验到浓郁的少数民族风情，感受到不同民族的独特魅力和文化内涵。

再次，贵州在地理位置上具有显著的优势。它位于中国西南地区，与重庆、四川、云南等省市相邻，交通十分便利。此外，贵州还是中国与东南亚国家交流的重要枢纽，具有得天独厚的区位优势和广阔的国际交流空间。因此，贵州文化旅游产业不仅拥有更广阔的国内市场，还拥有更多的国际合作机会。

最后，贵州在生态环境方面也具有独特的优势。这里拥有丰富的森林资源和生态景观，是中国重要的生态保护区之一。贵州坚持绿色发展理念，高度重视生态环境保护，致力于打造生态旅游目的地。这不仅为游客提供了清新、健康的旅游环境，也符合现代人对绿色、可持续旅游的追求和向往。

（二）贵州文化旅游产业发展面临的问题

尽管贵州文化旅游产业在当前的发展过程中拥有许多机遇和独特的优势，但同时也面临着一些问题和挑战。深入地了解并积极解决这些问题，将有助于推动贵州文化旅游产业实现高质量的发展。

第一，旅游基础设施的不完善是一个亟待解决的问题。在贵州的一些旅游目的地，基础设施建设相对滞后，这导致了交通不便、通信网络覆盖面窄、酒店供应不足等问题的存在。这些基础设施的落后直接影响了游客的出行体验，削弱了贵州文化旅游产业的吸引力和竞争力，从而在一定程度上制约了旅游业的整体发展。

第二，旅游产品同质化严重也是一个不容忽视的问题。在贵州的一些旅游产品中，存在同质化现象，许多景区的开发和经营模式相似，缺乏独特的特色和明显的差异性。这种现象容易导致游客产生审美疲劳，无法满足游客

多样化的需求，从而降低了贵州文化旅游产业在市场上的竞争力。

第三，文化保护与商业开发之间存在不平衡的问题。贵州是一个多民族聚居的地区，拥有丰富多样的民族文化资源。然而，在一些旅游项目的开发过程中，可能会对当地的文化资源造成损害，对文化遗产的保护和传承带来一定的冲击。

第四，相关人才的缺失和专业素质不高也是一个显著的问题。贵州文化旅游产业的发展需要来自旅游管理、文化传媒、创意设计等领域的专业人才的支持。然而，目前贵州在旅游教育和人才培养方面还存在不足，旅游从业人员的专业素质亟待提升。缺乏高素质的专业人才，将会影响贵州文化旅游产业的发展潜力和创新能力。

第五，品质监管和服务质量不足也是一个不容忽视的问题。部分旅游从业者的服务意识和服务水平有待提高，存在价格欺诈、服务质量差等不规范的经营行为，这些行为给游客带来了不良的体验。

第六，市场推广和品牌建设不足也是一个需要关注的问题。由于缺乏全面、有效的市场推广策略，贵州文化旅游产业在国内外的知名度和影响力受到了一定的影响。加强市场营销和提升品牌形象，将有助于吸引更多游客，增加市场份额，从而推动贵州文化旅游产业的进一步发展。

（三）贵州文化旅游产业的高质量发展路径

1. 培育壮大市场主体

为了实现贵州文化旅游产业的高质量发展，我们必须着力培育和壮大市场主体，激发市场活力，并推动整个产业的持续进步。

首先，要形成多元化的市场主体，贵州文化旅游产业的高质量发展离不开各类市场主体的积极参与。政府应当积极鼓励和支持国有企业、民营企业、合作社、个体工商户等不同类型的市场主体参与文化旅游产业的发展。通过政策引导和资金支持，吸引更多的投资者和企业家积极投资和创业，从而形成一个充满活力的市场竞争格局，推动产业的多元化发展。国有企业在资源

和资金方面具有明显的优势，政府可以推动其积极参与文化旅游产业，加强与其他市场主体的合作，共同推动产业的发展。民营企业在灵活性和创新性方面表现突出，政府应当提供相应的政策和金融支持，为其发展创造更好的环境和机会。合作社和个体工商户代表了小规模、灵活经营的市场主体，政府可以提供培训和扶持，鼓励其通过差异化经营和特色产品的销售来丰富文化旅游市场，提升整体产业的竞争力。

其次，培育具有强大市场竞争力和影响力的龙头企业是贵州文化旅游产业发展的关键。这些龙头企业在资源整合方面具有独特的优势，可以通过整合整个产业链的资源，形成规模效应和品牌影响力。同时，通过创新产品和服务，引领市场需求，推动贵州文化旅游产业实现整体提升。政府可以提供专项资金支持和市场推广，加大对优质文化旅游企业的扶持力度，通过提供资金支持、政策优惠、市场推广等方式，培育一批具有竞争优势和影响力的企业，使这些龙头企业发挥带动作用，促进产业长期稳定发展。

最后，强化合作伙伴关系可以产生更多的协同效应。例如，旅行社可以与文化旅游景区合作，提供包括门票、交通、住宿等在内的一站式服务；文化旅游景点可以与餐饮企业合作，提供特色美食，丰富游客的文化旅游体验。政府可以提供相应的支持政策和合作平台，促进各相关产业协同发展，共同推动贵州文化旅游产业的繁荣。贵州文化旅游产业的发展离不开与其他相关产业的深度合作，政府应鼓励和支持文化旅游企业与交通运输、餐饮、住宿、旅行社等相关行业建立合作伙伴关系，实现资源共享、互利共赢，提高文化旅游产品的综合竞争力。通过这种跨行业的合作，可以为游客提供更加丰富和便捷的旅游体验，进一步提升贵州文化旅游产业的整体形象和市场竞争力。

2. 丰富文旅产品和业态

通过实施多元化的产品开发策略、积极引进国际化的旅游品牌以及不断优化旅游业态布局，贵州的文化旅游产业将不断推陈出新，致力于打造丰富多彩、独具特色的旅游产品。这不仅能够显著提升产品的质量和市场竞争力，还能吸引更多来自四面八方的游客，从而有效促进旅游消费的增长，实现产

业的高质量发展。

首先，丰富文化旅游产品和业态的一个重要手段是开发多元化的产品。可以通过深入挖掘和整合贵州丰富的自然景观、独特的人文资源以及深厚的民族文化来实现。例如，可以开发具有独特魅力的特色主题文化旅游产品，如苗族风情之旅、侗族文化探秘之旅等，这些产品能够吸引那些对少数民族文化充满兴趣的游客前来体验。通过这种方式，可以满足游客多样化的需求，同时提升自身的市场竞争力和吸引力。此外，结合当地非物质文化遗产和传统节庆活动，推出具有民俗特色的旅游产品，为游客提供丰富多彩的体验。

其次，积极引进国际知名的旅游品牌和运营商，通过合作和引资的方式引入先进的管理理念和技术，从而提升贵州文化旅游产业的服务水平和国际影响力。与国际品牌合作，可以促进贵州旅游资源的全球推广和市场拓展，提高贵州文化旅游的国际知名度和吸引力。例如，可以与国际知名的酒店集团、旅游运营商等建立合作关系，共同开发和推广贵州的旅游资源，提升整体服务水平。

最后，通过调整和优化旅游业态的布局，可以进一步提升旅游目的地的整体品质和竞争力。在现有景区的基础上，可以逐步引入文化创意产业、健康养生、生态农业等新兴业态，构建多元化、全方位的旅游综合体。例如，在景区周边建设文化艺术街区、特色小镇等，提供艺术展示、手工艺品销售、特色餐饮等服务，丰富游客的文化体验和消费选择。此外，还可以通过打造生态旅游、农业体验旅游等新型业态，为游客提供更加多样化和个性化的旅游体验。

3. 推动科技赋能文旅融合

贵州省积极推进文化旅游信息化建设，借助互联网、大数据和云计算等先进技术，提升旅游相关机构的信息化管理和运营效能。

首先，构建智慧旅游平台是关键举措之一，该平台能为游客提供行程定制、导览解说、在线预订等便捷服务，显著提升游客的旅游体验。游客能够依据个人偏好和需求，在智慧平台上规划个性化行程，获取实时的导览信息

和景点推荐，进行在线预订，从而增强旅游的便捷性。

其次，贵州省可利用区块链技术保障文化旅游产业的信息与数据安全。区块链技术的特性，如去中心化、可追溯性和防篡改性，有助于提升旅游行业数据的透明度和可信度。通过将旅游行业数据以区块链形式存储和管理，确保数据的公开透明、可追溯和防伪，从而加强对旅游服务供应链的监管，提升游客对贵州文化旅游产品的信任度，推动旅游行业的健康发展。

最后，贵州省应促进科技企业、文化机构和旅游企业的合作与创新，实现科技与文化旅游的深度融合。具体措施包括举办科技创新竞赛、成立科技创业孵化器等。科技企业可结合贵州省丰富的文化资源和旅游需求，研发创新的科技产品和解决方案，为文化旅游产业注入新的活力。

4. 培育引进专业人才

通过强化高等教育和职业培训，积极吸引具备丰富经验和深厚专业知识的文化旅游领域专家，构建一支高素质、专业化的团队，为当地文化旅游产业的繁荣注入新的活力，并为贵州文化旅游产业的持续发展提供关键的智力支持和人才保障。

首先，应重视贵州高等院校中文化旅游专业的课程教学，涵盖旅游管理、文化遗产保护与管理、文化创意设计等多个领域，注重理论与实践的融合，提升学生在文化、旅游、管理和创意等多方面的能力。同时，应开展实践课程、现场考察和实习实训等教学活动，让学生获得实际操作的机会，从而提升他们的实践技能和解决问题的能力。此外，还应加强职业培训，根据不同层次和岗位的需求，设置实用的专业技能培训课程，以培养适应市场需求的高素质人才，增强学生的适应能力。

其次，贵州应积极吸引具备丰富经验和深厚专业知识的文化旅游领域专家，这些专家可以是在文化旅游领域取得显著成就的学者、专家和从业者，为贵州文化旅游产业的未来发展提供新的视角。高层次的人才和专业团队可以为企业提供咨询、指导和培训等支持，引入国际先进的经验，提升贵州文化旅游从业者的专业水平和竞争力，推动贵州文化旅游产业的技术创新和专

业化发展。

5. 完善基础设施和提升服务品质

为了提升游客的满意度和忠诚度，同时促进贵州文化旅游产业的可持续发展和整体竞争力，我们必须完善基础设施并提高服务品质。这不仅能够为游客带来更便利、舒适、安全的旅游体验，而且有助于实现贵州文化旅游产业的高质量发展。实现这一目标需要政府、企业以及社会各界的共同努力和协作。

首先，改善交通网络是提升游客出行便利性和旅游体验的核心策略。为此，应增加对贵州交通网络的投资，强化公路和铁路建设，完善公共交通系统，从而提高游客在贵州旅游区域的出行便捷性。此外，加强与周边省市的交通协调和连接，构建一个多点支撑、多区互动的交通网络，将有助于进一步提升贵州作为旅游目的地的吸引力。

其次，改善景区内的道路、停车场、公共卫生设施等基础设施，确保游客的安全、便利和舒适。同时，加强景区的景观亮化和设施配套建设，优化游客的观光体验，增强旅游目的地的吸引力。

最后，建立和健全旅游服务质量监管体系至关重要。这包括加强对旅游企业的质量监督和管理，开通投诉举报渠道，及时处理投诉和纠纷，维护游客的合法权益。定期进行旅游服务质量评估和监测，激励旅游企业持续提升服务品质。

二、贵州彝族图腾文化与团扇的融合

（一）贵州彝族图腾的文化价值

彝族存在历程久远，文化历史丰富，大约在公元前 1 世纪，彝语支民族先民已在我国四川与云南交界的横断山脉处河谷平原及山间盆地上有了日常生活的痕迹。活动范围主要集中于现今中国四川西部或西南部、云南西北部，其部落群休性强大。著名彝族部族有昆明夷、白狼夷、盘木等，其经济生活

与汉族农耕经济不同，彝族主要受山地地势影响多以"随畜迁徙无常处"的游牧和"或土著或移徙"的半牧状态为主，这一部族集团今天称之为"夷系部族"。彝族文化是神秘而庄重的文化、古朴而又典雅的文化，在彝族人民悠远的历史中，格外偏爱红、黄、黑三种颜色，他们使用的日常器具、建筑风格，以及服饰色彩，均以红、黄、黑为主，例如，四川凉山彝族的图腾色彩以红、黑为主，强调火的象征意义；云南楚雄彝族的图腾色彩则以绿、蓝为主，强调对土地的敬畏。这些地域性特点使得彝族图腾色彩更加丰富多彩，为人们提供了更多欣赏和研究的角度。这三种代表颜色，正是彝族先民在遥远的古代就崇尚、喜好的美丽色彩，是我国贵州彝族图腾文化与团扇的融合。

随着精准扶贫、乡村振兴等政策的落实，少数民族依据自己独特的文化个性和地理优势发展旅游业促进经济发展。借此也推广了少数民族的传统刺绣文化和图像文化。目前，对于彝族图腾文化基因进行了大量研究，但研究成果主要集中在服装、漆器、乐器等物品上，局限性是显而易见的。带有彝族图案文化的服装、漆器、乐器都较为庞大、贵重，对于前往少数民族地区的旅游者来说，不方便携带、难以做成纪念品、传播范围小，而且这些物品也遗漏了对彝族文化的展现。随着时代的进步和发展，我们可以用崭新的视角去看待和创新彝族图案文化。对彝族图案进行分解与再结合，将其放在轻便小巧易携带的物品上。针对这些问题，应转变思维缩小范围，转换彝族图腾的载体。将常有的笨重漆器、厚重服饰、庞大乐器等转换为灵便小巧的团扇。团扇体积小，便于携带保留，其性价比高于漆器服饰等。团扇这一新载体与彝族图腾文化相结合，既为团扇图案的创新注入了新元素，又探索出彝族图腾传播的新路径。民族文化宝库中的一颗璀璨明珠，既承载着彝族丰富的历史文化，又展现出独特的审美价值和现代魅力。

黑色代表着土地；红色代表着火和血液；黄色则是太阳光辉的象征，辅以蓝色。

在彝族文化当中，红色拥有至高无上的地位，它代表着驱散黑暗、引领光明的力量。从古至今，彝族人民敬畏火焰，深信人类由火演化而来。在古代，彝族先祖在广袤的大地上点燃篝火，在欢歌笑语中起舞，抵御野兽、驱

走寒冷，寄托情感、祈求平安。在彝族的传统文化中红色是吉祥与神圣的化身，代表着光明、希望与激情，是彝族人民对美好生活的热切向往。红色在宗教信仰里是神灵的象征，凝聚着力量、勇气与智慧。

黄色寓意着光明与希望。太阳是万物生长的源泉，孕育着善良、友谊、丰收与富饶。黄色在彝族的传统中被视为一种贵重的色彩，寄托着对光明未来的无限憧憬与对美好生活的坚定信念。黄色如同阳光给人们带来光明与希望。

黑色代表着刚毅与坚韧。黑色在彝族对颜色的认知里是土地的颜色，彝族人民深信黑土地是生命的摇篮，滋养着一代又一代的彝家儿女。黑色还象征着庄重与严肃，展现出坚毅、刚强与不屈不挠的精神。

（二）贵州彝族图腾文化在团扇上的图像构建

彝族人口众多，分布较为广泛。其中彝族图腾的历史悠久，各地传统的彝族刺绣图案千差万别，同时其蕴含的人文特色也不完全一致。最显著的例如石屏彝族剪纸刺绣工艺与楚雄山茶花刺绣，图案、颜色与刺绣方法都各有千秋。彝族作为拥有刺绣传统的一支民族，其刺绣历史悠久，图案繁多，特点突出，具有很大的实用性和审美意义。通过长期的发展，彝族的传统文化与民俗信仰渐趋融合起来，把彝族的人文理念和历史渊源体现得淋漓尽致。彝族文化所产生的生态美学特色，在其独特的高山环境及图腾信仰的文化背景下，蕴含着丰富的生态美学内涵，其绣花纹样更是体现着生态美学意境。从彝族传统刺绣工艺的纹样研究来看，可以反映彝族刺绣图案所承载的艺术内容。在中国传统的刺绣图案中，按照服饰图案的主题划分，一般可分为植物图案、动物图案、几何图案等，其中较为常见的是在传统彝族刺绣中使用的动植物图案，本书从中分别选取其中具有典型代表性的图案，展开贵州彝族图腾在团扇中的图像构建。

植物图案。彝族聚居的地方主要是云贵高原地区，其地势多为高山地带，植被种类丰富，林木繁多。因此，彝族人民在生活当中，常与当地的各种植被发生联系。为了将植被记录下来装点美化单调的生活，彝族妇女将这些植

物点缀在服装上，彝族刺绣的纹样多以草本植物为主，其中有八角花、竹子、山茶花、莲花等十多种当地常见的植被。

彝族刺绣图案中最具标志性的图案是山茶花（如图 6-2 所示），楚雄彝族最为突出。花卉图案是彝族妇女服饰中最常出现的图案，而藤条、蕨菜等植物图案也常以刺绣的形式出现在彝族服饰袖口、裤脚、衣领上。一个或是一种植物独立出现是单调的，将这些图案汇聚起来或是采用不规则形式重组在简单的载体——扇子上，会使植物样式及颜色更加惊艳人们的视角，会更好地突出彝族植物图案的自然美，也可以打破人们对于扇子水墨植物图案的惯有审美思想，更能扩展植物图案常有的存在样式。

图 6-2　山楂花图案刺绣

在彝族的刺绣艺术中，动物形象尤其是老虎的图案极为常见。老虎被彝族人民高度尊崇，其图腾象征着彝族的原始信仰。普遍来说，彝族群众认为老虎是他们的祖先，对虎抱有深厚的敬畏之情，视自己为虎的后裔，这种信仰也是他们祖先崇拜的一部分。在描绘虎的纹绣中，通常会以虎头为表现形式。根据彝族的创世史诗《梅歌》所述，世间万物皆由老虎衍化而来，因此，老虎在彝族文化中占有极其重要的位置。作为森林之王，老虎象征着力量和勇猛，彝族人期望能汲取虎的力量，故虎被视为彝族的神圣信仰。

彝族刺绣中常有"四方八虎图"（如图 6-3 所示），这些图形以蓝或黑作为底色，以彝族喜爱的黄色或黄绿色作为老虎主体颜色，多配以红线绣的马缨花、石榴花作陪衬与八只镇守老虎图形组合而成，共同构成一幅阴阳及天地平衡的八卦图。"四方八虎图"完全呈现了彝族人民对虎豹图腾崇拜过程的真实写照，除此之外，还有公鸡、鱼、鸟等各种动物图案，或羊角纹、犬牙纹等从动物中提取的图形元素，都是这种图案。它的寓意代表着美好的愿望：吉祥安康。

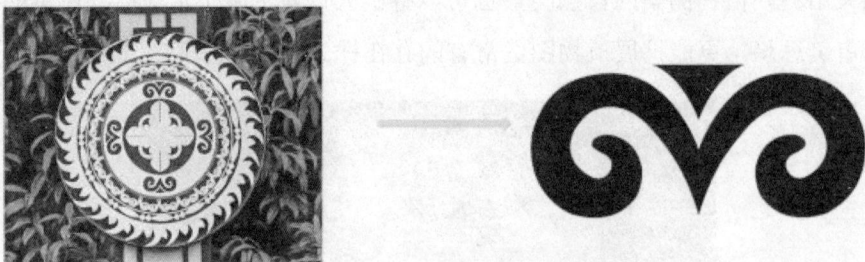

图 6-3　四方八虎图

几何形态作为最原始的纹饰，常在彝族的刺绣艺术中显现，通常单独出现或与其他图案共存。彝绣的几何纹样由基本的点、线、面构成，其构图规则而精练。这些图形，尽管外观简洁，却寓含了自然界不断演化的深邃含义。其中，万字纹以其丰富的象征内容最为突出，而菱形纹则以多变的形态展示出无尽的创造力。

八角纹在几何图形中尤为引人注目，它象征着天、地、雷、风、水、火、山、泽这八种自然现象，映射出彝族古代信仰文化的"八方宇宙观"。其根源可追溯至彝族对自然的原始崇敬，具有极强的表现力度。菱形图案（如图 6-4 所示）以其多样化的表现手法，通过不同的造型和组合，展现出千变万化的视觉效果。菱形纹既能独立构成图案，也能与其他图形和谐共存，如在团扇的设计中，展现出贵州彝族独特的图腾魅力。这种设计巧妙地融入了少数民族的文化元素，以适应大众审美，实现了独特的民族文化与群众喜好的完美交融。

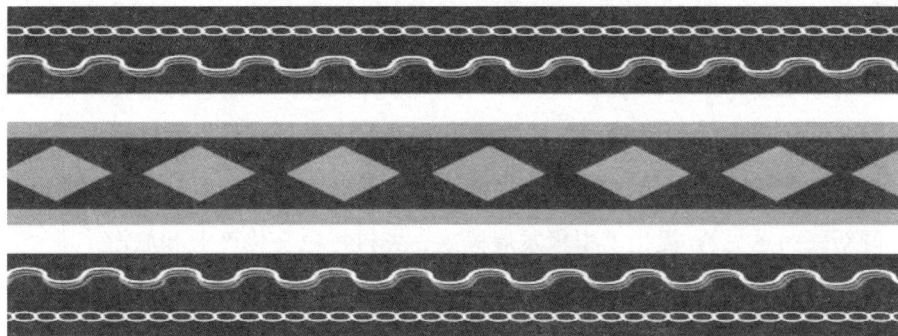

图 6-4　菱形纹

彝族是我国少数民族之一，彝族文化是中华文化的重要组成部分。彝族图腾是彝族文化元素的重要部分，更是我国重要的非物质文化遗产，因此，要大力传承和发展彝族图腾。将彝族图腾与团扇创造再结合，为扇子图案的创新注入新的样式和灵魂，以此促进彝族图腾文化走出地区、走遍全国、走向世界，显现彝族文化独特的艺术魅力。汲取彝族图腾文化的精髓，在借鉴并传承其特有的动植物与几何图案的过程中不断改良发展，并赋予新形式、新变化。在展现彝族图腾文化内涵的基础上，将彝族图腾的三色素及样式与现代时尚潮流充分结合，以此充分诠释彝族图腾扇子产品设计。彝族的独特性无不彰显对祖先的敬仰之情。他们对文化传承的理念，充分体现在文化元素、民俗事项中，反映了对民俗文化的"独特审美"，通过对彝族文化的传承发展，进而提升其知名度，对于社会、人文、经济方面都有着举足轻重的意义。这不仅传承了优秀的彝族图腾文化遗产灵魂，还为现代扇子创意设计带来了丰富的创意样式图案，拓展了现代新兴产业与文化结合的途径，这样才能走出一条民族特色之路。

三、乡村文化活动"村晚"品牌建设——以 2023 年贵州云匠"村晚"为例

近年来，乡村文化活动"村晚"得到了越来越多的关注和重视。2021 年，"村晚"入选国家"十四五"公共文化服务体系建设规划，根据《规划》，"村晚"将从仅在春节期间集中开展，逐渐扩展至节日期间常态化举办，内容从

侧重文艺演出活动，转变为结合群众文化展示、地方特色传承、美食美景推介等元素的综合性节庆活动。2022 年，"村晚"首次写入中央一号文件，提出整合文化惠民活动资源，支持农民自发组织开展"村晚"等体现农耕农趣农味的文化活动。同年，国务院发布了《关于支持贵州在新时代西部大开发上闯新路的意见》，提出"积极发展民族、乡村特色文化产业和旅游产业，加强民族传统手工艺保护与传承，打造民族文化创意产品和旅游商品品牌"。贵州省拥有 757 个中国传统村落，以及 1 640 个中国和省级少数民族特色村寨，为开展"村晚"活动提供了丰富的文化资源基础。

（一）"村晚"品牌建设的意义

"村晚"品牌建设具有文化价值和社会价值，它不仅承载和弘扬了中华优秀传统文化，而且能够提升乡村文化活动的品质和影响力，带动地方经济发展和文化创新，推动乡村文化事业和相关产业发展。

1. 传承和弘扬中华优秀传统文化

在"村晚"品牌建设过程中，将优秀的传统文化融入现代文化，通过精心策划演出、短视频节目以及互动环节等方式，生动呈现传统文化内涵，让更多人对中华优秀传统文化产生兴趣，进而传承和弘扬中华优秀传统文化。

2. 提升乡村文化活动影响力

打造优秀的乡村文化活动品牌将得到更多人的关注和参与，引起政府和相关部门的重视和支持，形成乡村文化活动品牌的生态良性循环。品牌活动在市场传播中也将获得更多媒体和社交网络的报道，有助于提升乡村文化活动的影响力。

3. 推动当地文化和旅游产业的创新发展

"村晚"活动通常以地域文化为底蕴，展示当地的义化和旅游特色。打造

"村晚"品牌将推动当地文化和旅游业的创新发展。比如，通过跨界合作和商业化运营等途径，将更多新颖、有趣的文化元素和相关产品融入"村晚"活动中，实现文化与商业的相互融合，为观众带来全新的活动体验，提升当地文化经济的竞争力。

（二）"村晚"活动的特点

"村晚"源于农村，是一种由农民自发组织、自主编排和演绎的乡村文化活动。"村晚"汇聚了农民的智慧和创造力，展现了乡村文化的生命力。

1. 发挥农民主体作用，激发乡村文化活力

"村晚"以农民自发开展活动为主，政府提供必要的支持与引导，让农民乐于参与、便于参与，激发乡村文化活力。"村晚"活动的核心主体是农民，他们是主要参与者和中坚力量。在"村晚"活动中，各地充分发挥农民的智慧和力量，调动他们的积极性、主动性和创造性，成为活动的主角。

2. 兼具地域特色与乡土风情，促进农文旅融合发展

乡村文化的形成是一个漫长的过程，不同地域的自然条件、生活方式、历史遗迹，都彰显着当地特有的自然与人文风貌。各地举办的"村晚"原生态展现了当地的生态环境、农民的生活状态、当地特有的乡土风情，并以丰富多样的活动内容为载体，将乡村文化与旅游业、农业相结合，促进当地农文旅的融合发展。

3. 利用全媒体进行推广，提高"村晚"曝光度

"村晚"活动通过报纸、电视、互联网等媒体进行全方位、多角度推广，不仅包括《中国文化报》、中央广播电视总台等传统媒体，也包括社交媒体、短视频平台、网络直播等新兴渠道。传统媒体与新媒体共同发力，根据活动内容特点和传播平台受众进行全面报道，提高"村晚"活动的曝光度。

4. 以全国"村晚"示范展示活动为引领，带动各地广泛开展"村晚"活动

全国"村晚"示范展示活动已经连续举办了3年，"村晚"示范展示点发挥了示范引领作用，带动各地广泛开展"村晚"活动。在2021年、2022年和2023年"元旦""春节"期间，文化和旅游部公共服务司和全国公共文化发展中心等单位依托国家公共文化云联合举办了"云"上看"村晚"活动，鼓励和引导各地举办"村晚"3.6万余场。引导支持具备条件的"村晚"，通过网络联动，从区域"小欢喜"走向全国"大联欢"，参与人次超过4.1亿，影响力和覆盖面不断扩大。

（三）2023年贵州云匠"村晚"创新性实践与成效

2023年贵州云匠"村晚"品牌活动具有鲜明的地方文化特色，活动以乡村为舞台，以文化为纽带，通过精心策划和不断创新，展现了贵州独特的文化魅力。

1. 创新"村晚"模式，共享"村晚"文化

贵州云匠"村晚"采取了"1+1+1+N"模式，设立一个"村晚"示范展示活动主会场，一个移动"村晚"会场（即绿皮火车"村晚"号），一个分会场和多个"村晚"示范村创建点。其中，黔东南州的雷山"村晚"和施秉"村晚"入选了2023年全国"村晚"示范展示活动，以创新的方式重新构思活动模式，围绕国家文化生态保护区建设，侧重文旅产业发展，打造崭新的"村晚"体验。通过现场直录播方式实现线上线下相结合，将时间、空间、主题和村寨进行联动，并运用短视频、特色节目表演、访谈互动等多种形式，结合群众文化演出，进行"村晚"示范展示活动直录播，展示了黔东南州独特的民族文化、旅游资源、特色产业、民族村寨。

2. 汇集本地资源，全面展示推介

雷山"村晚"分会场和施秉"村晚"分会场汇集了本县的风物特产、特

色美食、风景旅游、民俗节庆、民族文化和本土民间文艺节目等内容，将各类资源进行节目串联和融合，充分展示和推介贵州的人文魅力、文旅资源、民族村寨及乡村的发展变化，助力民族文化的传承和传播。

3. 联合多家媒体，加强品牌宣传

贵州云匠"村晚"构建了一个涵盖中央、省、州、县各级媒体以及新媒体和自媒体的联合传播网络，对"村晚"活动进行分阶段、有重点的宣传，在媒体和多家直播平台的协同合作下，活动在短时间内引起了社会的广泛关注和高流量，进一步扩大了活动的知名度和影响力。

4. 推动文旅融合，助力乡村振兴

黔东南州借助雷山"村晚"和施秉"村晚"入选全国"村晚"示范展示活动的契机，以雷山"村晚"和施秉"村晚"为示范引领，激发全州"村晚"常态化开展，并积极发展民族、乡村特色文化产业和旅游产业，加强民族传统手工艺保护与传承，打造民族文化创意产品、旅游商品品牌，以及具有广泛影响力的旅游品牌，打造文旅融合赋能乡村振兴的示范区。

（四）未来展望与思考

1. 以"村晚"为窗口，记录传统、特色村落

在筹备"村晚"的过程中，摄制组可以对非遗传承人、村落建筑、生态资源、人文故事等进行原生态纪实记录，包括传承人的学艺经历、手工技艺和传承方式；传统特色村落的建筑风格、营造技艺和居住环境；当地的自然景观和地形气候以及当地人的生活方式、民间舞蹈和民风民俗等珍贵的历史文化信息，为当地保留下具有史料价值的传统村落和特色村寨文化基因图谱。

2. 以文化特色为支点，推出爆款旅游线路

随着人们生活水平的提高，游客不再满足于只看风景，具有历史文化底

蕴的地区越来越受欢迎。各地可以深度挖掘当地的文化特色,选取具有代表性的传统、特色村落,在"村晚"活动中展示当地的传统舞蹈、特色美食、手工艺品、民俗文化产品等,带给游客全面的旅游体验,让更多年轻人对传统文化和民俗有更深入的了解和认识。一系列独具魅力的节庆活动、富有中国传统韵味的村落、民族特色鲜明的村寨,以及别具一格的乡村旅游线路,推动了旅游业的产业化进程,确保珍贵的民族文化得以有效传承和发扬。

3. 以乡村网红为媒介,赋能当地文旅产业

"村晚"活动可以挖掘和培育一批具有影响力和知名度的乡村网络达人,将他们打造成乡村"网红",成为家乡的推广大使和民族文化故事的传播者。"网红"利用直播、短视频、照片等形式展示和宣传家乡的乡村文化和旅游资源,帮助家乡产品销售和旅游项目推广,为当地的农业、文化和旅游业带来更多的曝光度和流量。同时,为他们提供专业素养和文化素养的培训指导,提升他们的综合能力,更有效地为家乡进行宣传推广。

4. 以优质内容为基础,孵化自媒体传播阵地

在"村晚"活动过程中,会产生大量的素材,各地可以挑选优质内容进行再创作,孵化出乡村、人文、美食等领域的自媒体平台,为当地文旅推广打造具有影响力的传播阵地。比如,短视频内容主要以流量较大的抖音为推送平台,利用其推送机制将短视频传播给广大用户群体。同时,借助微博的社交属性,积极地与用户互动,进一步扩大短视频的传播范围。并对短视频后台数据进行分析,如访问量、点赞量、评论数等指标,了解短视频的影响力和用户对短视频内容的认可度,更好地指导后续的内容策划和创作。

5. 以"村晚"演出为契机,建设乡村文化队伍

"村晚"已经成为农民欢度佳节和展示乡村文化的重要平台。各地可以以"村晚"演出为契机,将"送"和"培"结合起来,为农民提供专业的培训和指导,培养他们在节目策划、组织演出、创作指导、宣传推广等方面的能力。

同时，通过组织团体活动和比赛等方式提供更多的展示机会，增强农民的自信心和表演能力，培育乡村文化队伍，提升公共文化服务水平。

在乡村振兴的背景下，乡村文化活动焕发出新的活力。作为公共文化服务机构，我们应充分发挥优势、整合各方资源、创造性地打造乡村文化活动品牌、利用品牌价值推动乡村文化发展。贵州云匠"村晚"体现了贵州的文化特色，这种以当地文化为基础打造的乡村文化活动品牌的做法，值得各地学习和借鉴。

第四节　提升贵州省旅游经济的国际竞争力

一、增加旅游资本投资

旅游资本作为旅游业中不可或缺的生产要素，其重要性如同阳光雨露对于植物的生长。旅游资本的丰裕程度直接关系到旅游产品的开发质量和旅游配套基础设施的完善程度。

旅游资本是旅游资源开发的保障。资金投入可以保障旅游资源的有效开发利用，充分展现其独特的魅力和价值。例如，保护与修复自然景观、挖掘与传承文化遗产都需要大量的资金支持。资金投资提升了旅游资源的吸引力和竞争力，为游客带来了丰富多样的旅游体验。

根据新古典贸易增长理论，旅游资本的投资对于提升旅游业的劳动生产率具有显著作用。在其他旅游要素如人力资源、自然资源等保持不变的情况下，增加对旅游资本的投资，如引进先进的旅游设施、改善旅游交通条件等，能够大幅提高旅游业的运营效率和生产效益，进一步促进旅游业的发展，增加就业机会，带动相关产业的繁荣。

对于旅游资源较为欠缺的地区，旅游资本的投资意义重大。增加旅游资本投资，可以在一定程度上弥补旅游地区资源不足的缺点，创新旅游产品。例如，打造特色旅游小镇、开发乡村旅游，将当地的自然风光、民俗文化等转化为旅游资源，吸引游客观光旅游。另外，使旅游产品更加丰富和多样化，

满足游客的多元化需求。

旅游资本的投资还将引入一些先进的技术和管理经验，推动旅游产业结构优化和旅游产品升级。随着科技的不断发展，旅游业也面临着转型升级的压力。通过增加旅游资本的投资，可以引进先进的旅游科技和管理模式，如智慧旅游、绿色旅游等，推动旅游产业的可持续发展，使旅游产品更加符合市场需求，增强国际竞争力。

二、强化政府在旅游业发展中的主导作用

入境旅游业作为国民经济的重要组成部分，其健康发展不仅关乎国家形象，更是推动地方经济繁荣的关键力量。然而，仅仅依赖市场机制的自我调节是远远不够的，政府在其中必须发挥主导和引领的作用。这种主导作用不仅体现在宏观政策的制定上，更贯穿于市场监管、信息服务、发展模式决策、配套基础设施建设、旅游品牌宣传、培训与教育等具体而微的方方面面。

首先，从法律角度而言，旅游资源被认定为国家的财产，其管理权和经营权则由各地政府掌控。因此，政府在旅游资源的开发和规划中发挥着至关重要的作用。为了实现旅游资源的科学开发和可持续利用，政府需进行深入的调查与评估，以制定出科学且合理的开发规划，并对规划的执行进行严密的监督。同时，政府应依据市场需求和地域特性，制定适应本地实际情况的旅游发展策略，以促进旅游产业的转型与升级。

其次，市场上的旅游企业虽然以营利为目的，但在实际操作中往往会为了降低成本而牺牲服务质量。这就需要政府积极行使其职责和权力，对旅游市场进行严格的监管。政府应建立健全的旅游法律法规体系，明确旅游企业的责任和义务，规范旅游市场的经营行为。同时，政府还应加强对旅游企业的日常监督和管理，对违规行为进行及时查处和处罚，保障游客的合法权益。

再次，政府应注重旅游配套基础设施的建设。旅游基础设施的建设需要投入大量的资金以及长期的经营维护，私人企业往往难以承担。因此，政府应投入足够的资金和人力资源，完善旅游交通、住宿、餐饮等配套设施，为游客提供便捷、舒适、安全的旅游环境。

最后，重视旅游教育和培训工作。旅游业的快速发展对旅游服务人员的素质和能力提出了更高的要求。加强对旅游培训机构的监督和指导，确保其培训质量和效果。与高校合作，为旅游专业提供人才需求状况的信息和指导意见，推动旅游教育体系的完善和发展。根据自身的旅游条件和特色，树立独特的旅游品牌。举办旅游文化节、旅游推介会等展示当地的自然风光、人文景观和特色文化，吸引更多的游客前来旅游观光。加强与国内外旅游机构的合作与交流，扩大旅游品牌的知名度和影响力。

三、加强国际交流，积极与发达国家开展旅游论坛合作

在全球化的大背景下，为了推动入境旅游市场的繁荣发展，旅游企业应积极寻求与政府合作，深化国际交流，与发达国家开展旅游论坛合作，扩展入境旅游市场。

（一）积极参加国际交流

组织各类国际旅游交流活动，如国际旅游节、旅游论坛等吸引世界各地的目光，让更多的人了解贵州的独特魅力和旅游资源。与国外旅游机构交流，建立潜在的合作伙伴关系，为未来旅游合作奠定坚实基础。

（二）开展旅游论坛合作

发达国家在旅游业发展方面积累了丰富的经验，通过合作可以学习到先进的旅游管理理念和方法，结合自身情况促进入境旅游的发展。例如，借鉴发达国家的旅游产品开发经验，根据境外游客的旅游需求和偏好，开发出更具吸引力和竞争力的旅游产品。

通过联合驻外使领馆进行境外宣传，向境外客源推广贵州的旅游资源，吸引更多的游客前来旅游。收集境外游客的旅游需求和旅游偏好，为旅游产品的开发和市场营销提供有力支持。利用政府间的合作机会加强旅游项目合作。例如，中俄举办的"旅游年"就是一个成功的例子。通过举办旅游年活动，两国加强了旅游项目合作，推动了入境旅游的发展。类似的活动可以为

贵州省的入境旅游市场开辟新的渠道。

贵州可以借助大数据产业这一优势加强国际合作，吸引国外游客。利用大数据技术分析境外游客的旅游需求和偏好，为旅游产品的开发和市场营销提供更加精准的数据支持。与国外的旅游企业开展数据共享和合作，共同开发具有市场竞争力的旅游产品。

（三）注重与政府沟通

旅游企业在加强国际交流与合作的过程中注重与政府的沟通协调，争取政府的支持和帮助。政府可以为旅游企业提供政策扶持、资金支持等方面的帮助，为国际合作创造有利条件。旅游企业应积极参与政府的旅游推广活动，为贵州省的入境旅游市场贡献自己的力量。

四、推进绿色旅游实现可持续发展旅游

绿色旅游是环保旅游和生态旅游的有机结合。它不仅是一种旅游方式，更是一种旅游哲学。在绿色旅游的实践中，注重保护环境、尊重自然、追求人与自然的和谐共生。从旅游产品的设计到旅游过程的实施，从旅游服务的提供到旅游废弃物的处理，都贯彻着绿色、环保、低碳的理念。

贵州这片被誉为"避暑天堂"的神奇土地，凭借其得天独厚的自然资源和气候优势，吸引了无数游客的目光。然而，要想让这片土地长久地保持其魅力，就必须在旅游开发的过程中，坚持绿色发展，保护好这片土地的自然环境。第九届贵州旅游产业发展大会以"改革驱动，绿色引领，与时俱进打造贵州旅游发展升级版"为主题，就是要在旅游业的发展中，融入更多的绿色元素，推动贵州旅游的可持续性发展。这是对贵州省旅游业的期待，也是对全国乃至全世界旅游业的启示。绿色旅游在贵州省的实践可以从以下几个方面展开。

开发以环保为主题的旅游产品。推出以贵州独特生态景观为背景的生态探险、生态摄影等旅游产品，让游客深入了解贵州的自然环境和生态保护。

加强对游客的环保教育。设置环保提示牌，提醒游客保护环境，小乱扔

垃圾，不破坏生态环境。组织环保志愿者活动，让游客亲身参与到环保工作中来，增强环保意识。

加强对旅游废弃物的处理。建立专门的旅游废弃物处理中心，对旅游过程中产生的废弃物进行分类、回收、处理，减少对环境的污染。

推动绿色旅游的发展。利用大数据、云计算等现代科技手段，对旅游资源的开发、利用进行精细化管理，实现资源的最大化利用和最小化浪费。

绿色旅游是旅游业发展的必由之路。只有坚持绿色发展，才能实现旅游业的可持续发展，让更多的人享受到旅游带来的快乐和幸福。贵州省作为绿色旅游的先行者，必将为全国乃至全世界的旅游业发展树立新的标杆。

第七章　结论与展望：新质生产力引领贵州省旅游高质量发展

贵州以其独特的自然风光和深厚的文化底蕴，吸引着越来越多的游客。然而，要想真正形成和发展旅游新质生产力，必须以高质量发展为引领，全面统揽旅游产业的资源、客源、服务三大核心要素。贵州拥有得天独厚的自然资源，如壮观的黄果树瀑布、神秘的荔波小七孔、迷人的赤水丹霞等，每一处都蕴藏着无尽的新价值。还应注重文化资源的挖掘，如苗族银饰、侗族鼓楼等非物质文化遗产，都是贵州独有的文化符号，值得深入探索和推广。随着旅游市场的不断发展，游客对于旅游体验的需求也在不断变化。要紧跟时代潮流，不断创新旅游场景，为游客提供更加丰富多彩的旅游选择。拓展旅游服务新模式是提升旅游产业竞争力的关键。要从游客的需求出发，提供更加个性化、多元化的旅游服务。

第一节　贵州省旅游产业的未来发展趋势

贵州省近年来在旅游产业的发展上取得了显著的成就。随着"绿水青山就是金山银山"理念的深入人心，贵州以其独特的自然景观、丰富的民族文化、深厚的红色旅游资源，吸引了越来越多的国内外游客。

一、绿色旅游产业

绿色旅游产业作为旅游业中的一支新生力量，其独特的优势尤为引人注目。绿色旅游产业以其资源消耗低、综合效益好、带动系数大的特点，在旅

游产业发展中展现出巨大的潜力和活力。它不仅能够有效利用和保护自然资源，实现生态与经济的双赢，还能够带动相关产业的协同发展，为地方经济注入新的活力。

贵阳市独特的自然环境和丰富的民族文化为绿色旅游产业的发展提供了得天独厚的条件。贵阳市秀美的山川、清澈的河流、丰富的动植物资源，以及深厚的民族文化底蕴为绿色旅游产业的发展提供了丰富的素材和广阔的舞台。政府高度重视绿色旅游产业的发展，制定了一系列政策措施，加大对绿色旅游产业的扶持力度，为绿色旅游产业的发展提供了强有力的保障。

（一）贵州绿色旅游产业发展取得的成效

国家对贵州地区发展战略的深入布局及全国范围内旅游产业的蓬勃发展，促使贵州的绿色旅游产业迎来了前所未有的发展机遇。贵州绿色旅游产业的发展融合了民族文化游、生态旅游、历史文化游等，是一项多种元素的综合性旅游体验。新型的旅游产业形式在贵州的旅游产业规划中得到了高度重视和全面落实。

贵州乡村旅游中出现了一系列以乡村民俗文化为主题的旅游项目，展示了贵州乡村的淳朴风情，深入挖掘了当地的传统手工艺、民间艺术等文化遗产，游客在欣赏美景的同时可以感受到浓厚的乡土气息。在贵阳市，游客可以亲自参与制作当地的特色手工艺品，体验传统工艺的魅力。

贵州红色文化主题旅游项目。贵州是中国革命的重要发源地之一，拥有丰富的红色文化资源。开发红色文化主题旅游项目可以传承和弘扬革命精神，让游客在参观历史遗迹、了解革命故事的过程中感受红色文化的独特魅力。例如，游客在贵州可以参观革命历史博物馆，了解当地革命历史的发展脉络，参观革命遗址，感受革命先烈的英勇无畏。

贵州生态旅游。贵州的生态环境得天独厚，拥有众多国家级自然保护区、森林公园等自然景观，为游客提供了丰富的观赏资源，为当地居民带来了实实在在的经济利益。生态旅游产业的发展让贵州在保护生态环境的同时实现了经济的可持续发展。

（二）贵州绿色旅游产业发展存在的问题

近年来，我国政府大力推动旅游业，各地纷纷响应，通过吸引外来投资，积极开发旅游项目，以期实现经济结构的优化和经济增长。以贵阳的贫困地区为例，它们充分利用国家资金和本地的自然资源与民族文化，大力发展绿色生态旅游。然而，部分项目在缺乏科学论证和规划的情况下匆忙上马，导致了重复建设、资源浪费的问题。更有甚者，一些项目忽视了可能对生态环境和民族文化带来的潜在影响，盲目追求短期经济利益，对自然环境和人文资源造成了不可忽视的损害。

同时，这些绿色旅游项目在运营过程中，监管缺失和责任推诿的现象普遍存在。监管机构的不作为和部门间的沟通不畅，使得问题愈发严重，影响了项目的健康发展。例如，对生态环境的破坏，往往需要长期的修复和高昂的治理成本，而这些成本往往被忽视或转嫁给社会，对地方经济的可持续性构成了威胁。

旅游企业在绿色旅游产业的发展中扮演着关键角色。然而，许多企业过于关注短期经济效益，而忽视了绿色旅游的长期价值。绿色旅游要求企业在项目开发的全过程中，严格遵守生态保护和资源管理的规定，这无疑增加了企业的运营成本，影响了其利润目标[①]。因此，企业在绿色旅游产业的投资和运营上表现出谨慎甚至消极的态度，这对绿色旅游产业的推进构成了阻碍。

此外，绿色旅游的参与者，即旅游者的生态环保意识也需要进一步提升。尽管公众对生态环境保护的关注度在提高，但在实际的旅游活动中，他们的行为往往与绿色旅游的理念相悖。部分旅游者缺乏自我行为对环境影响的认识，过于追求个人体验，忽视了环境保护的重要性。旅游者的消费行为过于随意，在游玩过程中产生大量垃圾，参与可能破坏生态的活动，这些都与绿色旅游的精神背道而驰。因此，绿色旅游产业的发展需要从规划管理、企业参与和公众意识等多方面进行深入改革和提升。唯有如此，才能真正实现旅

---

① 吴国琴. 论旅游业绿色转型的困境及其路径 [J]. 河南师范大学学报（哲学社会科学版），2015，42（5）：186-188.

游业的可持续发展，保护好宝贵的自然和文化资源，让旅游成为推动社会经济进步和环境保护的有力工具。

（三）贵州绿色旅游产业发展的未来趋势

随着全球对可持续发展关注度的提升，绿色旅游产业作为其中的重要组成部分，其健康发展显得尤为关键。为了实现这一目标，国家、旅游企业和公众都需要积极参与，共同推动绿色旅游产业的繁荣。

1. 国家加强绿色旅游产业发展的宏观管理

面对当前项目重复建设、忽视生态环境保护等问题，国家应强化对绿色旅游产业的顶层规划和政策引导。包括在项目立项阶段就严格审查，确保其符合绿色发展的原则；在审批和建设过程中，实施严格的环保标准和监管机制；在后期运营阶段，持续监督，防止对环境的潜在破坏[①]。同时，国家还应建立健全相关法律法规，为绿色旅游产业的发展提供坚实的法治保障。

2. 培育企业绿色旅游产业发展的理念

企业应从"经济增长至上"转变为"绿色发展优先"，将环保理念融入旅游产品的设计、开发和运营中。通过举办培训、研讨会等方式，提高员工对绿色旅游的理解和实践能力，培养他们的绿色服务观，使他们在日常工作中能够积极推广绿色理念，实现经济效益与生态效益的双赢。

3. 加强绿色旅游生态环保理念意识的宣传

许多旅游者生态环保意识淡薄，导致在旅游过程中对环境造成破坏。因此，加强绿色旅游生态环保理念的宣传教育显得尤为重要。通过媒体、社区、学校等多渠道，普及绿色旅游知识，增强公众的环保意识，引导他们选择绿色旅游产品，实践绿色旅游行为，如垃圾分类、节约资源等，使绿色旅游成

---

① 付景保. 西南民族地区生态旅游发展战略的选择——基于 SWOT 的分析 [J]. 西南民族大学学报（人文社会科学版），2013，34（3）：126-129.

为社会的普遍共识和行动。

二、文化体验式旅游

在当前"十四五"规划的发展目标中，文旅融合被赋予了重要的战略地位。特别是在推动红色旅游和乡村旅游方面，国家提出了一系列举措，旨在建设一批既富含文化底蕴，又具备世界级标准的旅游景区和度假区。同时，打造一批文化特色鲜明的国家级旅游休闲城市，以进一步丰富人们的旅游体验，促进旅游业的高质量发展。

贵州省作为一个自然风光壮丽、民族文化丰富、红色历史深厚的省份，拥有得天独厚的旅游资源。近年来，贵州在文旅融合方面取得了显著成果，通过文旅农商的深度融合，不仅带动了经济的快速发展，更为当地的贫困人口带来了实实在在的收益。据统计，贵州已累计带动超过 100 万贫困人口通过旅游扶贫项目受益，实现了旅游与扶贫的双赢[①]。然而，尽管在旅游业方面取得了不俗的成绩，但贵州的文化产业发展却相对滞后。文化产业与旅游业的融合不够紧密，使得义旅融合发展模式中的主要因素未能形成双轮驱动效应。这不仅制约了旅游业的进一步发展，也影响了贵州文化软实力的提升。

在体验式经济的大背景下，如何将民族文化与体验式旅游深度融合，成为摆在我们面前的重要课题。体验式旅游作为一种新兴的旅游方式，强调游客在旅游过程中的参与感和体验感。而贵州丰富的民族文化资源，为体验式旅游的发展提供了得天独厚的条件。

（一）贵州文化体验式旅游开发优势

1. 得天独厚的旅游资源

贵州以其独特的地理位置和相对较低的工业化水平，为自然生态的保护提供了得天独厚的条件。因此，这里的旅游资源极其丰富，为旅游业的发展

---

① 李晓琴. 旅游体验影响因素与动态模型的建立［J］. 桂林旅游高等专科学校学报，2006，17（5）：609-611.

奠定了坚实的基础。

贵州在自然风光方面被誉为"八山一水一分田"的壮丽画卷，岩溶地貌形成了许多令人叹为观止的自然奇观。例如，黄果树瀑布、荔波小七孔、梵净山等都吸引着无数游客前来探寻。贵州是生物多样性最为丰富的地区之一，各种珍稀动植物在这里繁衍生息，为游客们带来了无限的惊喜。贵州在文化资源方面同样拥有得天独厚的优势。作为中华民族的发祥地之一，贵州历史悠久，文化底蕴深厚。贵州省内共有1400多处不可移动的文物，不乏世界文化遗产、全国重点文物、中国传统村落、国家非物质文化遗产等。珍贵的文化遗产见证了贵州历史的沧桑巨变，展示了贵州人民的智慧与创造力。

贵州省拥有众多的风景名胜区。其中，省级风景名胜区53个、国家级风景名胜区18个、4个世界自然遗产。这些景区各具特色，或雄奇险峻、或秀美清幽、或古朴典雅、或神秘莫测，为游客们提供了丰富的旅游选择。

在红军长征期间，贵州成为红军的重要转战地。红军长征期间经过了贵州的68个县，为这片土地留下了遵义会址、黎平会议、娄山关战役、四渡赤水等一系列具有深厚历史底蕴的红色旅游资源，这些资源丰富了贵州的文化内涵，为贵州的旅游业注入了新的活力。

2. 巨大的市场潜力

贵州以其多元化的旅游资源展现出广阔的市场前景。近年来，该省精心策划并实施了以革命历史遗迹为核心的红色文化体验旅游走廊、以自然资源为主体的生态文化旅游度假圈，以及以民族历史为根基的民族民俗文化体验旅游带，构建了别具一格的文化旅游产品体系。这些旅游产品深受游客青睐，极大地推动了贵州旅游业的繁荣发展。

据官方统计数据，近年来贵州旅游业呈现出蓬勃的发展势头。在2016年至2018年期间，游客赴黔人次从5亿骤增至将近10亿，旅游总收入在全国各省市中位列前茅。2020年遭遇全球新冠疫情的严峻考验，贵州省仍成功吸引了5190.7万人次的游客，实现了367.2亿元的旅游总收入，排名全国第

三。这些数字彰显了贵州省旅游市场的深厚潜力和不可阻挡的发展势头[①]。

3. 交通基础设施的完善

旅游业发展离不开便捷的交通条件，贵州省在交通基础设施建设方面取得了显著成就。目前，贵州已实现高铁通全国、市州有机场、县县通高速的交通网络覆盖。完善的交通网络为游客提供了便捷的出行方式，促进了贵州省与周边地区的旅游合作与交流。

根据 2017 年旅游数据，贵州旅游最大的客源地来自一线城市及周边省份。游客能方便地前往贵州旅游观光，得益于贵州便捷的交通条件。随着交通基础设施的不断完善，贵州省的旅游市场将进一步扩大和繁荣。

（二）贵州文化体验式旅游开发机遇

1. "互联网＋旅游" 模式的崭新篇章

在 21 世纪的数字化浪潮中，互联网技术的迅猛发展正深刻改变着我们的生活方式，其中也包括旅游行业。国务院原总理李克强在 2020 年 11 月主持召开的国务院常务会议上，明确提出了 "确定适应消费升级需求支持'互联网＋旅游'发展的措施"。这一政策导向不仅为旅游行业注入了新的活力，也为文化体验式旅游的发展带来了前所未有的契机。

"互联网＋旅游" 模式的核心在于将互联网技术与传统旅游业深度融合，通过大数据、云计算、物联网等技术手段，为游客提供更为便捷、智能、个性化的旅游服务。基于这一模式，智慧旅游景区建设成为重中之重。景区引入智能导览、在线预订、电子支付等系统实现游客服务的数字化、智能化和个性化，提升了游客的旅游体验。鼓励景区加大线上营销力度，利用网络平台进行品牌推广和产品销售。景区可以利用抖音、微博、微信等社交媒体平

---

① 李晓琴. 旅游体验影响因素与动态模型的建立 [J]. 桂林旅游高等专科学校学报, 2006, 17 （5）: 609-611.

台迅速吸引大量游客的关注和参与，实现旅游资源的快速传播和有效转化，为景区与游客之间的互动提供了更多可能性，使游客更深入地了解景区文化和特色。在政策引导下，"互联网＋旅游"模式成为文化旅游发展的新趋势。这一模式可以更好地满足游客的多元化需求，推动旅游产业的转型升级和可持续发展。

2. 网络平台的强大影响力与西南旅游的崛起

"大数据＋互联网技术"为旅游网络平台的推广提供了有力支持。网络平台通过收集和分析游客的旅游数据为游客提供更为精准、个性化的旅游推荐和服务，也是旅游目的地宣传和推广的重要渠道。

以兴义为例，作为热播网络综艺《爸爸去哪儿》的取景地，兴义在节目首播结束后的首日就迎来了旅游热度的爆发式增长。据统计数据，节目首播结束后首日兴义的旅游热度增长了 79%，一跃成为旅游最热十大景点之一。这一成绩的取得离不开内容 IP 与社交网络平台的强大推广。内容 IP 使兴义的旅游形象更加鲜明、生动。节目中的精彩片段和明星嘉宾的亲身体验可以更加直观地让观众了解兴义的自然风光、人文历史和民俗风情。社交网络平台为兴义的旅游推广提供了广阔的空间。抖音、微博等平台使兴义的旅游信息迅速扩散到全国各地甚至全球范围内，吸引了大量游客前来参观和旅游。

上述案例展示了网络平台在旅游推广中的重要作用。内容 IP 和社交网络平台可以为体验式旅游环节的设计提供很好的模板。挖掘当地的文化资源和旅游资源，打造独具特色的旅游产品和服务；引入多元化的互动环节和参与性强的活动项目，让游客深入地了解当地的文化和特色；优化游客的旅游体验和服务质量，提升游客的满意度和忠诚度，推动旅游产业的可持续发展。

三、旅游产业数字化

《"十四五"旅游业发展规划》已郑重强调，必须"加快推动智慧旅游的

发展，显著体现数字化、网络化、智能化的特征，深化'互联网＋旅游'模式，并广泛促进新技术在旅游场景中的实际应用"。近年来，贵州省在习近平新时代中国特色社会主义思想的引领下，深入贯彻习近平总书记视察贵州时的重要指示精神，紧密围绕"四新"目标，推动"四化"战略实施，坚持文化塑造旅游、旅游彰显文化的原则，持续丰富旅游生态和人文内涵。至2023年年初，贵州省已明确聚焦资源、客源、服务三大核心要素，致力于以世界级标准开发旅游资源、打造世界级旅游目的地，进而推动贵州从旅游大省向旅游强省的跨越式发展。

（一）贵州旅游产业数字化平台需求分析

在旅游产业的发展进程中，主要涉及三个核心主体：政府的旅游行业监管部门、旅游相关的企业及旅游者。政府行业主管部门面临着一系列复杂问题，如图 7-1 所示。

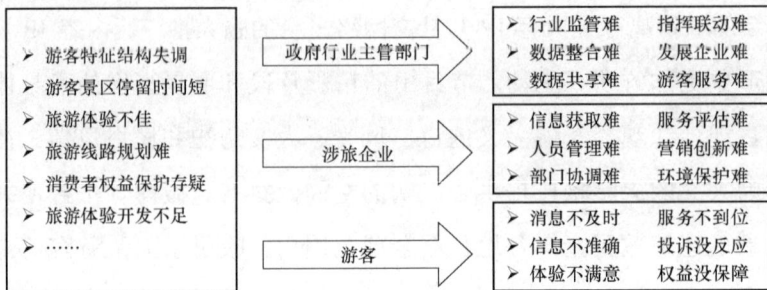

图 7-1　旅游市场发展存在的主要问题

旅游业作为全球经济的重要组成部分，其健康发展对于国家的经济增长和社会稳定具有重要意义。旅游业发展的三大支柱是政府行业主管部门、涉旅企业和游客的需求，三者相互作用，共同推动行业的繁荣。

政府行业主管部门需了解行业的整体环境、发展动态和人才状况，包括实时更新的业务运营数据、舆情分析和游客来源地信息，增强对行业的监管和动态把控。政府部门加强数据集成与融合可以更有效地分发和共享信息，提高指挥与协调效率。对旅游行业的发展趋势进行深入研究，有助于在安全

管理、数据分析和营销推广等方面做出及时响应，确保旅游安全，促进旅游收入的增长，进一步巩固旅游业在全省乃至全国经济中的地位。

涉旅企业需要掌握游客的消费行为模式，分析客流、物流、资金流和信息流等优化资源配置，预测游客流量，预防安全风险。获取游客的消费画像、旅游商品销售趋势等帮助企业精准营销，提供个性化服务，实现业务的统一管理，促进企业的规范化和可持续发展。

游客需获取全面的旅游信息，如客流情况、天气预报、最佳游玩路线等，以便做出最佳的旅行决策。在旅游过程中，游客期待获得无缝衔接的一站式服务，涵盖吃、住、行、游、娱、购等。旅游结束后，游客的反馈和经验分享对于提升旅游服务质量，优化旅游产品具有重要参考价值，也为行业主管部门和景区管理提供了宝贵的改进依据。

（二）打造贵州旅游产业数字化平台的对策

在推进贵州旅游产业的高质量发展中，信息安全、标准治理和全域全时的高质量发展是核心目标。首先，数据采集层是智慧旅游的基石，利用物联网、图像识别和人工智能等先进技术，通过各种智能终端收集丰富的旅游数据，如 OTA 数据、景区数据和交通数据等。数据传输层则通过无线、有线和卫星等多种方式，确保这些数据的高效传输。智能分析层对收集的数据进行深度处理，利用边缘计算、云计算和 BI 分析等技术，构建出符合贵州旅游特色的业务分析模型，建立全面的行业数据标签库，实现精细化的标签管理，为旅游企业的决策提供科学依据。在此基础上，应用层构建了智慧监管、智慧运营和智慧服务体系。基于数据业务化和业务数据化的理念，通过各种旅游服务应用为游客提供无缝的旅游体验，赋能景区，支持政府决策，推动贵州旅游的全域全时高质量发展。例如，智慧监管实时监控旅游市场的动态，预防和处理各种突发事件；智慧运营精准定位目标市场，实现个性化营销，提升旅游产品的吸引力；智慧服务提供从预订到游玩的全程智能化服务，提升游客满意度。

另外，贵州需进一步完善基础设施，打造智慧旅游的坚实基础。例如，加快涉旅基础设施的信息化建设，打造 5G、大数据等新型基础设施，构建智慧旅游数字集成系统，全面提升旅游服务的数字化水平，增强游客的智慧旅游体验，整合旅游资源，促进旅游产业链的升级。借助数字技术对旅游价值网络和产业网络进行改造，优化资源配置，提升旅游供应链的现代化水平。整合产业链，提供全场景的数字化服务，解决旅游市场中的痛点，如中小企业的发展问题，构建集成服务平台，实现数字化供应链的建设，为全省旅游产业的协同发展提供强大支持。

要积极探索智慧旅游平台的应用场景，持续推动平台的智能化升级，创新商业模式（如图 7-2 所示）。包括提升平台的 AI 能力，提供特色化的旅游服务，拓展国际客源市场，以及通过与相关产业的深度融合，推动旅游产业的创新和发展，实现产业升级和转型，同时，通过数据化管理，提升政府的监管效能，维护良好的旅游市场秩序。

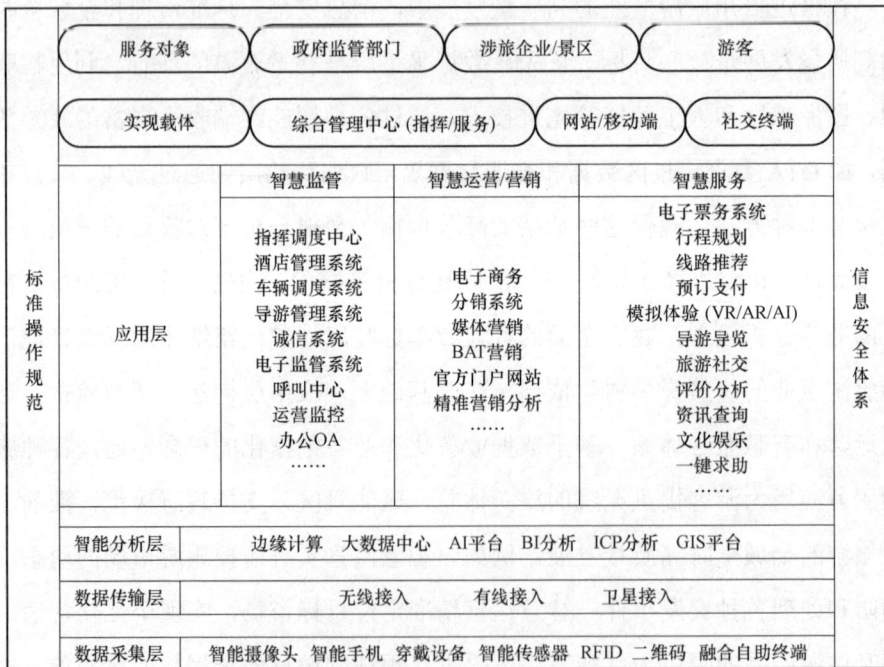

图 7-2　贵州旅游数字化平台场景概念结构图

第二节 促进贵州省旅游高质量发展的对策建议

一、充分利用新媒体发展贵州旅游业

（一）依托新媒体，改善营销效果

新媒体，作为一种具有即时性、交互性、超时空性的新兴媒体形式，自从问世以来，便以其独特优势，对传统媒体的主导地位发起了猛烈的冲击。它不仅吸引了广大民众的注意力，更是赢得了广阔的受众市场，成为当代信息传播的重要渠道。新媒体不仅仅局限于信息传播的功能，更可以作为一种营销工具，例如，在新媒体平台上发布旅游宣传片，以吸引更多的游客。

在新媒体的推动下，许多城市通过网络"意见领袖"的影响力成功地吸引了大量的游客。例如，四川的李子柒、桃子姐等人，通过他们的努力成功地将四川打造成为一个网红省份，吸引了大量的游客前来打卡围观。同样，重庆和西安也因为其高知名度的网红城市身份吸引了大量的游客。

尽管贵州省也有一些致力于宣传贵州形象的网络"意见领袖"，但大部分选择了以丑化、搞怪等负面行为来吸引眼球，对贵州城市形象的塑造产生了极为不利的影响。一些博主粉丝量少、影响力小，难以有效地传播贵州的声音。为此，应充分发挥新媒体的积极作用改善目前的不利条件，更好地促进贵州旅游业的发展。

（二）充分开发旅游资源

贵州拥有得天独厚的旅游资源，如红色文化资源、民族文化资源和自然资源。这些旅游资源犹如一颗璀璨的明珠，闪耀着独特的光芒。通过深度开发这些珍贵的资源，贵州可以进一步推动旅游业的发展，让更多的人领略到这片土地的独特魅力。在贵州，人们可以感受到红色文化的庄严肃穆，领略民族文化的多彩多姿，欣赏到自然风光的壮丽秀美。贵州的旅游业，正以其

独特的魅力，吸引着越来越多的人前来探索、品味和欣赏。

1. 红色文化

红色，这一色彩在中国，具有远超字面意思的深刻象征意义。它不仅是颜色的简单表述，更是中国共产党的标志性色彩，是对党的光辉历程和伟大事业的生动体现。红色文化，是一个包含丰富内涵和广泛外延的概念，它源起于中国共产党成立之初，是在马克思主义的坚实理论基础上，领导全国各族人民，历经千辛万苦，付出巨大牺牲，在争取民族独立、国家富强和人民幸福的伟大斗争中，逐渐形成并发展起来的一种独树一帜的先进文化现象。

红色文化体现了中国共产党带领人民在艰苦的革命斗争中，以及在波澜壮阔的改革开放历程中所取得的辉煌成就，彰显了党的坚强领导和人民的不懈奋斗。红色文化具有强大的精神激励作用，可以鼓舞人心、激发斗志，是一种重要的经济资源，可以推动经济发展，提高人民的生活水平。作为中国众多红色资源的聚集地，贵州红色文化资源的丰富程度令人瞩目。贵州的红色资源大致可以分为三类。

物质形态的红色文化资源，如重要会议的召开地点、重大战斗的发生地、著名人物的故居、革命先烈的陵园、纪念馆或陈列馆、革命根据地的遗址等，这些是红色文化的重要载体，都是历史的见证。

制度形态的红色文化资源，指党的各种重要纲领、路线、方针和政策等，是党的指导思想和行动准则，是红色文化的重要组成部分。

精神形态的红色文化资源，包括党的历史资料、革命文艺作品、革命故事等，是红色文化的精神内核，是激励人们不断前进的力量源泉。

贵州积极保护和修复四渡赤水、娄山关等红色文化遗址，深入挖掘和开发这些文化资源的旅游潜力，将其转化为具有教育意义和旅游价值的红色旅游景点。这些景点使游客深入了解和学习红军长征的精神，感受革命先辈的坚韧不拔和无私奉献，增进对历史的尊重和感激之情，珍惜当下的生活。贵州通过旅游业的发展带动当地经济的增长，创造更多的就业机会，提高当地居民的生活质量，实现文化和经济的双重发展。

2. 自然资源

自然资源是指自然界中天然存在、具有一定使用价值、能够提升人类当前和未来福利的各种自然环境因素的总称。这些资源不仅具有自然属性，还具备经济社会属性和生态属性。在我国，贵州省丰富的自然资源，成为旅游业发展的关键基础。

3. 民族文化

作为中国西南地区的一个省份，贵州以其民族文化的独特性、丰富性和多样性著称，为贵州的旅游产业发展提供了无法比拟的优势。例如，黔西南布依族的织锦技艺展现了少数民族精湛的手工艺和独特的审美观，极大地丰富了贵州旅游业的内涵和吸引力。少数民族文化所蕴含的价值是巨大的，能推动民族地区的经济繁荣和社会进步，增强民族团结和促进国家统一。站在新的历史起点上，我们必须将保护和传承少数民族文化资源作为一项关键任务，融入经济社会发展的全过程。我们要在习近平新时代中国特色社会主义思想的指引下，秉持全面、协调、可持续的发展观，妥善处理各种复杂关系，持续推进民族文化建设和旅游业的发展。我们要深入挖掘少数民族文化的内在价值，强化对民族文化事业的领导和管理，充分利用其独特的优势。

在当前时代，应有效利用新媒体的强大影响力开展民族文化的传播活动，加大对民族文化的宣传和推广力度，让更多的人了解中国丰富多彩的少数民族文化，加深对贵州文化和风土人情的研究和认识，推动贵州旅游业的蓬勃发展。通过新媒体促进贵州经济的全面发展，实现社会的和谐稳定，为群众打造更加宜居宜业的生产生活环境。

（三）提高从业人员的素质

在探讨贵州旅游业的成长历程中，我们不难发现，其中存在一个显著的问题，那就是从业人员的整体素质尚待提高。面对这样的挑战，我们必须采取坚决措施，对旅游行业的从业人员进行系统的培训和提升。

在高等教育体系中加强旅游专业建设，设置专业课程和开展实践活动提升旅游人才的水平。鼓励和支持高校与旅游企业合作，实现产学研一体化，让学生在实践中不断提升自我。高校建立完善的课程体系，改革教学方法，适应旅游业的发展需求。引入现代教育技术，如在线课程、虚拟现实等，使教学生动有趣，提高学生的学习积极性。政府加大对旅游基础设施的投入，改善旅游环境，为旅游从业人员提供更多的就业机会。通过政策引导促进旅游业的多元化发展，为从业人员提供更多的发展空间。

贵州旅游业在新媒体的推动下面临前所未有的机遇。新媒体为旅游业提供了广阔的宣传平台，为旅游业的转型升级提供了有力的技术支持。不过，与其他地区相比，贵州旅游业在基础设施建设、信息化程度、从业人员素质等方面仍存在较大差距。因此，我们必须充分利用新媒体技术，实现旅游资源的有效整合和宣传推广。同时，通过提升从业人员素质，提高服务水平，以提升贵州旅游业的整体形象和市场竞争力。只有这样，贵州旅游业才能在激烈的市场竞争中脱颖而出，实现可持续发展。

（四）"山地生态＋文化旅游"融合发展

贵州生态环境得天独厚，空气质量上乘，生物种类丰富，为生态旅游提供了良好的基础。贵州独特的喀斯特地貌以其神奇的地形和丰富的生态资源，为山地生态旅游的开发提供了无与伦比的优越条件。喀斯特奇峰异石林立，洞穴密布，构成了一个自然生态的迷宫，吸引了无数游客前来探奇览胜。

贵州省的少数民族文化宛如一幅绚丽的织锦，各民族独特的风土人情和传统习俗为来访者献上了一道别具一格的文化盛宴。少数民族文化承载着悠久的历史印记，蕴含着博大精深的哲学理念和独特的审美观。在贵州的田园诗画中，游客可以尽情地品尝民族美食，居住在少数民族的特色民宿中，身着华丽的传统服饰参与到形式多样的民族节庆活动中，真切地感受少数民族的生活方式和深厚的文化底蕴。

贵州的乡村紧紧抓住自身的资源优势，以原生态的景观、绿色的健康生活、民族文化的深度体验作为主打特色，吸引了大量的游客。在保护原有生

态环境和民族文化的基础上，贵州积极开发特色民族村寨，让游客可以直接参与到民族文化的传承和体验中，如观赏和参与"非遗"技艺的展示和制作，感受民族文化的魅力和神韵。因此，保护和发展特色民族村寨，传承和体验"非遗"技艺，感受民族文化的魅力和神韵，已经成为贵州省旅游产业发展的重要路径。贵州的乡村旅游，以其独特的自然景观和人文风情，成为游客体验自然之美、人文之韵、生活之美的理想之地。

（五）文旅、文创融合发展

贵州省积极发展旅游业，这不仅极大地提升了当地民众的生活质量和幸福感，同时对于保护和继承物质文化遗产及非物质文化遗产也起到了不可替代的作用。此外，旅游业的发展对于开发和推广富有创新精神的文化创意产品也扮演了关键角色。为了构建具有贵州独特魅力的旅游村落，需要深入探索和挖掘当地丰富的历史文化资源，让文化和旅游产业与乡村振兴战略有机地结合在一起。要深入研究当地的文化和文物资源，并将其转化为各类文化产品，以此打造出具有明显区域特征的全产业链文创文化产业。

文化为旅游注入了深层次的含义，旅游是文化传播的重要途径，二者关系紧密。在贵州，越来越多的文化遗产和具有特色的民族村寨逐渐走进了大众的视野，吸引了众多游客的目光，使他们流连忘返。文化遗产和民族村寨成为展示贵州独特文化的重要窗口，让更多的人有机会近距离感受和了解贵州的文化魅力。旅游业可以传承和保护宝贵的文化遗产，让它们在新时代焕发出新的生机和活力。同时，为当地居民带来了更多的经济收入，帮助他们改善生活条件，提高生活质量。

（六）研学、艺术的教育基地

贵州是一个拥有众多乡村的地区，蕴含着不可估量的文化财富和丰富的民族风情。贵州的乡村历史悠久，在长期的发展过程中形成了各具特色的民族文化传统和习俗，成为当地宝贵的资源，在推动当地旅游业的发展上发挥了至关重要的作用。例如，大歌是最具代表性的侗族文化表现形式之一，其

优美的旋律和深远的内涵，吸引了无数音乐学者和民族学者的目光。

西江千户苗寨规模宏大，是保存完好的苗族传统建筑，拥有独特的苗族文化，成为研究苗族历史和文化的重要基地。在这里，游客可以看到苗族的传统服饰，其工艺精美、审美独特，赢得了人们的广泛赞誉。安顺阿歪寨村的藤甲文化，其藤甲制作技艺传承了千年，每一件藤甲都凝聚了工匠的智慧和汗水。吸引了大量的文化学者和艺术工作者，也吸引了大量的游客前来体验。独具文化特色的乡村为学者提供了深入研究和分析当地经济、旅游、农业、文化发展现状的场所，也为他们提供了提出可行性建议、对策及方案的机会。学者以游客的身份为当地的发展提供了宝贵的反馈意见。

（七）引进专业人才，投身于乡村旅游事业

当前，贵州省的乡村旅游发展正面临一个棘手的问题，那便是人才资源的匮乏。在这个领域，单靠当地居民和组织的努力已不足以推动乡村旅游产业的进一步发展。解决这一问题的一个有效途径便是政府能够提供相应的政策扶持。这些政策支持可以是资金上的援助，也可以是人才培养和引进的优惠政策。

在引进人才方面，不仅需要吸引乡村旅游领域的专业人才，同样也需要新媒体领域的专业人才。因为在当今这个新媒体时代，乡村旅游的发展不仅要依托于对当地旅游资源的深度开发，更要通过新媒体的力量，打造具有创新性、差异性的旅游品牌，以此形成具有强大影响力和吸引力的特色乡村旅游产业。

为了实现这一目标，需要充分利用新媒体平台的优势，如传播范围广、速度快、门槛低等特点，将乡村旅游的独到之处和独特优势展示出来。通过新媒体平台让更多的人了解到贵州乡村旅游的魅力，进一步推动乡村旅游的发展，使之成为贵州省经济发展的新引擎。

二、采用"乡村旅游＋智慧旅游"发展模式

（一）逐步完善乡村旅游基础设施

为提升贵州省乡村旅游的交通效率，亟须加速构建一个高效且便捷的交

通体系。例如，提升农村公路的技术等级，扩展乡村道路的宽度，优化道路标识和指示牌，确保信息传达的准确性和易读性。改善旅游景点之间的道路连通性，使乡村旅游区的户外标识布局科学、规范且有序。对游客来说，如此可以确保旅游路线更加直观易懂，促进游客的出行体验，使他们的旅行更为便利舒适。

（二）加强乡村旅游人才队伍建设

在任何行业中，专业的技术人才都是其持续发展的根本动力。特别是在当前的乡村振兴战略背景下，乡村旅游作为推动农村经济发展的新引擎，对于综合素质高、技能多样的复合型人才的需求尤为迫切。首先，要构建起一套涵盖东西部地区协同合作、社会各界力量积极参与的乡村旅游发展新模式，通过在乡村旅游资源开发、管理、服务、技术应用、资金投入、市场营销等各个环节的紧密合作，实现资源共享、互利共赢。

其次，为了促进乡村旅游的就业与创业活力，需要引导和鼓励包括大学毕业生、信息技术专业人才、退役军人等在内的各类人才回到乡村，利用他们的知识和技能创新乡村旅游的发展模式，开展各类乡村旅游创业实践活动。完善高校毕业生到乡村就业和创业的政策，提供更多的政策支持和资金扶持，建设集创新、创业、科技成果转化、科技服务等多元化功能于一体的乡村创客平台，培养和壮大乡村旅游的人才队伍。贵州各大高校与旅游企业、旅游管理部门及乡村旅游运营机构等建立合作关系，研究和制定人才培养计划，采用订单式培养、学徒制、校企联合等人才培养模式，组织学生参与导游服务、酒店管理等服务技能竞赛，提高学生专业素质，为旅游发展储备和培养更多的优秀人才。

加大对乡村旅游人才的引进力度，在全面了解和掌握全省乡村旅游行业人才现状的基础上，完善人才引进的政策保障体系。同时，根据贵州省各地乡村旅游的具体情况，制定针对性强的培训计划，邀请包括企业管理人员、规划公司专家、旅行社负责人等在内的专业人士，对乡村旅游从业人员进行系统的技能培训和能力提升，以提升他们的专业能力和服务水平，从而推动

乡村旅游业的可持续发展。

（三）拓宽营销渠道

为了更好地推广和提升贵州省乡村旅游景区的知名度，应当充分利用新媒体的力量。通过快手、抖音、小红书等流行的社交媒体平台，可以对贵州的乡村旅游资源和旅游产品进行全方位、多角度的营销推广，从而扩大其社会影响力。在这个过程中，贵州各地的融媒体应该与政府、各行各业、企业等宣传机构进行紧密的合作，共同构建一个多元化的旅游宣传矩阵。

三、生态文明建设与旅游共同发展

（一）创新生态旅游发展理念

强化对贵州生态旅游区域的维护保养，提升贵州生态旅游的管理能力，这是保障贵州生态旅游可持续发展的关键手段。在此同时，还要加大对贵州省自然环境的保护力度，严格控制污染行业企业的运营，积极推进太阳能、沼气、生物质能等非化石能源的使用，鼓励使用以可降解材料制成的日常用品。在推动生态旅游发展的过程中，不仅要满足游客基本的餐饮和住宿需求，还要及时回收处理生活污水和垃圾，运用生态工程技术，实现对废弃物品的回收再利用。

（二）重视人才的引进和培养

贵州省生态旅游的健康发展是建立在人才培养的基础之上的，无论是从制度层面的高效管理，还是从城市发展的高质量要求来看，都迫切需要高质量的旅游管理人才提供支撑。因此，必须加大对生态旅游人才的培养和引进力度。首先，要积极吸引那些具有较高综合素质的专业技术人员加入生态旅游的行列，以此来加强生态旅游的主体力量；其次，要加强对在岗员工的管理，提高他们的专业素质，提升服务人员的服务水平，定期组织相关的技术培训和轮训，以确保他们能够跟上时代的步伐。

加强对旅游从业人员的培训，不仅可以提升他们的旅游景观设计能力，而且还可以让旅游景观给游客带来不一样的体验，而不仅是走马观花式的游览。积极组织游客参与各种互动休闲活动，让他们在旅游过程中有更深入地体验。同时，还要着重强调当地的民俗文化，设计出与其他景区不同的文化旅游风景，以提升其吸引力。

（三）融入民族传统文化

生态旅游业的成长与发展，绝对不能以损害当地生态环境为代价。应当确立一种保护性的开发理念，坚持不懈地在尊崇自然、顺应自然、保护自然的原则下推动生态旅游的发展。保护民族传统文化，维护历史遗迹，关注生态环境的脆弱性、独特性和敏感性等。

贵州省以多民族的特色而闻名，如仡佬族、彝族、侗族、苗族、土家族等。在历史长河中，贵州省的每一个民族都孕育了璀璨的历史文化，积淀了深厚的文化遗产。因此，在推动生态旅游时要尊重并融入当地的文化元素，在发展旅游业的同时保护和传承民族文化多样性，避免在发展中遭受破坏。

需要综合考虑各个民族文化的特色，对于新开发的生态旅游景区，要进行统一的科学规划。在制定规划之前，还需要对项目的可行性及效益进行评估，以统筹考虑项目建设对经济、社会、文化等方面的发展所起到的作用。尤其是需要评估其对生态和文化的影响，确保旅游容积量处于可接受的范围之内，以避免对当地环境造成破坏。

应该将贵州省的民族文化与自然景观高度融合，让贵州的生态旅游更具民族特色，也让其以更多样化的方式展现在游客面前。这样的生态旅游，既能保护当地的生态环境，又能传承和弘扬民族的文化，还能为游客提供独特的旅游体验，实现生态、文化、经济的共赢。

（四）注重当地特色宣传

生态旅游业需要旅游行业的从业者和游客本身具备优秀的生态保护意识，加大生态旅游的推广和宣传力度，更好地发挥品牌的效应。贵州应积极

探索新的宣传途径，如利用互联网等新兴媒体宣传。在宣传时加大对可持续发展理念的宣传力度，举办与生态旅游相关的知识讲座和普及活动，让更多的人对生态旅游的内涵和理念有深入的理解掌握。在宣传时注重突出当地特色。当前旅游市场的竞争非常激烈，要打造具有当地特色的品牌，发挥贵州省在自然和人文资源方面的优势，有效提升生态旅游的竞争力和吸引力。

加强与周边省市以及国际交流和合作，打造高知名度的生态旅游区域，使生态旅游项目与国际生态旅游项目接轨，利用各种机会来拓宽客源市场。在宣传生态旅游时注重提升旅游从业人员的专业素质和服务水平，确保游客在旅游过程中得到良好的体验。加强旅游基础设施的建设，如完善交通、住宿、餐饮等配套设施，以满足游客的需求。坚持生态旅游的核心理念，保护好旅游区的生态环境，确保旅游业的可持续发展。

第三节　新质生产力对其他地区旅游产业发展的启示与借鉴

一、旅游产业化高质量发展

（一）产业融合与联动发展

在贵州省的未来发展蓝图中，产业融合与联动发展成了一项重要的战略决策。这一策略旨在充分利用和整合现有的旅游资源，通过旅游业与其他产业的深度融合，构建一个多元、立体、富有活力的旅游经济体系，以提升全省旅游产业的整体竞争力。

旅游业与建设、交通产业的融合将极大地改善旅游基础设施和交通条件。建设具有地方特色的旅游小镇，改善旅游景点的配套设施，优化交通网络，游客可以更加便捷地到达各个旅游目的地。数据显示，改善交通条件可以显著提高旅游目的地的吸引力，带动旅游产业的发展。

旅游业与文化产业的融合将丰富旅游产品，提升旅游体验的质量。贵州

省拥有丰富的民族文化资源如苗族、侗族等，开发文化体验项目可以让游客在游玩的同时深入了解和感受贵州的多元文化。

旅游业与商务、体育、农业等产业的融合将创新旅游产品形式，满足不同游客群体的需求。发展商务旅游，为商务人士提供便捷的会议、展览服务；推广体育旅游，举办马拉松、山地自行车等赛事，吸引运动爱好者；同时，结合贵州的农业特色，发展乡村旅游，让游客体验农耕文化，享受田园生活。

这种跨产业的融合联动发展不仅能够提升旅游业的经济效益，也有助于推动相关产业的升级转型，实现经济的多元化和可持续发展。同时，通过旅游业的发展，可以带动就业，改善地方经济，提高人民生活水平，实现社会经济的和谐发展。

（二）全域旅游发展

贵州省以其独特的自然景观和丰富的文化遗产而闻名。近年来，贵州省坚定秉持全域旅游的发展理念，将旅游业视为推动经济发展、促进社会进步的重要引擎，致力于将其打造为战略性支柱产业，以实现从单一景点旅游模式向全域旅游目的地的华丽转型。

这一战略的提出源于对旅游业未来发展趋势的深刻洞察。随着全球旅游业的快速发展，游客的需求日益多元化，从过去的"看景点"转变为"体验文化"，从"走马观花"到"深度游"。因此，贵州省通过整合全省的旅游资源，试图打破传统的旅游模式，构建一个覆盖全境、全方位、全季节的旅游目的地。为了实现这一目标，贵州积极推动旅游基础设施的建设，如交通网络的优化、旅游服务设施的升级、旅游信息平台的构建等，为游客提供更加便捷、舒适的旅游环境。注重旅游业与农业、环保、教育等其他产业的深度融合，发展乡村旅游、生态旅游、文化旅游等新型业态，以旅游业带动相关产业的发展，实现经济的多元化和可持续增长。深入挖掘和保护各地的民族文化、历史遗迹，打造一系列具有地方特色的旅游产品，如苗族银饰工艺体验、赤水丹霞地貌探险、黔东南苗年节等，让游客在游览中深入了解和感受贵州的独特魅力。

据统计，近年来贵州省旅游业的增长速度明显高于全国平均水平，旅游业对全省生产总值的贡献率逐年提高，旅游业就业人数也大幅度增加。这些数据充分证明，贵州省坚持全域旅游发展理念，推动旅游业转型升级的战略决策是正确的，也是富有成效的。

二、旅游产品和服务创新

（一）智慧旅游建设

在信息化时代，贵州省积极推动智慧旅游建设，以创新科技为驱动，充分利用大数据、云计算、人工智能等现代信息技术，为游客打造更为便捷、个性化的旅游体验。

1. 充分利用大数据技术

贵州通过收集和分析来自各种来源的海量旅游数据，如游客的出行习惯、消费偏好、景点评价等，为旅游决策提供科学依据。例如，分析游客的停留时间、浏览路径等信息优化旅游线路设计，提高旅游效率。帮助预测旅游高峰期，提前做好资源调配，有效避免人流拥堵等。

2. 云计算技术的应用

云计算技术使贵州的旅游服务更加灵活、高效。旅游管理部门通过云平台可以实现旅游资源的集中管理和共享，大幅提高服务质量和效率。游客通过云平台可以随时随地获取旅游信息，如实时天气、景点开放时间、酒店预订等，极大地提升了旅游的便利性。

3. 人工智能技术的应用

人工智能在智慧旅游中的角色也不可忽视。通过智能客服系统，游客可以 24 小时无间断地获取咨询服务，解决旅行中遇到的问题。

此外，AI 技术还能应用于智能导游、虚拟现实体验等方面，为游客提供

更为丰富、有趣的旅游体验。以贵阳市的"一部手机游贵州"项目为例，该项目整合了全省的旅游资源，游客只需通过手机即可完成行程规划、预订服务、支付消费等操作，真正实现了"一机在手，游遍贵州"。据统计，自项目上线以来，已服务超过千万游客，得到了广大游客的赞誉。

（二）旅游业态创新

在近年来的旅游产业发展中，贵州省以其独特的自然景观和丰富的文化资源，积极创新旅游业态，力求满足游客日益增长的多元化旅游需求。其中，贵州"民宿+"和"康养旅游"等新兴旅游模式为全国乃至全球的旅游市场注入了新的活力。据统计，贵州的民宿数量在过去5年中增长了近3倍，成为吸引游客的重要因素。"民宿+"模式不局限于提供住宿服务，注重与当地文化的深度融合，游客在居住中可以充分体验和理解当地的生活方式和历史传统。民宿项目与乡村旅游、农事体验、手工艺学习等相结合，游客不仅可以享受舒适住宿，也能深入当地社区的生活中，感受独特的乡土风情。

另外，充分利用丰富的生态资源和良好的气候条件发展"康养旅游"。贵州省文化和旅游局数据显示，康养旅游项目的游客接待量年均增长率达到20%，显示出巨大的市场潜力。贵州康养旅游模式以健康、养生为主题，提供如森林浴、温泉疗养、中医药体验等服务，游客在旅行中可以放松身心，提升健康状况。

此外，贵州将旅游与其他行业深度融合，在"+旅游"上下足了功夫，如"体育旅游""教育旅游"等，打造了丰富的旅游产品线。例如，贵州的一些山区引入了徒步、攀岩等户外运动项目，吸引了大量户外运动爱好者；同时，通过与学校、研究机构合作，开展历史文化、自然科普等主题的教育旅游，使游客在游玩中学习，实现了旅游的教育价值。

（三）文化旅游融合

文化旅游融合策略旨在充分利用贵州的特色文化，将其与旅游业紧密结合，打造独一无二的贵州文化旅游品牌。

1. 提升旅游产品的文化内涵和附加值

在贵州，有 49 个少数民族在此繁衍生息，形成了独特的民族文化和风情。例如，苗族的银饰工艺、侗族的大歌、布依族的刺绣等，每一种文化都是贵州的一张亮丽名片。深厚的民族文化底蕴为贵州文化旅游的融合发展提供了无尽的素材和可能。

2. 推动文化资源的旅游化转化

将传统村落改造成文化旅游景区，让游客在欣赏自然风光的同时体验到原汁原味的民族生活。举办各类民族文化节庆活动，如黔东南的苗年节、黔南的水书节等，让游客感受贵州文化的魅力。

3. 提升旅游服务的文化品质

在旅游设施建设中融入地方文化元素，如设计具有民族特色的酒店、餐厅和纪念品，使游客在消费过程中也能感受到浓厚的文化氛围。培训导游，提升他们的文化素养，向游客讲述贵州的故事，传播贵州的文化。

据统计，近年来贵州文化旅游产业的发展取得了显著成效。2019 年，贵州接待国内外游客超过 10 亿人次，实现旅游总收入 1.18 万亿元，文化旅游产业已成为贵州经济社会发展的重要支柱。这些数据充分证明文化旅游融合的发展策略，不仅丰富了旅游产品的内涵，也极大地推动了贵州的经济增长和社会进步。

三、旅游市场拓展和国际化

（一）国内市场拓展

当前，国内市场重要性日益凸显。贵州省加大国内市场拓展力度，可以提升本省的旅游收入，进一步推动地方经济的发展，提高其在全国乃至全球的知名度。通过一系列的优惠政策和创新的宣传营销手段激发国内游客对贵

州旅游的热情，吸引更多的人流、物流和信息流向贵州汇聚。

1. 旅游优惠政策

旅游优惠政策包括但不限于提供旅游折扣、免费或优惠的旅游服务，如景点门票、酒店住宿等，如"旅游季卡"，让游客在一定时间内无限次游览贵州的各大景点。可以给大规模旅行团的旅行社一定的奖励或补贴，鼓励他们将贵州作为主要的旅游目的地。

2. 宣传营销策略

在数字化时代，利用社交媒体、网络直播、虚拟现实等新媒体手段，可以让更多人了解贵州的自然风光、人文历史和特色文化。通过邀请知名网红、博主进行旅游体验，让他们将贵州的美丽景色和独特魅力传播给广大网友。举办各类旅游节庆活动，如苗族银饰节、侗族大歌节等，吸引游客的目光，增加旅游的趣味性和参与感。

3. 提升旅游服务质量

提升旅游服务质量包括改善旅游基础设施，如道路、酒店、餐饮等，提供更加便捷舒适的旅游环境。同时，加强旅游从业人员的培训，增强他们的服务意识和专业技能，让游客在贵州能享受到高品质的旅游体验。

要注重旅游与地方经济的深度融合。鼓励发展乡村旅游、生态旅游、文化旅游等多元化旅游模式，带动农业、手工业、文化产业等相关产业的发展，形成以旅游为引领的产业链，实现经济的可持续增长。

（二）国际市场开拓

当前，国际市场开拓已经成为各行各业发展的重要战略，旅游业更是如此。贵州旅游积极开拓国际市场能够带来更大的经济效益，提升其在全球旅游版图中的地位和影响力。例如，与境外旅游机构和旅游企业建立紧密的合作关系，共同推动贵州旅游的国际化进程。

在加强国际合作方面，可以通过参加国际旅游展览会、举办旅游推介活动等方式向世界展示贵州独特的自然景观、丰富的文化遗产和深厚的民族风情。与联合国世界旅游组织等国际机构合作，共同举办"贵州国际旅游年"等吸引全球游客的目光。与境外旅游企业合作，共享资源，互利共赢。与国际知名旅行社、酒店集团、航空公司等建立战略合作关系，开发旅游产品，打造国际旅游线路。引进国际先进的管理经验和经营模式，提升贵州旅游的服务质量和运营效率。

利用数字化手段，如社交媒体营销、在线旅游平台等，也是提升贵州旅游国际影响力的重要途径。可以通过这些平台，精准推送贵州旅游信息，吸引更多的海外游客。据统计，全球在线旅游市场的规模正在逐年增长，利用好这一趋势，将为贵州旅游带来巨大的发展机遇。

注重对贵州旅游的国际形象塑造。包括提升旅游设施的国际化标准，提供多语种服务，以及加强旅游环保和可持续发展，让世界看到贵州不仅是美丽的，更是负责任的旅游目的地。

四、旅游基础设施和公共服务完善

（一）交通设施建设

贵州省政府高度重视交通基础设施的建设，将其视为推动经济发展、促进社会进步、改善民生福祉的关键举措。贵州省的交通设施建设正以前所未有的速度和规模发展，旨在打破地理限制，与全国乃至全球的交通网络紧密相连。贵州交通网络的骨架是高速公路。截至 2020 年年底，贵州省高速公路通车里程已超过 7 000 千米，位居全国前列。四通八达的公路连接了省内的主要城市和旅游景点，与周边省份形成了高效的交通对接，提高了区域间的物流效率和人员往来。另外，铁路建设方面，贵广高铁、沪昆高铁等多条高速铁路的开通使贵州成为全国高速铁路网的重要节点。形成了以贵阳为中心的"两小时高铁经济圈"，缩短了贵州与外界的距离，为旅游业的发展注入了新的活力。在航空方面，有贵阳龙洞堡国际机场、遵义新舟机场、兴义万峰

林机场等，使贵州的航空网络日益完善。据统计，贵州已开通国内外航线近300条，年旅客吞吐量超过3 000万人次，为贵州走向世界提供了便捷的空中通道。

交通设施的建设提高了贵州旅游目的地的可进入性和通达性。以世界自然遗产梵净山为例，以前由于交通不便，游客数量有限。现在，高速公路直通山脚，高铁站近在咫尺，使更多的人能够方便快捷地来到这个自然奇观，推动了当地的旅游业发展。不过，交通设施建设的步伐并未停止。贵州正积极规划和建设更多的交通项目，如贵阳至兴义的高铁、贵阳至安顺的城际铁路等，以实现全省交通网络的全面覆盖和深度互联。

（二）旅游公共服务体系

贵州省以其独特的自然景观和丰富的文化资源，吸引了无数国内外游客的目光。随着旅游业的快速发展，贵州应注重建立健全的旅游公共服务体系，以满足日益增长的旅游需求，提升旅游服务质量和游客满意度。

1. 旅游咨询服务

对于旅游咨询服务，应充分利用现代信息技术，建立线上线下相结合的旅游信息服务平台，提供实时的景点信息、交通指南、天气预报等，帮助游客作出最佳的旅行决策。培训专业的旅游咨询人员，提供个性化、人性化的咨询服务，使游客在旅行前就能感受到贵州的热情与专业。

2. 旅游投诉处理服务

设立专门的旅游投诉热线和在线投诉平台，游客在遇到问题时能及时反馈并得到妥善处理。定期对投诉情况进行分析，以推动旅游服务质量的持续改进。

3. 安全保障服务

加强对旅游景点的安全管理，定期进行安全检查，消除安全隐患。建立

健全旅游应急救援体系，设立应急救援点、提供应急救援培训，应对可能出现的突发事件，确保游客的生命财产安全。

4. 完善旅游基础设施

为了进一步提升旅游体验，吸引更多游客，应注重旅游基础设施的建设和完善，为游客提供更为便利、舒适的旅游环境。

① 公共厕所。干净、卫生、数量充足的公共厕所是衡量一个地区旅游服务质量的重要标准，可以给游客带来良好的旅游体验。据世界旅游组织的报告，公共厕所的满意度与游客的回头率有直接关系，因此，应加大投入，提升公共厕所的建设标准和服务水平。

② 停车场。随着私家车拥有量的增加，游客自驾游的需求日益增长。合理的停车场布局可以有效缓解交通压力，避免因停车问题引发的混乱和不便。停车场的设施应该完善，如设置充电桩、提供车辆维修服务等。

③ 休息区。休息区应配备座椅、遮阳设施，提供免费 Wi-Fi、旅游信息查询等服务，让游客在游览过程中有地方休息、充电，更好地享受旅行的乐趣。

④ 旅游信息服务。可以开发手机应用程序，提供实时的景区信息、导航服务、在线预订等功能，使游客在游玩过程中更加便捷。设置多语种的导游服务，吸引更多的国际游客。

五、旅游人才培养和引进

（一）旅游人才培养

贵州以其独特的自然风光、丰富的民族文化以及深厚的历史底蕴，吸引着全球的目光。旅游业作为贵州经济的重要支柱，其发展潜力和影响力不容忽视。然而，要将旅游资源的优势充分转化为经济优势，关键在于人才。因此，加强旅游人才培养体系建设，提高旅游从业人员的专业素养和服务水平，是推动贵州旅游业高质量发展的核心任务。

旅游人才是旅游产品的设计者和传播者，是旅游体验的塑造者和优化者。

只有具备深厚的专业知识，包括历史、地理、文化、生态等多学科的综合素养，才能创新设计出富有地方特色和文化内涵的旅游产品。旅游人才需要具备良好的服务意识和沟通技巧，以提供个性化、人性化的服务，满足游客多元化的需求。

构建完善的旅游人才培养体系，包括设立旅游管理、旅游策划等相关专业，培养理论知识扎实、实践能力强的旅游专业人才；在高职教育领域，通过校企合作、实训基地等方式，强化技能训练，培养一批具备实际操作能力的一线服务人员。建立终身学习机制，为在职人员提供继续教育和职业发展路径，以适应旅游业快速变化的环境。

再者，提高旅游从业人员的服务水平，需要强化服务质量管理和评价。建立科学的绩效考核体系，将服务质量与个人晋升、薪酬等挂钩，激发员工提升服务质量的积极性。同时，定期开展服务技能培训和质量提升活动，通过模拟演练、案例分析等方式，提高员工的服务技能和应对问题的能力。

以贵州的实际情况为例，近年来，贵州大力推动旅游人才培养，如贵州民族大学设立了旅游管理学院，培养了一大批旅游专业人才。同时，通过实施"万名导游素质提升工程"，对导游进行系统培训，显著提升了导游的服务水平，为游客提供了更优质的旅游体验。

（二）旅游人才引进

在贵州省的旅游产业发展战略中，人才引进扮演着至关重要的角色。近年来，贵州以其独特的自然景观、丰富的文化遗产和快速发展的旅游设施，吸引了全球游客的目光。然而，要将这种关注转化为可持续的经济增长，就需要一支专业、高效且富有创新精神的旅游人才队伍。因此，贵州积极采取措施，从国内外引进优秀的旅游管理人才和专业技术人才，以期为旅游产业的发展提供坚实的人才保障。

贵州省为了实现这一目标实施了一系列人才引进政策。例如，与国内外知名高校和研究机构合作，设立旅游管理、旅游规划、酒店管理等专业奖学金，培养具有国际视野的旅游专业人才。与全球领先的旅游企业建立合作关

系，举办旅游人才招聘会，吸引高级管理人才和经验丰富的专业人才。设立人才引进基金，为高层次人才提供优厚的待遇和良好的工作环境。此外，注重将外来人才与本地资源融合，为新引进的人才提供与本地团队的交流机会，使他们适应贵州的风土人情和工作方式。鼓励外来人才将先进的管理理念、技术手段和创新思维引入贵州的旅游实践中，推动产业的升级和转型。

上述措施已经初见成效。据统计，贵州旅游产业的人才队伍素质显著提高，旅游业总收入和游客满意度均实现了稳步增长。贵州的旅游产品和服务也日益多元化和国际化，吸引了更多国内外游客的目光。

人才引进并非一劳永逸。贵州将继续关注全球旅游行业的发展趋势，适时调整和优化人才引进政策，确保旅游产业的持续繁荣。加大对本土人才的培养力度，构建内外并重、结构合理的人才梯队，为贵州旅游产业的长远发展奠定坚实基础。

贵州省旅游产业将以实现高质量的产业化发展为目标，深度推进产业融合，创新旅游产品，拓宽市场，优化基础设施，加强人才队伍建设等，以期引领旅游产业向更高级别的阶段持续发展。

参考文献

［1］曾梦宇，陈烦. 贵州乡村振兴路径研究［M］. 北京：中国纺织出版社，2023.

［2］龚成华. 中国贵州旅游［M］. 北京：测绘出版社，1993.

［3］谷晓平，段莹，廖留峰，等. 贵州生态气象［M］. 北京：气象出版社，2023.

［4］贵州省建设厅，等. 贵州旅游交通图［M］. 贵阳：贵州人民出版社，2001.

［5］贵州省体育局. 漂流贵州［M］. 贵阳：孔学堂书局，2023.

［6］贵州省中华文化研究会，贵州省旅游局. 贵州旅游的文化思考［M］. 贵阳：贵州人民出版社，2001.

［7］胡北明. 高铁对民族地区旅游经济的空间效应测度及动力机制研究［M］. 北京：中央编译出版社，2023.

［8］黄华芝. 乡村振兴背景下贵州康养旅游理论研究与实践探索［M］. 成都：西南交通大学出版社，2023.

［9］黄玖琴. 居民参与意愿参与行为与乡村旅游发展绩效研究［M］. 湘潭：湘潭大学出版社，2023.

［10］黄娅. 全面建成小康社会背景下乡村旅游精准脱贫户的获得感研究——基于贵州的实践［M］. 北京：民族出版社，2023.

［11］李代峰. 贵州文化与旅游产业融合发展研究［M］. 北京：中国言实出版社，2015.

［12］李锦宏. 贵州省旅游业可持续发展理论与实证研究［M］. 北京：经济管理出版社，2011.

［13］李玉. 温泉的历史与贵州旅游［M］. 贵阳：贵州人民出版社，2006.

[14] 刘秀鸾. 贵州旅游铺路人 [M]. 北京：中国旅游出版社，1993.

[15] 陆均良，宋夫华. 智慧旅游新业态的探索与实践 [M]. 杭州：浙江大学出版社，2017.

[16] 吕国富，谭达顺，阮潇潇. 好山好水就是贵探寻贵州山地旅游发展之路 [M]. 北京：社会科学文献出版社，2023.

[17] 世界旅游组织，中华人民共和国国家旅游局，贵州省旅游局. 贵州省旅游发展总体规划 [M]. 贵阳：贵州人民出版社，2004.

[18] 王建国. 贵州旅游 [M]. 成都：成都地图出版社，2002.

[19] 文莹. 贵州旅游景点故事多彩贵州红旅黔行汉日对照 [M]. 贵阳：贵州大学出版社，2022.

[20] 吴大华，张学立. 贵州围绕"四新"主攻"四化"年度报告2022 [M]. 北京：中央民族大学出版社，2023.

[21] 吴茂钊，何花. 黔味儿坐着高铁吃遍贵州 [M]. 北京：中国纺织出版社，2023.

[22] 吴正光. 贵州村寨保护实录 [M]. 北京：文物出版社，2023.

[23] 徐刚. 博士文库生态理论视角下旅游目的地核心竞争力研究 [M]. 北京：知识产权出版社，2023.

[24] 杨龙. 贵州旅游地理 [M]. 贵阳：贵州科技出版社，1997.

[25] 余成斌. 三变+特色文化旅游品牌助推乡村振兴研究 [M]. 沈阳：东北大学出版社，2023.

[26] 袁茏，岳坤前. 乡村旅游高质量发展研究乡村振兴战略实践之贵州样本 [M]. 北京：经济科学出版社，2023.

[27] 张永泰. 贵州旅游指南 [M]. 北京：中国旅游出版社，1989.

[28] 赵范奇. 贵州旅游指南 [M]. 成都：成都地图出版社，2008.

[29] 赵卫权，孙小琼. 喀斯特山地旅游资源助推区域发展潜力研究以贵州为例 [M]. 北京：气象出版社，2023.

[30] 龚晓宽. 贵州文化旅游创新发展战略研究 [M]. 北京：中央文献出版社，2014.

［31］ 安燕玲．贵州背包旅游发展研究［J］．西部旅游，2023（7）：7-9.

［32］ 白雪．贵州民族村寨返乡农民工乡村旅游创业后期困境的形成机制——基于贵州省丹寨县卡拉村的探索性研究［J］．贵州师范学院学报，2023，39（1）：70-78.

［33］ 白雪．推动旅游产业化实现新突破［J］．当代贵州，2023（25）：75.

［34］ 毕文君．清凉贵州引爆火热旅游［J］．当代贵州，2022（34）：14-15.

［35］ 蔡芙蓉．贵州旅游业发展瓶颈与创新升级策略探究［J］．西部旅游，2023（5）：20-22.

［36］ 曹雯．春山碧四围惬意黔中游［N］．贵州日报，2024-03-08（005）.

［37］ 曹雯．人文山水魅力投资兴业福地［N］．贵州日报，2024-04-13（002）.

［38］ 曹雯．推动文旅深度融合打造世界级旅游目的地［N］．贵州日报，2024-04-11（001）.

［39］ 曾杨剑．旅游产业化视域下贵州体旅融合发展研究［J］．文体用品与科技，2022（2）：77-79.

［40］ 查必芳．一城山水万般美，万峰又迎宾朋来［N］．黔西南日报，2024-04-11（001）.

［41］ 陈烦，刘丹．贵州旅游产业化发展存在的问题和对策研究［J］．广东经济，2024（3）：86-89.

［42］ 陈烦，刘丹．贵州旅游与山地特色新型城镇化发展思考［J］．合作经济与科技，2024（8）：42-43.

［43］ 陈红，柳孟利．困境与路径：贵州民俗体育旅游发展研究［J］．体育科技，2023，44（3）：75-77，84.

［44］ 陈江南，黄若佩．万峰成林处 相邀贵客来［N］．贵州日报，2024-04-12（002）.

［45］ 陈江南，赵珊珊．向世界发出黔贵山河的文旅邀约［N］．贵州日报，2024-05-24（004）.

［46］ 陈江南．"冷经济"：贵州冬季旅游增长点［J］．当代贵州，2022（1）：34-35.

[47] 陈江南. 贵州文化旅游产业招商会暨 2024 多彩贵州旅游商品大赛颁奖仪式举行［N］. 贵州日报, 2024-04-13（004）.

[48] 陈江南. 我上春山约你来见［N］. 贵州日报, 2024-03-22（006）.

[49] 陈静, 杨曦. 民族地区体育赛事与旅游产业的融合策略——以贵州为例［J］. 西部旅游, 2024（7）：36-38.

[50] 陈品玉, 蒋芹琴, 王超, 等. 少数民族村寨旅游文化软实力提升路径研究——基于对贵州肇兴侗寨的田野调查［J］. 贵州民族研究, 2023, 44（3）：147-153.

[51] 陈炜, 王国平. 贵州古苗疆走廊体育旅游资源空间分布特征研究［J］. 西部旅游, 2022（18）：16-19.

[52] 陈为兵, 杨秋萍. 以文促旅：王阳明居黔作品中贵州文学景观旅游链构建调查［J］. 贵阳学院学报（社会科学版）, 2024, 19（1）：74-83.

[53] 陈曦, 刘蓝婴. 助力贵州打造世界级旅游目的地［N］. 贵州日报, 2024-01-26（002）.

[54] 陈晓钰. 贵州特色农产品的电商推广：乡村旅游电子商务平台的机遇与挑战［J］. 中国商论, 2024（11）：26-29.

[55] 陈晓钰. 流通助农：贵州农业特色产业与乡村旅游的协同发展［J］. 中国商论, 2024（4）：161-164.

[56] 陈云坤, 蒋莉莉, 张满娇, 等. 发展新质生产力促进贵州旅游目的地城市建设［J］. 当代贵州, 2024（24）：68-69.

[57] 陈俎宇. 展示山地气质迸发山地活力演绎山地传奇——擦亮"多彩贵州"名片开启山地旅游新征程［J］. 当代贵州, 2023（37）：6-9.

[58] 笪玲, 王金晓, 郑子炜, 等. 民族地区红色旅游地弘扬长征精神对游客国家认同的影响机制研究——以贵州 5 个红色旅游馆址为例［J］. 旅游论坛, 2023, 16（4）：51-61.

[59] 邓显彬, 陈运菊, 叶玮, 等. 山地生态旅游发展空间用地供给形势与创新思考——以贵州省为例［J］. 自然资源情报, 2023（8）：60-64.

[60] 邓小海, 鄢灿. 遵义市加快推进旅游产业化发展的思考［J］. 新西部,

2022（7）：34-38.

[61] 翟玉胜. 以新质生产力推动贵州旅游产业化 [J]. 当代贵州，2024（12）：56-57.

[62] 杜再江. 在守正创新中不断铸牢中华民族共同体意识 [N]. 贵州民族报，2024-06-07（A01）.

[63] 樊国庆，朱轩民，高润平. 贵州省旅游收入预测及发展研究分析 [J]. 保山学院学报，2023，42（4）：91-99.

[64] 樊国庆，朱轩民. 综合 LDA 主题模型和峰终定律的贵州旅游发展路径研究 [J]. 信息技术与信息化，2023（5）：11-14.

[65] 范莉娜，石培华，杨春宇，等. "贵州推进打造世界级旅游目的地" 笔谈 [J]. 贵州民族大学学报（哲学社会科学版），2023（3）：1-47.

[66] 范香花，刘沛林，黄静波，等. 民族旅游地妇女旅游影响感知对主观幸福感的影响——以贵州西江苗寨为例 [J]. 旅游学刊，2023，38（7）：113-127.

[67] 冯润，朱丽求，王来辉. 民族特色村寨旅游竞争力与发展态势分析——以贵州大塘仡佬族村为例 [J]. 文化学刊，2022（8）：43-48.

[68] 付杰，冉群超. 民族地区红色旅游发展研究——以贵州石阡楼上村为例 [J]. 西部旅游，2022（2）：44-46.

[69] 耿胜董，杨柳，王玉洁. 省级旅游产业数字化平台建设思路研究——以贵州省为例 [J]. 西部旅游，2024（3）：35-38.

[70] 何佼阳，卢星宇. 走进多彩贵州共赴美好 "黔" 程 [N]. 贵州政协报，2024-04-18（004）.

[71] 洪清农. 深化合作推动贵港合作迈上新台阶 [J]. 当代贵州，2023（12）：58.

[72] 胡伊然，王敏，周开迅. 贵州茶文博旅游模式 SWOT 分析——以湄潭现代茶文化博物馆聚落为例 [J]. 广东茶业，2024（2）：23-28.

[73] 黄丙刚，杨勇. 贵州地方民俗旅游文化与外宣 [J]. 中国民族博览，2023（17）：241-243.

[74] 黄波，张晓聪，孙丹. 机场购物氛围与纪念品属性会影响游客旅游纪念
品消费吗？——基于贵阳龙洞堡机场的问卷调查 [J]. 农业农村部管理
干部学院学报，2022，13（3）：30-40.

[75] 黄华芝，刘建军，吴信值. 基于 SWOT 分析的贵州康养旅游发展对策
研究 [J]. 北方经贸，2023（1）：156-160.

[76] 黄敏. 交旅融合背景下旅游管理专业产教融合研究——以贵州交通职
业技术学院为例 [J]. 大学，2023（22）：56-59.

[77] 黄若佩. 面对文旅热效应打造精品是关键 [N]. 贵州日报，2024-03-29
（008）.

[78] 黄蔚，曹雯. 聚焦"三要素"文旅气象新 [J]. 当代贵州，2023（24）：
24-25.

[79] 黄文彦，王珞凡. 大学生旅游消费倾向、差异及旅游消费促进路径探
析——以贵州大学为例 [J]. 西部旅游，2022（3）：49-53.

[80] 黄亚. 贵州饮食类非物质文化遗产与旅游融合发展研究 [J]. 西部旅游，
2023（18）：32-34.

[81] 黄勇，蔡连素. 罗荣彬：为贵州高质量发展培养文化旅游产业急需人才
[J]. 安顺学院学报，2022，24（5）：2.

[82] 黄运. 民建贵州省委：重视冬季旅游开发实现全季节突破 [N]. 劳动时
报，2024-01-26（001）.

[83] 黄正鹏，马欣，陈雪，等. 基于线性回归算法对多彩贵州旅游数据的分
析及应用 [J]. 软件工程，2024，27（3）：63-66.

[84] 姬杨，李锦宏，曾雪. 贵州旅游产业聚集度时空演化与影响因素分析 [J].
国土与自然资源研究，2023（5）：91-96.

[85] 贾彩霞，黄静，戎阳. "一带一路"倡议下贵州—东盟旅游职业教育产
教融合研究 [J]. 职业教育研究，2024（2）：18-24.

[86] 蒋光辉，曾令波. 乡村振兴背景下民族地区高职"双融双创"旅游人才
培养模式研究——以贵州黔东南民族职业技术学院为例 [J]. 西部旅游，
2022（19）：71-77.

［87］蒋光辉，金倩，闻芳. 职业教育服务乡村旅游创新型人才培养的研究——以贵州黔东南州为例［J］. 职业技术，2023，22（6）：7-16.

［88］雷耀进，罗赣，冉孟刚. 差异化发展背景下贵州滑雪产业与旅游产业融合发展路径研究［J］. 体育科技，2023，44（4）：83-85，88.

［89］李春苗. 新质生产力视野下的交通强国文化建设［J］. 交通企业管理，2024，39（4）：4-8.

［90］李丹丹，黎国玉，王韵词. "技能贵州"背景下旅游职业教育技能人才培养探析［J］. 西部旅游，2024（9）：97-100.

［91］李佳旭. 贵阳创投发挥创业投资功能助推新质生产力发展［N］. 贵阳日报，2024-05-21（002）.

［92］李锦宏，曾雪，曹庆瑶，姬杨. 喀斯特山地旅游生态系统安全评价及趋势预测——以贵州国际山地旅游目的地为考察样本［J］. 生态经济，2022，38（9）：145-151.

［93］李南婷. 消费升级背景下贵州旅游供应链优化研究［J］. 物流科技，2022，45（3）：140-142.

［94］李荣坤. 贵州：文旅新品引客"上春山"［N］. 中国文化报，2024-04-13（002）.

［95］李士佳，李青政. 体育旅游示范区创建背景下贵州山地体育旅游资源特征及发展探究［J］. 运动精品，2023，42（4）：46-49.

［96］李文路. 中国式现代化背景下贵州喀斯特地区生态旅游高质量发展研究［J］. 中国软科学，2024（S1）：163-171.

［97］李晓康. 罗荣彬代表：加快贵州文化旅游学院建设步伐［J］. 安顺学院学报，2022，24（5）：137.

［98］李雨凤，杨洋，殷红梅，等. 山地型民族旅游村寨群落地方性重构的影响路径研究——基于贵州雷公山 32 个村寨的定性比较分析［J］. 地理科学进展，2023，42（8）：1527-1540.

［99］梁巧琴. 《贵州民族村寨旅游扶贫研究》：贵州民族村寨特色及文化旅游应用研究［J］. 建筑学报，2022（10）：128.

[100] 刘锋，刘韬，刘慧. 贵州民族村寨旅游效应比较研究——以秀水村、寨沙侗寨、云舍村为例 [J]. 广东蚕业，2022，56（8）：143-146.

[101] 刘红兰，李磊，孙小龙."人—地"协调视角下旅游景区高质量发展机制研究——以贵州龙宫景区为例 [J]. 贵州师范大学学报（自然科学版），2023，41（3）：19-27.

[102] 刘会颖. 乡村振兴背景下乡村景观设计探究——以贵州龙井村乡村旅游景观设计项目为例 [J]. 新农业，2022（19）：75-76.

[103] 刘建宁. 贵州少数民族地区大众体育项目与民族文化融合促进旅游经济实践策略研究 [J]. 商业经济，2024（5）：150-153.

[104] 刘立超，黄若佩，王思彤. 打造"最贵州"研学实践产品 [N]. 贵州日报，2024-02-02（009）.

[105] 刘明智，陈明霞，袁波，等. 贵州梵净山世界自然遗产地旅游线路植物资源探讨 [J]. 安徽农业科学，2023，51（7）：126-130.

[106] 刘帅，杜文宇. 新质生产力助推能源结构低碳转型研究 [J]. 中国矿业大学学报（社会科学版），2024，25（5）：47-66.

[107] 刘晓端，黄志奇. 推广传统古籍文化服务贵州地方旅游 [J]. 安顺学院学报，2023，25（2）：29-35.

[108] 鲁佳珉. 民族地区特色旅游小镇核心竞争力研究——以贵州丹寨万达小镇为例 [J]. 旅游纵览，2024（6）：103-105.

[109] 罗赣，盘劲呈，彭召方. 贵州"强省会"战略下山地户外旅游产业化高质量发展路径研究 [J]. 贵州师范学院学报，2023，39（1）：63-69.

[110] 罗清泉. 贵州平塘县乡村旅游发展策略探究 [J]. 广东蚕业，2023，57（7）：129-131.

[111] 罗先菊. 全产业链视角下旅游餐饮发展困境及对策 [J]. 现代商业，2023（7）：35-38.

[112] 罗艳，黄鸿钰，陆仙梅. 贵州深化与澳门旅游合作的路径研究 [J]. 四川旅游学院学报，2023（4）：61-67.

[113] 岁艳. 健康中国视域下贵州康养旅游产业高质量发展研究 [J]. 洛阳

师范学院学报，2022，41（9）：26-31.

[114] 骆飞."桥旅融合"点亮贵州山区旅游［N］.新华每日电讯，2024-05-07（008）.

[115] 骆影，张明娥，谭戎戍，等.乡村旅游发展中农产品品牌建设与推广研究策略——以贵州兴仁薏仁米产业为例［J］.西部旅游，2022（2）：59-61.

[116] 彭丽丽.浅谈贵州高职旅游管理专业"茶艺"课程教学改革策略［J］.西部旅游，2023（2）：106-108.

[117] 彭杨.产业协作更上一层楼［J］.当代贵州，2023（26）：16.

[118] 秦丽芬，冯小邱."一带一路"视域下贵州民族传统体育与旅游融合发展的策略研究［J］.文体用品与科技，2022（17）：26-28.

[119] 秦丽芬，符仕平，冯小邱.贵州黔南州少数民族传统体育与旅游融合发展的策略研究［J］.西部旅游，2023（12）：27-29.

[120] 秦丽芬，符仕平，冯小邱.民族传统体育与体育旅游融合发展助力贵州乡村振兴的路径研究［J］.文体用品与科技，2023（8）：86-88.

[121] 饶婷婷.贵州非遗类旅游商品标准化建设的必要性研究［J］.中国标准化，2024（4）：96-99，149.

[122] 阮丹.文旅融合风光好［J］.当代贵州，2023（16）：16-17.

[123] 申逸恺.看贵州如何借力旅发会释放文旅新质生产力［N］.铜仁日报，2024-04-15（001）.

[124] 神彩艳，韩学阵.互联网背景下贵州乡村民俗旅游资源开发现状及策略研究［J］.西部旅游，2023（5）：8-10.

[125] 盛悦，龙彩虹.浅谈贵州省旅游景区公示语翻译的策略及问题［J］.现代英语，2022（2）：75-78.

[126] 石培华.贵州建设世界级旅游目的地的主要路径［J］.当代贵州，2023（29）：80.

[127] 石培华.贵州文旅出圈之道［J］.当代贵州，2024（23）：78-79.

[128] 石培华.贵州应建设什么样的世界级旅游目的地［J］.当代贵州，2023

（27）：78-79.

[129] 史剑侠，苍瑶. 贵州民俗旅游发展的瓶颈及其破解路径［J］. 科技和产业，2023，23（10）：126-130.

[130] 苏弘戡，傅慧芳. 新质生产力赋能乡村治理的数字化转型［J］. 河北农业大学学报（社会科学版），1-10.

[131] 孙洌. 乡村振兴背景下民族村寨旅游高质量发展探究——以贵州苗王城景区为例［J］. 西部旅游，2023（14）：52-54.

[132] 孙群群，罗玲. 贵州民族传统体育文化助力体育旅游的 SWOT 分析［J］体育科技，2022，43（5）：68-70.

[133] 孙小龙，宋育典，朱林彤，等. 贵州红色旅游资源空间分异格局及其影响因素［J］. 经济地理，2024，44（4）：220-230.

[134] 唐开祥，吴文婕，吴胜兰，等. 文旅融合视角下红色旅游发展模式、游客满意度及对策研究——以贵州施秉县为例［J］. 商展经济，2023（13）：37-40.

[135] 陶波. 乌蒙山区旅游开发中的彝族神话景观再造研究——以贵州海坪彝族文化小镇为例［J］. 文化创新比较研究，2023，7（21）：93-98.

[136] 涂金芹，王祥华. 贵州长征文化遗产与旅游发展的耦合路径［J］. 经济研究导刊，2023（3）：110-112.

[137] 瓦庆煜. 贵州乡村旅游高质量发展探析［J］. 理论与当代，2022（5）：19-21.

[138] 汪延明，张雨潇. 贵州从江县民族村寨旅游产业链优化研究［J］. 中国管理信息化，2022，25（3）：151-154.

[139] 王冬语. 贵州 W 区样本：跳出传统思维文旅融合重构旅游新生态［J］. 中国商人，2024（1）：74-75.

[140] 王红志，胡小勇，张海斌. 贵州少数民族传统体育旅游产业发展的SWOT 分析［J］. 辽宁体育科技，2022，44（2）：97-102，112.

[141] 王佳佳，吴沛丽，殷红梅，等. 民族旅游村寨流动空间的地方意义构建及其机埋研究——以贵州西江苗寨芦笙场为例［J］. 农业与技术，

2023，43（4）：168-172.

［142］王开凡.贵州毕节下好基本培训"关键棋"［N］.中国组织人事报，
2024-04-26（002）.

［143］王莉鑫.大数据视域下贵州工业旅游资源挖掘与开发研究［J］.中国
市场，2022（2）：74-75.

［144］王平，刘立辰.旅游文化品牌"贵州茶"的宣传方式创新研究——以
威宁荞茶为例［J］.西部旅游，2022（3）：60-62.

［145］王平.新质生产力条件下的新型生产关系：塑造与调适［J］.当代经
济研究，2024（7）：5-15.

［146］王薇，刘学鑫，郝国栋，等.生态文明建设背景下贵州体育旅游产业
发展的突围路径研究［J］.六盘水师范学院学报，2022，34（5）：35-43.

［147］王正锋，周重兴，郑浩东，等.贵州长征国家文化公园红色旅游资源
的智媒化构建［J］.西部旅游，2022（2）：23-25.

［148］魏婷婷，朱映占.民族村寨旅游文化产业高质量发展的路径探索与思
考——以贵州卡拉村为例［J］.红河学院学报，2023，21（2）：25-30.

［149］吴红梅.文旅融合背景下贵州民族村寨旅游发展路径研究［J］.西部
旅游，2024（4）：16-18.

［150］张波，郭青孝.山地旅游背景下贵州体育赛事发展研究［J］.西部旅
游，2023（12）：24-26.